Die Mythen und Gleichnisse Platons werden im vorliegenden Band zum ersten Mal vollständig vorgelegt: Die Sammlung will hinführen zu dem Gedankenreichtum Platons, indem sie mit der einen, der mythischen Seite seines Vortrags vertraut macht und so den Kontakt mit der anderen, dem Bereich des Logos, vorbereitet und erleichtert. Der Poet Platon besticht durch den Glanz seiner Sprache, der Philosoph spricht hier seine persönlichsten Gedanken aus. Eine Quintessenz seines Denkens zeichnet sich ab, ein Summarium seines Fragens und Antwortens. Die dem Philosophen wichtigen Probleme treten wiederholt hervor, die Grundgedanken erscheinen mehrfach in verwandten, aber abgewandelten Bildern. Der poetische Glanz der Rede, die gedankliche Kraft und Tiefe der Vorstellungen machen diese Texte zu einem zentralen Zugang zu der Welt des Fürsten der Philosophie. Hier finden sich neben vielen anderen Texten: Vom Ursprung der Tiere und Menschen, Die Wiedergeburt der Seele, Das Leben im Jenseits, Die Geburt des Eros, Die Erfindung der Schrift, Der kugelrunde Urmensch, Atlantis, Das Goldene Zeitalter, Das Höhlengleichnis.

insel taschenbuch 1978

Platons Mythen

Platons Mythen

Ausgewählt und eingeleitet
von Bernhard Kytzler

Insel Verlag

insel taschenbuch 1978
Erste Auflage 1997
Erstausgabe

Hinweise zu dieser Ausgabe am Schluß des Bandes
Vertrieb durch den Suhrkamp Taschenbuch Verlag
Umschlag nach Entwürfen von Willy Fleckhaus
Satz: Hümmer GmbH, Waldbüttelbrunn
Druck: Nomos Verlagsgesellschaft, Baden-Baden
Printed in Germany

1 2 3 4 5 6 - 02 01 00 99 98 97

Inhalt

Vorbemerkung

Im folgenden werden die Mythen und Gleichnisse in Platons Werk zum ersten Mal gesammelt in deutscher Übertragung vorgelegt. Die Zeugnisse seiner bildlichen Rede sind, wie leicht zu sehen, schon quantitativ beeindruckend genug. Mehr noch ist es ihr Inhalt: eine Art Quintessenz seines Denkens zeichnet sich ab, ein Summarium seines Fragens und Antwortens. Die dem Philosophen wichtigen Probleme treten wiederholt hervor, die Grundgedanken erscheinen mehrfach in verwandten, aber abgewandelten Bildern. Der poetische Glanz der Rede, die gedankliche Kraft und Tiefe der Vorstellungen machen diese Texte zu einem zentralen Zugang zu der Welt des Fürsten der Philosophie, wie kaum ein anderer Weg sonst ihn bieten kann.

So ist diese Sammlung mehr als nur eine bunte Bildergalerie; sie will hinführen zu dem Gedankenreichtum Platons, indem sie mit der einen, der mythischen Seite seines Vortrags vertraut macht und so den Kontakt mit der anderen, dem Bereich des Logos, vorbereitet und erleichtert. Das Miteinander und Ineinander dieser beiden Ebenen im Werk des Atheners, ihr Wirken aufeinander ist ein fesselndes Schauspiel; ein erster Ansatz zu seiner Betrachtung und Beobachtung bietet sich hier in diesem Buch an. Alle Teile enthalten das Ganze; dieses teilt sich mit in unterschiedlicher Gestalt, doch ohne grundsätzlichen Gegensatz, und die einzelnen Elemente verstärken und erhellen sich gegenseitig. Der Poet Platon hat hier seine größte Wirkung, der Philosoph seine persönlichste Kommunikation. In diesen Bildersaal einzutreten, ihn zu besuchen, zu besichtigen und zu bedenken bedeutet Bereicherung eigener Art und Beglückung hohen Ranges.

Mythen

Vom Ursprung der Tiere und Menschen

Protagoras 320 C-323 A

Fast in Form einer Fabel führt der Philosoph Platon seinen frühesten mythologischen Vortrag vor. Die Erzählung rührt an eine gerade heute aktuelle Thematik: Es geht um Arterhaltung und Umweltanpassung. Bemerkenswert ist zunächst, daß sie nicht von Sokrates selbst berichtet wird, sondern von einem seiner geistig bedeutendsten Zeitgenossen: Protagoras.

Dieser, aus Abdera stammend, gilt als erster, vielleicht auch als wichtigster der Sophisten. Er führte ihre Lebensformen vor und damit auch ein. Er erteilte Unterricht gegen gutes Honorar, um *areté* zu lehren, »Tugend« oder besser »Tüchtigkeit« bzw. »Effizienz«. Er unternahm Vortragsreisen, und er lehrte als Gast bei begüterten bildungsbegeisterten Familien. Zahlreiche Jahre verbrachte er in Athen; daß er dort wegen seiner skeptischen Götterlehre verbrannt worden sei, ist späte Legende. Er war im Gegenteil mit Perikles befreundet und übte beachtlichen Einfluß aus auf Denker wie Demokrit, Antisthenes, Euripides und auch Platon, der seinen bedeutendsten Frühdialog nach ihm benannte und des Sophisten Figur in den Mittelpunkt des Szenarios stellte. Protagoras (ca. 485-415 v. Chr.) war freilich nicht mehr unter den Lebenden, als Platon ihn zur Titelfigur stilisierte; doch war, ähnlich wie im Falle des Gorgias (s. u. S. 27ff.), sein Einfluß nach einiger Zeit noch immer stark, sein Name klangvoll genug, um ins Zentrum einer Auseinandersetzung gestellt werden zu können.

In der Philosophiegeschichte ist Protagoras vor allem durch zwei bedeutende Sätze bekannt. Der eine findet sich im ersten griechischen Werk ›Über die Götter‹, das er mit der Aussage begann: »Über die Götter vermag ich nichts zu erkennen, weder daß sie sind noch daß sie nicht sind, noch welcher Gestalt sie sind; denn vieles verhindert das Erkennen: ihre Nichtwahrnehmlichkeit und auch die Kürze des menschlichen Lebens.« Noch berühmter ist der sogenannte *homo-mensura*-Satz, den Protagoras an den Anfang seiner Schrift ›Die Wahrheit‹ stellte: »Der Mensch ist das Maß aller Dinge, für die seienden, daß (wie) sie sind, für die nichtseienden, daß (wie) sie nicht sind.«

Platon placiert seinen Dialog ›Protagoras‹ kurz vor den Beginn des Peloponnesischen Krieges. Sokrates zählt 432 v. Chr. 36 Jahre, Alkibiades 19; Platons Leben beginnt erst 5 Jahre später. Die Eingangsszene führt die Aufregung vor Augen, die aufgrund der Ankunft des Stargastes in Athen eingesetzt hat. Im privaten Gespräch eines Elite-Zirkels, den neben Protagoras Namen wie Sokrates und Alkibiades, die führenden Sophisten Prodikos und Hippias, die Politiker Kallias und Kritias auszeichnen, werden die Positionen abgesteckt: In der Fragestellung des Sokrates wird es zweifelhaft, ob die These des Protagoras stichhaltig ist, daß die »Tugenden« – Weisheit, Maß, Gerechtigkeit, Reinheit, Mut – lehrbar sind. Platon läßt nun Protagoras mit einem Mythos für die Haltbarkeit seiner Auffassung eintreten. Der Sophist stellt zur Disposition, ob er einen *logos*, eine logisch lehrhafte Darlegung, einen Lehrvortrag, vorlegen solle oder aber einen *mythos*, also eine Art Fabel. Protagoras entscheidet sich für die indirekte Erörterung in Fabelform, und Platon mag damit auch eine leise Karikatur des großen Mannes verknüpfen, der in seiner etwas simplistischen Aufbereitung eines komplizierten Fragenkomplexes eher einen breiteren Schülerkreis zu fesseln als einen Sokrates oder Platon zu beeindrucken vermag. Es sei noch vorweggenommen, daß das

Ende des Dialoges dazu führt, daß Protagoras anerkennen muß, daß ›Tugend‹ im Wissen besteht; wie anders könnte sie lehrbar sein: wohingegen Sokrates seinerseits anerkennen muß, daß Tugend lehrbar ist.

Der Mythos selbst ordnet sich jenen Ursprungsmythen zu, wie sie schon zuvor bei Hesiod erscheinen und von Platon später mehrfach aufgegriffen und ausgeführt werden. Der Grundgedanke hier ist die physische Schwäche des Menschen im Vergleich zu den anderen Lebewesen und ihre Überwindung durch die Kulturfaktoren zweierlei Art: zum einen durch die vielfältigen Fertigkeiten der Handwerker zum Nutzen des Individuums; zum anderen durch die im Staat verwirklichte Gerechtigkeit als Organisationsprinzip zum Zwecke der Arterhaltung. Unterschiedlich sind demnach auch die beiden mythisch-übermenschlichen Gestalten der Stifter, das Brüderpaar Epimetheus (= »Nachbedacht«) und Prometheus (= »Vorbedacht«). Der erste vermag den anderen Arten viel zu helfen, um ihr Überleben zu sichern, aber er kann sein Werk nicht vollenden und den Menschen nicht sichern; der zweite führt die Schöpfung erfolgreich zu Ende, indem er statt der physiologischen Vorteile für den Menschen eine geistige Grundlage gewährt. Sie liegt für den einzelnen in den Fähigkeiten der Verarbeitung, also der technischen Intelligenz. Hinzu tritt zum anderen für die Erhaltung der Gattung die Gewährleistung der Gerechtigkeit im Rahmen staatlicher Ordnung, die allen die Rettung bietet. Während so die vordergründigen Fähigkeiten des physiologischen Überlebens Resultat des Feuer-Raubes bleiben, ist die große Gabe der Gerechtigkeit eine Gnade des Gottes.

Daß die Figur des Prometheus ein Ursymbol des Abendlandes ist, befragt, nachgestaltet, ausgelegt und stetig umgeformt, beweisen die zahlreichen – fast: zahllosen – Texte von Aischylos und Hesiod über Boccaccio und Bacon bis zu

Goethe und Nietzsche, Brecht und Artaud, Kafka und Mandelstam; sie sind eben von Wolfgang Storch und Burghard Damerau vorzüglich versammelt und vor Augen gestellt worden (Mythos Prometheus, Leipzig 1995).

Der modern anmutende Bezug, daß Epimetheus natürlichen Schutz für die Gattungen ersann, »daß nicht eine Art ausgetilgt werde«, und daß er »Rettung für die Arten schuf«, darf nicht übersehen, aber auch nicht überzogen werden. Die These der Arterhaltung hat hier einen gewiß gewichtig grundierenden Klang, ist auch für die Spezies der Menschen relevant; doch steht das nicht im Zentrum der Fragestellung, sondern am Rande. Wichtigstes Resultat der Fabel bleibt, daß kulturelle Leistungen den Menschen zum Überleben befähigen, nämlich seine technische Intelligenz und seine Befähigung zum gerechten politischen Handeln.

Es war einst eine Zeit, wo es Götter zwar gab, sterbliche
320d Geschlechter aber gab es noch nicht; nachdem aber auch für
diese die vorherbestimmte Zeit ihrer Erzeugung gekommen
war, bildeten die Götter sie innerhalb der Erde aus Erde und
Feuer, auch das hinzumengend, was von Erde und Feuer gemengt ist. Und als sie sie nun ans Licht bringen sollten,
übertrugen sie dem Prometheus und Epimetheus, sie auszustatten, und die Kräfte unter sie, wie es jedem zukomme, zu
verteilen. Vom Prometheus aber erbat sich Epimetheus, er
wolle verteilen, und, sagte er, wenn ich ausgeteilt, so komme
du es zu besichtigen. Und so nachdem er ihn beredet, verteilte er. Bei der Verteilung nun verlieh er Einigen Stärke
e ohne Schnelligkeit, die Schwächeren aber begabte er mit
Schnelligkeit; Einige bewaffnete er, Anderen, denen er eine
wehrlose Natur gegeben, ersann er eine andere Kraft zur
Rettung. Welche er nämlich in Kleinheit gehüllt hatte, denen

verlieh er geflügelte Flucht oder unterirdische Behausung,
welche aber zu bedeutender Größe ausgedehnt, die rettete er 321 a
eben dadurch, und so auch verteilte er alles übrige ausgleichend. Dies aber ersann er so aus Vorsorge, daß nicht eine Gattung gänzlich verschwände. Als er ihnen nun des Wechselverderbens Entfliehungen zu Stande gebracht, begann er ihnen auch gegen die Zeiten vom Zeus leichte Gewöhnung zu ersinnen durch Bekleidung mit dichten Haaren und starken Fellen, hinreichend um die Kälte, aber auch vermögend die Hitze abzuhalten, und außerdem zugleich jedem, wenn es zur Ruhe ging, zur eigentümlichen und angewachsenen
Lagerbedeckung dienend. Und unter den Füßen versah er b
einige mit Hufen und Klauen, andere mit Haaren und starken blutlosen Häuten. Hiernächst wies er dem einen diese, dem anderen jene Nahrung an, dem einen aus der Erde die Kräuter, dem anderen von den Bäumen die Früchte, einigen auch verordnete er zur Nahrung anderer Tiere Fraß. Und diesen letzteren verlieh er dürftige Zeugung, dagegen den von ihnen verzehrten eine vielerzeugende Kraft dem Geschlecht zur Erhaltung. Wie aber Epimetheus doch nicht
ganz weise war, hatte er unvermerkt schon alle Kräfte aufge- c
wendet [für die unvernünftigen Tiere;] übrig also war ihm noch unbegabt das Geschlecht der Menschen, und er war wieder ratlos was er diesem tun sollte. In dieser Ratlosigkeit nun kommt ihm Prometheus die Verteilung zu beschauen, und sieht die übrigen Tiere zwar in allen Stücken weislich bedacht, den Menschen aber nackt, unbeschuhet, unbedeckt, unbewaffnet, und schon war der bestimmte Tag vorhanden, an welchem auch der Mensch hervorgehn sollte aus der Erde an das Licht. Gleichermaßen also der Verlegenheit unterlie-
gend, welcherlei Rettung er dem Menschen noch ausfände, d
stiehlt Prometheus die kunstreiche Weisheit des Hephaistos und der Athene, nebst dem Feuer, denn unmöglich war, daß

sie einem ohne Feuer hätte können angehörig sein oder nütz-
lich, und so schenkt er sie dem Menschen. Die zum Leben
nötige Wissenschaft also erhielt der Mensch auf diese Weise,
die bürgerliche aber hatte er nicht. Denn diese war beim
Zeus, und dem Prometheus stand in die Feste, die Behau-
sung des Zeus, einzugehen nicht mehr frei, auch waren
furchtbar die Wachen des Zeus. Aber in das dem Hephaistos
und der Athene gemeinschaftliche Gemach wo sie ihre
e Kunst übten geht er heimlich hinein, und nachdem er so die
feurige Kunst des Hephaistos und die andere der Athene ge-
stohlen, gibt er sie dem Menschen. Und von da an genießt
nun der Mensch Behaglichkeit des Lebens; den Prometheus
322a aber hat hernach, so wie erzählt wird, die Strafe für diesen
Diebstahl um des Epimetheus willen ergriffen. Da nun aber
der Mensch göttlicher Vorzüge teilhaftig geworden, hat er
auch zuerst, wegen seiner Verwandtschaft mit Gott das ein-
zige unter allen Tieren, Götter geglaubt, auch Altäre und
Bildnisse der Götter aufzurichten versucht, dann bald dar-
auf Töne und Worte mit Kunst zusammengeordnet, dann
Wohnungen und Kleider und Beschuhungen und Lagerdek-
ken und die Nahrungsmittel aus der Erde erfunden. So
b ausgerüstet wohnten die Menschen anfänglich zerstreut,
Städte aber gab es nicht. Daher wurden sie von den wilden
Tieren ausgerottet, weil sie in jeder Art schwächer waren, als
diese, und die verarbeitende Kunst war ihnen zwar zur Er-
nährung hinreichende Hülfe, aber zum Kriege gegen die
Tiere unwirksam; denn die bürgerliche Kunst hatten sie noch
nicht, von welcher die kriegerische ein Teil ist. Sie versuchten
also sich zu sammeln, und sich zu erretten durch Erbauung
der Städte; wenn sie sich aber gesammelt hatten, so beleidig-
ten sie einander, weil sie eben die bürgerliche Kunst nicht
hatten, so daß sie wiederum sich zerstreuend auch bald wie-
c der aufgerieben wurden. Zeus also für unser Geschlecht, daß

es nicht etwa gar untergehn möchte, besorgt, schickt den
Hermes ab, um den Menschen Scham und Recht zu bringen,
damit diese der Städte Ordnungen und Bande würden, der
Zuneigung Vermittler. Hermes nun fragt den Zeus, auf wel-
che Art er doch den Menschen das Recht und die Scham
geben solle. Soll ich, so wie die Künste verteilt sind, auch
diese verteilen? Jene nämlich sind so verteilt: Einer, welcher
die Heilkunst inne hat, ist genug für viele Unkundige, und so
auch die andern Künstler. Soll ich nun auch Recht und
Scham eben so unter den Menschen aufstellen, oder soll ich d
sie unter Alle verteilen? Unter Alle, sagte Zeus, und Alle sol-
len Teil daran haben; denn es könnten keine Staaten beste-
hen, wenn auch hieran nur Wenige Anteil hätten, wie an
anderen Künsten. Und gib auch ein Gesetz von meinetwe-
gen, daß man den, der Scham und Recht sich anzueignen
unfähig ist, töte wie einen bösen Schaden des Staates. Auf
diese Art also, Sokrates, und aus dieser Ursach glauben alle
anderen und auch die Athener, daß wenn von der Tugend
eines Baumeisters die Rede ist oder eines andern Künstlers,
alsdann nur Wenigen Anteil zustehe an der Beratung; und
wenn Jemand außer diesen Wenigen dennoch Rat geben will, e
so dulden sie es nicht, wie du sagst, und zwar ganz mit Recht,
wie ich sage. Wenn sie aber zur Beratung über die bürgerliche 323a
Tugend gehen, wohin Alles auf Gerechtigkeit und Beson-
nenheit ankommt, so dulden sie mit Recht einen Jeden, weil
es Jedem gebührt, an dieser Tugend doch Anteil zu haben,
oder es könnte keine Staaten geben.

Zamolxis

Charmides 156D-157C

Von den vier griechischen Grund- oder Kardinaltugenden ist die im Dialog ›Charmides‹ diskutierte gewiß die für den modernen Blick am schwersten faßbare. Sind Werte wie »Tapferkeit« oder »Gerechtigkeit« uns leichter zugänglich, so ist *sophrosyne* heute schwierig zu übersetzen und nur mühsam einzuordnen. Die Wörterbücher schlagen Bezeichnungen vor wie Mäßigung, Selbstbeherrschung, Enthaltsamkeit, Sittsamkeit, aber auch umschreibende Doppelbegriffe wie vernünftige Besonnenheit oder rechter Sinn, gesunder Verstand. Das griechische Wort selbst verbindet den Stamm *phronein*, denken, mit der Vorsilbe *soos*, wohlbehalten, gesund, heil; es weist so auf die Ausgewogenheit des Denkens und Trachtens.

Um die Klärung dieses Begriffes bemühen sich in unserem Text vier Personen: Sokrates als der Gesprächsführer, Charmides als sein Kontrahent im Dialog, ferner noch Chairephon und Kritias. Charmides, im Dialog ein intelligenter, gutaussehender junger Mann, war übrigens ein Bruder der Mutter Platons, Periktione, und somit sein Onkel. Er wird hier als Ephebe im Glanz strahlender Schönheit eingeführt; Sokrates sieht ihn voller Begeisterung und Bewunderung, begehrt aber zu wissen, ob der Jüngling auch eine gleichermaßen schöne Seele besäße.

Da Charmides gerade an Kopfschmerz leidet, stellt Kritias ihm Sokrates als Arzt vor. In diese Szene hinein placiert Platon den Mythos, der den jungen Gesprächspartner von seinem Interesse an der Heilung zur Anteilnahme am philosophischen Gespräch hinführen soll. Selten wird die propädeutische Funktion des Mythos bei Platon so deutlich wie hier.

Der kurze Mythos erzählt von Zamolxis, einem göttlichen getischen König. Sein Name ist schon seit Herodot (4,94-96) bekannt. Freilich ist sich bereits der Vater der Geschichtsschreibung über Wesen und Zeit des Zamolxis nicht im klaren, und auch andere Autoren berichten Widersprüchliches: Ist er eine chthonische Gottheit? Oder ein Prophet und Gesetzgeber (Diodor 7,99)? Oder einer der ersten Philosophen unter den Barbaren (Diogenes Laertios 1,1)? Platon jedenfalls erzäht von ihm auf eigene Weise: Zamolxis ist ein Weiser auf dem Herrscherthron, er wird als Kronzeuge eingeführt für das Postulat, daß Körper und Seele miteinander verflochten sind und daß jeder Heilungsversuch, soll er gelingen, beide gemeinsam berücksichtigen muß. So ist hier die Beglaubigung der Forderung nach eingehender Seelenprüfung, bevor überhaupt eine Kopfschmerzkur einsetzen kann, aus geheimnisvoll fernem göttlichen Geheiß gegeben. In leicht spielerischer Weise wird die Brücke geschlagen zwischen dem Alltagsbereich der Kopfschmerzen des Charmides und dem Grundgedanken der Seelenforschung des Sokrates, zwischen medizinischem Problem und ethischer Erkenntnis. Ein motivierender Mythos, der mit dem Reiz einer gewissen Exotik arbeitet; er will weniger wörtlich genommen werden als vielmehr in seiner fast märchenhaften Art und Weise das Ganzheitsgebot vertiefen helfen: Das Auge ist nicht zu heilen ohne den Kopf, der Kopf nicht ohne den Körper, der Körper nicht ohne die Seele. So wird selbst die legendarische Figur eines fremden Führers zum mythischen Mahner.

Eben so nun, o Charmides, ist es auch mit diesem Spruch. Gelernt aber habe ich ihn dort im Felde von einem jener Ärzte unter den Zamolxischen Thrakiern, von denen man sagt, sie machten auch unsterblich. Dieser Thrakier nun sagte, in Jenem, was ich eben gesagt habe, hätten die Hellenischen Ärzte ganz recht; aber Zamolxis unser König, sprach
156e er, der ein Gott ist, sagt, so wie man nicht unternehmen dürfe die Augen zu heilen ohne den Kopf, noch den Kopf ohne den ganzen Leib, so auch nicht den Leib ohne die Seele; sondern dieses eben wäre auch die Ursach, weshalb bei den Hellenen die Ärzte den meisten Krankheiten noch nicht gewachsen wären, weil sie nämlich das Ganze verkennten, auf welches man seine Sorgfalt richten müßte, und bei dessen Übelbefinden sich unmöglich irgend ein Teil wohlbefinden könnte. Denn alles, sagte er, entspränge aus der Seele, Böses und Gutes dem Leibe und dem ganzen Menschen, und ströme ihm
157a von dorther zu wie aus dem Kopfe den Augen. Jenes also müsse man zuerst und am sorgfältigsten behandeln, wenn es um den Kopf und auch um den ganzen Leib gut stehen solle. Die Seele aber, mein Guter, sagte er, werde behandelt durch gewisse Besprechungen, und diese Besprechungen wären die schönen Reden. Denn durch solche Reden entstehe in der Seele Besonnenheit, und wenn diese entstanden und da wäre,
b würde es leicht, Gesundheit auch dem Kopf und dem übrigen Körper zu verschaffen. Als er mich daher das Mittel und die Besprechungen lehrte, sprach er, daß dich ja nicht Jemand überrede, mit dieser Arznei seinen Kopf zu behandeln, der dir nicht zuvor auch seine Seele darbietet, um sie mit den Besprechungen von dir behandeln zu lassen. Denn auch jetzt, sagte er, ist eben dieses der Fehler bei den Menschen, daß welche unternehmen, abgesondert für eins von beiden Ärzte zu sein. Und gar sehr befahl er mir an, daß ich mich ja von Niemand, wäre er auch noch so reich und vor-

nehm und schön, sollte überreden lassen anders zu tun. Ich
nun habe ihm geschworen, und muß notwendig gehorchen, c
werde es also auch. Und du, wenn du nach des Fremdlings
Vorschrift zuerst die Seele hergeben willst, um sie zu besprechen mit des Thrakiers Besprechungen, so werde ich auch
deinem Kopf das Mittel auflegen; wenn aber nicht, so weiß
ich nichts, was ich für dich tun kann, lieber Charmides.

Das Leben im Jenseits

Apologie 40 D-41 C

Im Jahre 399 v. Chr. wurde Platons Lehrer und Freund, der so seltsame Sucher und Philosoph Sokrates, wegen Gottlosigkeit und Jugendgefährdung öffentlich angeklagt. Unter den Frühschriften Platons findet sich eine von ihm ausgearbeitete Verteidigungsrede, die Sokrates selbst so oder ähnlich vor dem Richterkollegium gehalten haben mag; an ihrem Ende findet sich die erste jener faszinierenden Jenseits-Visionen, die das Lebenswerk des Atheners in stetiger Folge bis zum Ende durchziehen. Die Gewichtigkeit des hier folgenden kurzen Textes gründet sich vor allem auf die Situation: Sokrates steht vor Gericht, er redet sich selbst um Kopf und Kragen, da er es verschmäht, seine eigene Wahrheit hintanzustellen und liebedienerisch dem Gremium nach dem Munde zu reden. Ja, er geht sogar so weit, die anwesenden irdischen Richter in Gegensatz zu stellen zu den »wahren Richtern« im Jenseits, zu Minos und Rhadamanthys und Aiakos und Triptolemos und den anderen Halbgöttern. Wichtig, daß er wiederholt den Wahrheitsgehalt zur Disposition stellt: »falls das Gesagte wahr ist« (40 E, ferner 41 A und C).

Für das, was dem Menschen nach dem Tode widerfährt, sieht Sokrates, wie Platon ihn sprechen läßt, zwei Möglichkeiten. Beide weichen von dem überlieferten hellenischen Jenseitsbild ab, beide sehen den Tod als Gewinn gegenüber der glücksarmen Gegenwart des Lebens an: Der griechische Pessimismus zeichnet sich ab. Die eine ist das empfindungslose Nichts, vergleichbar einem Schlaf ohne Traum – kein schlechter Zustand, findet der Sprecher, vielmehr ein höchst erfreulicher, wünschenswerter. Der andere ist freilich ihm noch bei weitem vorzuziehen. Er ist die Erfüllung eines anderen Traumes: nicht der der Ruhe, sondern der des erfüllten Daseins. Die Begegnung mit den Großen der Geschichte und der Mythologie erlaubt in dieser Vision dem Redner, sein irdisches Tun, die Menschenprüfung, im Jenseits ad infinitum fortzusetzen. In seine Gestaltung ist orphisches Gut eingeschmolzen, beispielsweise die Namensliste der Totenrichter, und auch homerische Anschauung in der Ausmalung des Jenseits. Als Quelle wird die Überlieferung, *ta legomena*, angeführt, die Platon meist für religiöse Gedanken wie die Mysterien oder für die pythagoreischen Theorien einsetzt. Der Schlußsatz der Rede lautet: »Es ist nun Zeit zu gehen – für mich zum Sterben, für euch zum Leben. Wer von uns das bessere Los findet, ist keinem kund außer dem Gott.«

Und ist es nun gar keine Empfindung, sondern wie ein
Schlaf, in welchem der Schlafende auch nicht einmal einen 40d
Traum hat, so wäre der Tod ein wunderbarer Gewinn. Denn
ich glaube, wenn jemand einer solchen Nacht, in welcher er
so fest geschlafen, daß er nicht einmal einen Traum gehabt,
alle übrigen Tage und Nächte seines Lebens gegenüberstel-
len, und nach reiflicher Überlegung sagen sollte, wieviel er
wohl angenehmere und bessere Tage und Nächte als jene
Nacht in seinem Leben gelebt hat: so glaube ich würde nicht
nur ein gewöhnlicher Mensch, sondern der große König e
selbst finden, daß diese sehr leicht zu zählen sind gegen die
übrigen Tage und Nächte. Wenn also der Tod etwas solches
ist, so nenne ich ihn einen Gewinn, denn die ganze Zeit
scheint ja auch nicht länger auf dies Art als Eine Nacht. Ist
aber der Tod wiederum wie eine Auswanderung von hinnen
an einen andern Ort, und ist das wahr was gesagt wird, daß

dort alle Verstorbenen sind, was für ein größeres Gut könnte
41 a es wohl geben als dieses, ihr Richter? Denn wenn einer in der
Unterwelt angelangt nun dieser sich so nennenden Richter
entledige, dort die wahren Richter antrifft, von denen auch
gesagt wird, daß sie dort Recht sprechen, den Minos und
Rhadamanthys und Aiakos und Triptolemos, und welche
Halbgötter sonst gerecht gewesen sind in ihrem Leben, wäre
das wohl eine schlechte Umwanderung? Oder auch mit dem
Orpheus umzugehn und Musaios und Hesiodos und Ho-
meros, wie teuer möchtet ihr das wohl erkaufen? Ich wenig-
b stens will gern oftmals sterben, wenn dies wahr ist. Ja mir
zumal wäre es ein herrliches Leben, wenn ich dort den Pala-
medes und Aias des Telamon Sohn anträfe, und wer sonst
noch unter den Alten eines ungerechten Gerichtes wegen ge-
storben ist: mit dessen Geschick das meinige zu vergleichen,
das müßte glaube ich gar nicht unerfreulich sein. Ja was das
größte ist: die dort ebenso ausfragend und ausforschend zu
leben, wer unter ihnen weise ist, und wer es zwar glaubt es
aber nicht ist. Für wieviel, ihr Richter, möchte das einer wohl
c annehmen, den welcher das große Heer nach Troja führte
auszufragen oder den Odysseus oder Sisyphos, und viele an-
dere könnte einer nennen, Männer und Frauen; mit welchen
dort zu sprechen und umzugehn und sie auszuforschen auf
alle Weise eine unbeschreibliche Glückseligkeit wäre. Gewiß
werden sie einen dort um deswillen doch wohl nicht hinrich-
ten. Denn nicht nur sonst ist man dort glückseliger als hier,
sondern auch die übrige Zeit unsterblich, wenn das wahr ist,
was gesagt wird.

Die Inseln der Seligen und der Tartaros

Gorgias 523 A-527 E

Eine eigenartige Einleitung erfährt die Erzählung am Ende des ›Gorgias‹: Es wird dem Leser freigestellt, sie als *mythos* oder als *logos* aufzufassen. Freilich folgt alsbald der Hinweis, der Erzähler trage sie als Wahrheit, nicht als Fabel vor. So sollten wir sie auch in der Tat ernst nehmen und ihren Inhalt akzeptieren als abschließende Aussage eines der großen Dialoge Platons.

Gorgias (ca. 480-380 v. Chr.) kam aus seiner Heimatstadt Leontinoi (Lentini in Ostsizilien) 427 als Gesandter nach Athen. Der Sophist, angeblich ein Schüler des Empedokles und späterhin Lehrer des Isokrates, erregte mit seiner kunstvollen Vortragsart erhebliches Aufsehen. In der Rhetorik werden nach ihm die sogenannten »gorgianischen« Figuren in der Prosarede benannt, z.B. Parallelismus, Antithese, Gleichklang usw. Gorgias ist damit einer der bedeutendsten Schöpfer der antiken Kunstprosa. Wenn auch nur wenig Schriftliches von ihm erhalten ist, so ist doch sein Einfluß, u.a. beim Historiker Thukydides, groß genug. Auch Platon hat Stellung genommen: Im ›Gastmahl‹, wo er in der Rede des Agathon den Stil des Gorgias genußvoll parodiert, und im vorliegenden Dialog ›Gorgias‹, wo er die Titelfigur des vielleicht erfolgreichsten Sophisten einführt als Chiffre für die Auseinandersetzung zwischen Form und Gehalt, zwischen Genuß und Gerechtigkeit, zwischen Macht und Recht. Und letztlich zwischen diesseitiger und jenseitiger Lebensorientierung.

War in der ›Apologie‹ die jenseitige Gerichtsbarkeit mit ihren »wahren« Richtern eine Korrektur der irdischen, so ist im ›Gorgias‹ die jenseitige Aburteilung selbst Ergebnis einer Korrektur. Der Mythos erzählt, wie zunächst die Urteilsfindung infolge der Verkleidung der Seelen mittels des Körpers inkorrekt ausfiel und nun erst, nach der Entkleidung der Person durch den Tod mit seiner Trennung von Seele und Leib, gerechtes Richten ermöglicht ist. Diese Entscheidung des Zeus stellt sich neben sein ähnliches Eingreifen im Mythos des ›Protagoras‹ (s. o. S. 13 ff.). Hat Zeus die Urteilsfindung verbessert, so verbessern die Strafen auch ihrerseits. Einmal werden Frevler, die korrigierbar sind, zum Besseren geleitet; umgekehrt leitet der Schock des Anblicks jener Qualen, welche die Unkorrigierbaren erleiden, die anderen ebenfalls dazu, besser zu werden.

In der Tat führt dieser Mythos, als abschließende Aussage des Dialogs, nach vielfältigen Erörterungen der Beteiligten über Prinzipien der Lebensführung, hin zum Lebensende: Hier muß sich bewähren, was während des langen Lebensganges entstanden ist. Gewiß gibt es für den Disput über das Danach im Jenseits keine geeignetere Formulierungsform als den Mythos. Wenn der platonische Sokrates hier die Wahl läßt zwischen der direkten und der bildlichen Darstellung, so wird damit der Aussagewert des Mythos betont, der hinter dem Logos nicht an Wahrheitsgehalt zurücksteht. Und wenn Sokrates am Ende nochmals direkt die Wahrheitsfrage anspricht, so betont er, nun unverhüllt, daß für ihn – und, wie er hofft, auch für die Hörer – die Richtigkeit der Mitteilungen unbezweifelt feststeht. Selten hat Platon so sehr die unabweisbare Wichtigkeit seiner mythisch gefaßten Darlegungen unterstrichen.

Was mitgeteilt wird, ist die Verzahnung zwischen irdischem und jenseitigem Leben, die gerecht ausgleichende Beziehung zwischen Diesseits und Jenseits. Hier hat die Mythenform Hilfsfunktion: Einen Erfahrungsbericht aus der Anderen Welt gibt es nicht, Dokumente liegen nicht vor, Spekulationen wie Visionen bleiben zweifelhaft. Die mythische Erzählung dagegen vermag kraft der ihr innewohnenden Stimmigkeit zu überzeugen – vielleicht nicht den radikalen Skeptiker und entschiedenen Zweifler, doch jedenfalls den Hörer, der am Gedankengang interessiert ist und hinter dem Bild die Wahrheit zu erfahren vermag. So rundet der Mythos bildhaft bekräftigend ab, was zuvor in abstrakten Sätzen erörtert worden war. Das Ziel des Dialoges ist nicht mehr die Aporia, sondern die Gewißheit. Zu ihr führt nur die eine Straße: der Königsweg des Mythos. In Franz Kafkas Worten (›Prometheus‹, sub fine): »Die Sage versucht, das Unerklärliche zu erklären. Da sie aus einem Wahrheitsgrund kommt, muß sie wieder im Unerklärlichen enden.«

Sokrates: So höre denn, wie sie zu sagen pflegen, eine gar 523a
schöne Rede, die du zwar für ein Märchen halten wirst, wie ich glaube, ich aber für Wahrheit. Denn als volle Wahrheit sage ich dir, was ich sagen werde.

Wie also Homeros erzählt, teilten Zeus, Poseidon und Pluton die Herrschaft, nachdem sie sie von ihrem Vater übernommen hatten. Nun war folgendes Gesetz wegen der Menschen unter dem Kronos schon immer, besteht auch noch jetzt bei den Göttern, daß welcher Mensch sein Leben gerecht und fromm geführt hat, der gelangt nach seinem Tode b
in die Inseln der Seligen, und lebt dort sonder Übel in vollkommner Glückseligkeit; wer aber ungerecht und gottlos, der kommt in das zur Zucht und Strafe bestimmte Gefängnis, welches sie Tartaros nennen. Hierüber nun waren unter dem Kronos, und auch noch später, da schon Zeus die Herrschaft hatte, Lebende der Lebenden Richter, und saßen zu Gericht an dem Tage, da jemand sterben sollte. Schlecht wur-

den daher die Sachen abgeurteilt. Weshalb denn Pluton und
die Vorsteher aus den Inseln der Seligen zum Zeus gingen
c und ihm sagten, wie beiderseits bei ihnen unwürdige Men-
schen ankämen. Da sprach Zeus, Diesem will ich ein Ende
machen. Denn jetzt freilich wird schlecht geurteilt, weil,
sagte er, die zur Untersuchung Gezogenen verhüllt gerichtet
werden; denn sie werden lebend gerichtet. Viele nun, sprach
er, die eine schlechte Seele haben, sind eingehüllt in schöne
Leiber, und Verwandtschaften und Reichtümer, und wenn
dann das Gericht gehegt wird, so stellen sich viele Zeugen
ein, um ihnen Zeugnis zu geben, daß sie gerecht gelebt ha-
d ben. Teils nun werden die Richter von diesen übertäubt, teils
richten auch sie selbst verhüllt, da ja ihre Seele ebenfalls hin-
ter Augen, Ohren und dem ganzen Leibe versteckt ist. Die-
ses alles nun steht ihnen im Wege, ihre eignen Verhüllungen
und der zu Richtenden ihre. Zuerst also, sprach er, muß die-
ses aufhören, daß sie den Tod vorher wissen; denn jetzt
e wissen sie ihn vorher. Auch ist dies schon dem Prometheus
angesagt, daß er es ändern soll. Ferner sollen sie gerichtet
werden entblößt von diesem allem. Wenn sie tot sind näm-
lich, soll man sie richten. Und auch der Richter soll entblößt
sein, ein Toter, um mit der bloßen Seele die bloße Seele eines
Jeden anzuschauen, plötzlich wenn jeder gestorben ist, ent-
blößt von allen Verwandtschaften, und nachdem sie allen
jenen Schmuck auf der Erde zurückgelassen, damit das Ge-
richt gerecht sei. Dies Alles habe ich schon früher eingesehen
524a als ihr, und habe von meinen Söhnen zu Richtern ernannt
zwei aus Asia, den Minos und Rhadamanthys, und einen aus
Europa, den Aiakos. Diese also sobald sie nur werden ge-
storben sein, sollen Gericht halten auf der Wiese am Kreuz-
wege, wo die beiden Wege abgehn, der eine nach der Insel der
Seligen, der andere nach dem Tartaros. Und zwar die aus Asia
soll Rhadamanthys richten, und die aus Europa Aiakos.

Dem Minos aber will ich den Vorsitz übertragen, um die
letzte Entscheidung zu tun, wenn jenen beiden etwas allzu-
bedenklich ist, damit das Urteil, welchen Weg die Menschen
zu wandeln haben, vollkommen gerecht sei. Dies, o Kalli-
kles, halte ich, wie ich es gehört habe, zuversichtlich für wahr, b
und erachte, daß daraus folgendes hervorgehe. Der Tod ist,
wie mich dünkt, nichts anders, als zweier Dinge Trennung
von einander, der Seele und des Leibes. Nachdem sie nun
von einander getrennt sind, hat nichts desto weniger noch
jedes von beiden fast dieselbe Beschaffenheit, die es auch
hatte, als noch der Mensch lebte. Sowohl der Leib hat seine
eigentümliche Natur, und alles was er sich angeübt hat, und
was ihm zugestoßen ist ganz deutlich. Wie wenn jemand von c
Natur, oder durch seine Lebensweise, oder durch beides, ei-
nen großen Leib hatte, so ist auch sein Leichnam noch groß,
wenn er tot ist; war er fett, ist auch der Leichnam fett, und
alles Andere eben so; und mochte einer gern langes Haar
tragen, so ist auch der Leichnam langhaarig. Und wiederum
wenn einer ein Züchtling war, und bei seinen Lebzeiten Spu-
ren von Schlägen an seinem Leibe trug, oder von Hieben und
andern Wunden, so wird man auch an dem Leichnam des
Toten dieses selbige finden können. Und hatte einer irgend
zerbrochene oder verrenkte Glieder im Leben, so zeigt sich d
dies auch bei dem Toten; mit einem Worte, wie der Leib beim
Leben behandelt und was ihm zugefügt wurde, das zeigt sich
alles oder doch größtenteils auch nach dem Tode noch einige
Zeit. Dasselbe nun dünkt mich auch mit der Seele sich zu
begeben, o Kallikles. Sichtbar ist alles an der Seele, wenn sie
vom Leib entkleidet ist, sowohl was ihr von Natur eignete,
als auch die Veränderungen, welche der Mensch durch sein
Bestreben um dies und jenes in der Seele bewirkt hat. Kom-
men sie nun vor den Richter, und zwar die aus Asia vor den e
Rhadamanthys: so stellt Rhadamanthys sie vor sich hin, und

beschaut eines Jeden Seele, ohne zu wissen wessen sie ist,
sondern oft wenn er den großen König vor sich hat oder
andere Könige oder Fürsten, findet er nichts Gesundes an
der Seele, sondern durchgepeitscht findet er sie und voller
525a Schwielen von Meineid und Ungerechtigkeit und wie eben
jedem seine Handlungsweise sich in der Seele ausgeprägt hat,
und findet alles verrenkt von Lügen und Hochmut und
nichts Gerades daran, weil sie ohne Wahrheit aufgewachsen
ist, sondern vor aller Gewalttätigkeit und Weichlichkeit,
Übermut und Unmäßigkeit im Handeln zeigt sich auch die
Seele voll Mißverhältnis und Häßlichkeit. Hat er nun eine
solche erblickt: so schickt er sie ehrlos gerade ins Gefängnis,
wo sie was ihr zukommt erdulden wird. Dies aber kommt
b jedem in Strafe Verfallenen zu, der von einem Andern auf die
rechte Art bestraft wird, daß er entweder selbst besser wird
und Vorteil davon hat, oder daß er den Übrigen zum Beispiel
gereicht, damit Andere, welche ihn leiden sehen, was er lei-
det, aus Furcht besser werden. Es sind aber die, welchen
selbst zum Vorteil gereicht, daß sie von Göttern und Men-
schen gestraft werden, diejenigen, welche sich durch heilbare
Vergehungen vergangen haben. Dennoch aber erlangen sie
diesen Vorteil nur durch Schmerz und Pein hier sowohl als in
der Unterwelt; denn auf andere Weise ist nicht möglich, von
c der Ungerechtigkeit entlediget zu werden. Welche aber das
äußerste gefrevelt haben und durch solche Frevel unheilbar
geworden sind, aus diesen werden die Beispiele aufgestellt,
und sie selbst haben davon keinen Nutzen mehr, da sie un-
heilbar sind, Andern aber ist es nützlich, welche sehen, wie
diese um ihrer Vergehungen willen die ärgsten, schmerzhaf-
testen und furchtbarsten Übel erdulden auf ewige Zeit, of-
fenbar als Beispiele aufgestellt dort in der Unterwelt, im
d Gefängnis, allen Frevlern wie sie ankommen zur Schau und
zur Warnung. Von diesen behaupte ich wird auch Archelaos

einer sein, wenn Polos die Wahrheit sagt, und wer sonst noch
ein solcher Gewalthaber ist. Wie ich denn auch glaube, daß
meistens diese Beispiele von den Tyrannen genommen wer-
den, und den Königen und Fürsten, und denen, welche die
öffentlichen Angelegenheiten verwaltet haben. Denn eben
diese begehen vermöge ihrer Macht die größten und unhei-
ligsten Verbrechen. Das bezeugt auch Homeros, denn
Könige und Fürsten hat er in seinen Gedichten angeführt, als e
mit immerwährenden Strafen in der Unterwelt belegt, den
Tantalos und Sisyphos und Tityos. Vom Thersites aber und
andern geringen Leuten, die auch böse waren, hat niemand
gedichtet, daß er mit schweren Strafen behaftet wäre, als ein
Unheilbarer. Denn er hatte nicht Macht genug, um ein sol-
cher zu werden; deshalb war er auch glücklicher als die,
welche Macht dazu hatten. Sondern unter den Mächtigen, o
Kallikles, finden sich die Menschen, welche ausgezeichnet 526a
böse werden. Nichts hindert freilich, daß nicht auch unter
diesen rechtschaffene Männer sich finden, und gar sehr muß
man sich ja freuen über die, welche es werden. Denn schwer
ist es, o Kallikles, und vieles Lobes wert, bei großer Gewalt
zum Unrechttun dennoch gerecht zu leben; und es gibt nur
wenige solche. Gegeben aber hat es doch, hier sowohl als
anderwärts, und wird auch denke ich noch künftig geben,
treffliche Männer in dieser Tugend, alles gerecht zu verwal- b
ten, was ihnen jemand anvertraut. Einer aber ist sogar vor-
züglich berühmt, auch unter den andern Hellenen, Aristei-
des, der Sohn des Lysimachos. Die meisten aber unter den
Mächtigen, o Bester, werden böse. Was ich also sagte, wenn
jener Rhadamanthys einen solchen vor sich hat, so weiß er
weiter gar nichts von ihm, nicht wer, noch aus welchem Ge-
schlecht er ist, sondern nur daß er ein böser ist; und so wie er
dies ersehen hat, schickt er ihn nach dem Tartaros, bezeichnet
je nachdem er ihn dünkt heilbar zu sein oder unheilbar, wor-

c auf dann jener bei seiner Ankunft das Gebührende leiden
muß. Erblickt er aber bisweilen eine andere Seele, die heilig
und in der Wahrheit gelebt hat, eines eingezogenen Mannes,
oder sonst eines, vornehmlich aber meine ich, o Kallikles,
eines weisheitliebenden, der das seinige getan und nicht vie-
lerlei äußerlich betrieben hat: so freut er sich, und sendet sie
in die Inseln der Seligen. Eben so auch Aiakos. Und diese
beiden richter einen Stab in der Hand. Nur Minos die Auf-
sicht führend sitzt allein ein goldenes Zepter haltend, wie
d Odysseus beim Homeros sich rühmt, er habe ihn gesehn,
mit goldenem Zepter geschmückt die Gestorbenen richtend.
Ich meines Teils, Kallikles, habe mich durch diese Reden
überzeugen lassen, und trachte wie ich mich mit möglichst
gesunder Seele dem Richter darstellen will. Was also andern
Menschen für Ehre gilt, lasse ich gern fahren, und will der
Wahrheit nachjagend versuchen wirklich so sehr ich nur
kann als der Beste sowohl zu leben als auch, wenn ich dann
e sterben soll, zu sterben, ermuntere aber auch die übrigen
Menschen alle, so weit ich kann. Daher ich dann meinerseits
auch dich ermuntere zu dieser Lebensweise und diesem
Wettstreit, welcher vor allem was man hier so nennt, den Vor-
zug hat, und es dir zum Schimpf vorrücke, daß du nicht
vermögend sein wirst, dir selbst zu helfen wenn jenes Ge-
richt und jenes Urteil dir bevorsteht, wovon ich jetzt eben
gesprochen; sondern daß wenn du vor deinen Richter, den
527a Sohn der Aigina, kommst, und er dich vornimmt, du dort
eben so mit offnem Munde stehn und schwanken wirst, wie
ich hier, und dort einer vielleicht dich sogar schmählich ins
Angesicht schlagen könnte, und auf alle Weise beschimpfen.
Vielleicht nun dünkt dich dies ein Märchen zu sein, wie ein
Mütterchen eins erzählen würde, und du achtest es nichts
wert. Und es wäre auch eben nichts besonderes, dies zu ver-
achten, wenn wir nur irgendwie suchend etwas besseres und

wahreres finden könnten. Nun aber siehst du ja, daß ihr drei,
die weisesten unter den Hellenen heut zu Tage, nicht erwei- b
sen konntet, daß man auf eine andere Weise leben müsse, als
auf diese, die sich auch dort noch als zuträglich bewährt; son-
dern unter so vielen Reden, die alle widerlegt wurden, ist
diese allein ruhig geblieben, daß man das Unrechttun mehr
scheuen müsse, als das Unrechtleiden, und daß ein Mann vor
allem andern darnach streben müsse, nicht daß er scheine gut
zu sein, sondern daß er es sei in seinem besonderen Leben
sowohl als in dem öffentlichen. Wenn aber Jemand schlecht
wird in irgend einer Hinsicht, daß er dann muß gezüchtiget
werden, und daß dies das zweite Gut ist, nächst dem gerecht
sein, es werden, und durch Bestrafung dem Recht Genüge c
leisten. Und daß man alle Schmeichelei, sowohl gegen sich
selbst als gegen Andere, seien es nun Viele oder Wenige, flie-
hen, und nur auf diese Art auch der Redekunst sich bedienen
müsse, immer für das Recht, und so auch jedes andern Ver-
mögens. Gib du also mir Gehör, und folge mir dahin, wo
angelangt du gewiß glückselig sein wirst im Leben und im
Tode, wie unsere Rede verheißt, und laß dann immer einen
dich verachten als unverständig, und dich beschimpfen
wenn er will, ja, beim Zeus, auch jenen schimpflichen Schlag d
laß dir getrost zufügen, denn nichts arges wird dir daran be-
gegnen, wenn du nur in der Tat edel und trefflich bist und
Tugend übend. Hernach erst, nachdem wir uns so gemein-
schaftlich geübt, wollen wir, wenn es uns nötig dünkt, auch
der Staatsangelegenheiten uns annehmen, oder worin es uns
sonst gut dünkt, wollen wir Rat erteilen, wann wir erst bes-
ser dazu geschickt sind als jetzt. Denn schmählich ist es uns,
so beschaffen, wie jetzt offenbar geworden ist daß wir sind,
noch groß zu prahlen, als wären wir etwas, da wir doch nie
einig sind mit uns selbst über dieselbe Sache, und zwar über
die wichtigste; so ganz und gar sind wir noch untauglich. e

Zum Führer also laß uns diese Rede gebrauchen, welche uns jetzt klar geworden ist, welche uns anzeigt, daß dies die beste Lebensweise sei, in Übung der Gerechtigkeit und jeder andern Tugend leben und sterben. Dieser also wollen wir folgen, und auch Andere dazu aufrufen, nicht jener, welcher du vertraust und mich dazu aufrufst, denn sie ist nichts wert, o Kallikles.

Das Faß und das Sieb

Gorgias 492 E Mitte-493 C

Die Erzählung ›Vom Faß und vom Sieb‹ zählt zu den kürzesten Mythen Platons. Sie wird vom Erzähler berichtet als Nacherzählung dessen, was einst »ein Mann aus Sizilien oder Italien« gesagt habe. Man mag bei dem Erstgenannten an Empedokles denken, beim anderen einen Pythagoreer vermuten. Auch ist im Text das griechische Wortspiel *soma-sema* = »der Leib ein Grab« Bestandteil der orphischen Lehre gewesen. So ist mancherlei an philosophischer Tradition in dem kurzen Mythos präsent. Er ordnet sich der Reihe jener zahlreichen Bilderzählungen Platons zu, in denen vom Wesen und vom Schicksal der Seele die Rede ist; der Autor unterstreicht abschließend das Spielerische des Konstrukts, indem er es »einigermaßen unsinnig« nennt. Die Einlage wird dadurch nicht entwertet, sondern in ironische Distanz gerückt – ein mythosartiges Gebilde, das im Urtext mit weiteren Wortspielen (*pithanon–peistikon-pithon* und *anostos–amyctos*) Überzeugungsarbeit zu leisten sucht, ohne allzu großen Tiefgang anzustreben.

Sokrates: [...] Und sage mir, die Begierden, sprichst du, muß man nicht einzwängen, wenn man sein will wie man soll, sondern sie so groß immer möglich lassen, und ihnen woher es auch sei Befriedigung bereiten, und das sei die Tu- 492e
gend.

Kallikles: Das behaupte ich.

Sokrates: Nicht richtig also sagt man, die nichts bedürfenden wären glückselig.

Kallikles: Die Steine wären ja auf diese Art am glückseligsten, und die Toten.

Sokrates: Aber doch auch, so wie du es beschreibst, ist das
Leben mühselig. Ich wenigstens wollte mich nicht wundern,
wenn Euripides Recht hätte, wo er sagt: Wer weiß ob unser
493 a Leben nicht ein Tod nur ist, Gestorben sein dagegen Leben?
und ob wir vielleicht in der Tat tot sind. Was ich auch sonst
schon von einem der Weisen gehört habe, daß wir jetzt tot
wären, und unsere Leiber wären nur unsere Gräber, der Teil
der Seele aber, worin die Neigungen sind, wäre ein beständi-
ges Anneigen und Abstoßen aufwärts und abwärts, welches
ein stattlicher Mann, der Sinnbilder dichtet, einer aus Sike-
lien wohl oder Italien mit dem Worte spielend wegen des
b Einfüllens und Fassenwollens ein Faß genannt hat, und die
Ausgelassenen Ausgeschlossene, und bei diesen Ausge-
schlossenen könnte nun der Teil der Seele, wo die Neigungen
sind, eben wegen der Ungebundenheit und Unhaltbarkeit
nicht schließen, wie ein leckes Faß, womit er sie der Uner-
sättlichkeit wegen verglich. Und ganz dir entgegengesetzt, o
Kallikles, zeigt dieser, daß in der Schattenwelt, worunter er
die Geisterwelt meinte, jene Ausgeschlossenen die Unselig-
sten wären und Wasser trügen in das lecke Faß mit einem
c eben so lecken Siebe. Unter dem Siebe aber verstand er, wie
der sagt, der es mir erzählte, die Seele, und die Seele der Aus-
gelassenen verglich er mit einem Siebe, weil sie leck wäre und
nichts festhalten könne, aus Ungewißheit und Vergeßlich-
keit. Dies ist nun gewissermaßen hinreichend wunderlich; es
macht aber doch deutlich, was ich dich gern, wenn ich es dir
irgend zeigen könnte, überreden möchte zu wechseln, und
anstatt des unersättlichen und ausgelassenen und ungebun-
denen Lebens das besonnene, und mit dem jedesmal vorhan-
denen sich begnügende zu wählen.

Die Wiedergeburt der Seele

Menon 81 A-E

Wie schon im Dialog ›Protagoras‹ (s. o. S. 13 ff.), so wird auch im ›Menon‹ die Frage behandelt, ob »Tugend«, *areté*, lehrbar sei. Ohne einführende Rahmenhandlung wird dieses Problem bereits im ersten Satz dem Sokrates von seinem Gesprächspartner gestellt. Menon, ein begüterter junger Mann aus Thessalien, erscheint hier im Jahre 402, als Schüler des Gorgias (s. o. S. 27 ff.), durchaus gebildeter und angenehmer als später in der Darstellung des Xenophon in der *Anabasis*, wo er als unzuverlässig und gierig dargestellt ist.

Das platonische Problem des Wissens erfährt hier eine fünffach gegliederte Behandlung; zwischen die beiden ersten Teile, d. h. die Definition der »Tugend« (70 A-80 D) einerseits und die Erörterung ihres Ursprungs (81 E-86 C) andererseits ist eine kurze Erzählung eingeschaltet, die sich, wie Sokrates sagt, von hohen Autoritäten herleitet: Priester und Priesterinnen, Poeten wie Pindar und andere haben sie verbürgt und verkündet.

Was gelehrt wird, ist der Grundsatz, daß die Menschenseele unsterblich ist und der Wiedergeburt zustrebt. Daraus folgt – obschon von Gericht, Belohnung oder Strafe nicht ausdrücklich die Rede ist – das Gebot heiligmäßigen Lebenswandels. Daraus folgt ferner, daß die Seele in mannigfacher Wiederkehr schon alle Erfahrungen gemacht, alles Wissen gesammelt hat, so daß sie nicht mehr Neues lernt, sondern sich an bereits Bekanntes erinnert; das wird im Anschluß an unsere Passage in einem berühmten Experiment mit einem Sklaven zu zeigen unternommen: Sokrates befragt einen Diener des Menon derartig, daß dieser ohne Vorbildung dennoch seinerseits zur Lösung des mathematischen Problems der Verdoppelung eines Quadrates gelangt.

Die Bedeutung der knappen mythischen Erzählung liegt somit nicht allein in der Gliederung des Gedankenganges, sondern vor allem darin, daß sie den Boden bereitet für den Fortgang des Dialogs: Voraussetzung für die Erinnerung der erkennenden Seele ist ihre wiederholte Wiedereinkörperung; diese aber wird nicht logisch bewiesen, sondern mythologisch-axiomatisch mitgeteilt und mit einem Pindarzitat bekräftigt. Die Sackgasse, in die sich die Untersuchung im ersten Teil begeben hatte mit dem Resultat, daß Wissen ohne seine ahnende Vorwegnahme nicht möglich sei, wird so überwunden durch den Verweis auf »weise Männer und Frauen« und ihre Verkündigungen. Die ganze Erläuterung ist, wie Sokrates selbst einleitend sagt, »ein wahrer und schöner *logos*«.

81 a Menon: Scheint dir das nicht ein gar schöner Satz zu sein, Sokrates?

Sokrates: Mir gar nicht.

Menon: Kannst du sagen weshalb?

Sokrates: O ja! Denn ich habe es von Männern und Frauen, die in göttlichen Dingen gar weise waren.

Menon: Was sagten denn diese?

Sokrates: Etwas sehr Wahres, meines Erachtens, und Schönes.

Menon: Aber was? und wer waren die es sagten?

Sokrates: Die es sagen, sind Priester und Priesterinnen so viele es deren gibt, denen daran gelegen ist, von dem was sie
b verwalten Rechenschaft geben zu können. Es sagt es auch Pindaros und viele andere Dichter, welche göttlicher Art sind. Und was sie sagen, ist folgendes, erwäge aber wohl, ob

dich dünkt, daß sie wahr reden. Sie sagen nämlich, die Seele
des Menschen sei unsterblich, so daß sie jetzt zwar ende, was
man sterben nennt, und jetzt wieder werde, untergehe aber
niemals. Und deshalb müsse man aufs heiligste sein Leben
verbringen. Denn von welchen Persephone schon die Stra-
fen des alten Elendes genommen, deren Seelen gibt sie der
obern Sonne im neunten Jahre zurück, aus welchen dann c
ruhmvolle tatenreiche Könige und an Weisheit die vorzüg-
lichsten Männer hervorgehn, und von da an als heilige He-
roen unter den Menschen genannt werden. Wie nun die Seele
unsterblich ist und oftmals geboren, und, was hier ist und in
der Unterwelt, alles erblickt hat; so ist auch nichts, was sie
nicht hätte in Erfahrung gebracht, so daß nicht zu verwun-
dern ist, wenn sie auch von der Tugend und allem andern
vermag sich dessen zu erinnern was sie ja früher gewußt hat. d
Denn da die ganze Natur unter sich verwandt ist, und die
Seele alles inne gehabt hat: so hindert nichts, daß wer nur an
ein einziges erinnert wird, was bei den Menschen lernen
heißt, alles übrige selbst auffinde, wenn er nur tapfer ist und
nicht ermüdet im Suchen. Denn das Suchen und Lernen ist
demnach ganz und gar Erinnerung. Keinesweges also darf
man jenem streitsüchtigen Satze folgen; denn er würde uns
träge machen, und ist nur den weichlichen Menschen ange-
nehm zu hören; dieser aber macht uns tätig und forschend, e
welchem vertrauend, daß er wahr sei, ich eben Lust habe mit
dir zu untersuchen, was die Tugend ist.

Das Leben im Jenseits

Phaidon 107 C-115 A

Während der Anfänge seiner schriftstellerischen Tätigkeit hatte Platon mit der ›Apologie‹ (s. o. S. 24 ff.) und dem Dialog ›Kriton‹ eine Darstellung vom Prozeß und dem Verhalten des Sokrates im Kerker gegeben. Auf der Höhe seines Schaffens, rund zwanzig Jahre nach den Ereignissen, kehrte er noch einmal zu dieser Thematik zurück. Im Dialog ›Phaidon‹ berichtet ein Augenzeuge von den Sterbestunden des Sokrates. Dabei geht es Platon nicht zuvörderst um das Biographische als vielmehr um das Philosophische. Sein Sokrates erklärt, warum er dem Tode in Heiterkeit entgegensieht: Er weiß sich sicher in der Überzeugung von der Unsterblichkeit der Seele, und da er zeit seines Lebens sich um das Gute bemüht hat, erwartet er die Belohnung dieser Haltung im Jenseits.

Während der Beweis der Unsterblichkeit der Seele im Laufe des Dialoges auf logischer Ebene geführt wird, folgt ihm bei der Beschreibung des Jenseits als Abschluß ein mythologischer Abschnitt; der biographische Bericht der Todesszene beschließt danach die Schilderung vom Sterben des »besten, weisesten, gerechtesten Mannes«. Der Mythos selbst ist ausführlich angelegt und mehrfach gegliedert; er wird auch ausdrücklich als *mythos* bezeichnet. Das heißt auch, daß man die Beschreibung nicht bis in alle Einzelheiten hinein für unfehlbar richtig halten muß (114 D), daß jedoch die grundsätzliche Aussage zu akzeptieren ist.

Der erste Teil des Mythos malt den Jenseitsweg der Seele. In starkem Kontrast hierzu steht der zweite, ein naturwissenschaftlich getönter Exkurs, der richtig die runde Gestalt der Erde, unrichtig ihren zentralen Platz im Sonnensystem postuliert. Hinzu tritt die Vision eines über-irdischen Ortes. Hinzu tritt auch eine naturwissenschaftlich erscheinende »geologische« Erörterung der Struktur des Erdraumes. Sie wird vertieft in einer Erzählung über die Dinge auf dieser Erde unter dem Himmel, d. h. gesehen von einem himmlischen Ort; eine Schilderung ihrer Farben, ihrer Elemente, ihrer Fauna und Flora, ihrer Wasser im Hin- und Widerfluß, der großen Weltströme Okeanos und Acheron, Periphlegeton und Kokytos. In diesem gewaltigen Rahmen wird der Jenseitsweg der Seele gesehen, wird ihr jenseitiges Schicksal unterschieden je nach Verdienst oder Missetat während des irdischen Lebens.

Reinigung, *katharsis*, ist das Kennwort: Die Seele unterzieht sich einem Prozeß der Säuberung von irdischer Schuld und unlauterer Begier. Sie wird zurückgehalten, bis dieser Prozeß vollendet ist. Ist er einmal abgeschlossen, darf die Seele aufsteigen zu den Orten der Freude. So sind neueste naturwissenschaftliche Gedanken einerseits, moralistische Vorstellungen andererseits verschmolzen zu einem grandiosen Bild, das Diesseits und Jenseits zusammenschaut. Der Schlußsatz weist den Weg, um vom Hier und Heute ins Dort und Danach in Harmonie und Heiterkeit hinüberzuschreiten. Der historische Sokrates hat das vorgelebt; der platonische Sokrates mahnt dazu, diese Haltung nachzuahmen. Das Leben eine Vorbereitung auf den Tod, auf das weitere Dasein – die Kunst des Lebens wie des Sterbens wird im ›Phaidon‹ mit der Versicherung der Zukunft verbunden und dem Hörer als logischer Unsterblichkeitsbeweis wie als mythische Weltschau vermittelt.

107c Und so ist denn dieses, ihr Männer, wohl wert bemerkt zu
werden, daß wenn die Seele unsterblich ist, sie auch der Sorg-
falt bedarf nicht für diese Zeit allein, welche wir das Leben
nennen, sondern für die ganze Zeit, und das Wagnis zeigt
sich nun eben erst recht furchtbar, wenn jemand sie vernach-
lässigen wollte. Denn wenn der Tod eine Erledigung von
allem wäre: so wäre es ein Fund für die Schlechten, wenn sie
sterben, ihren Leib los zu werden, aber auch ihre Schlechtig-
keit mit der Seele zugleich. Nun aber diese sich als unsterb-
lich zeigt, kann es ja für sie keine Sicherheit vor dem Übel
d geben und kein Heil, als nur wenn sie so gut und vernünftig
geworden ist als möglich. Denn nichts anderes kann sie doch
mit sich haben, wenn sie in die Unterwelt kommt, als nur
ihre Bildung und Nahrung, die ihr ja auch wie man sagt
gleich, so wie sie gestorben ist, den größten Nutzen oder
Schaden bringt, gleich am Anfang der Wanderung dorthin.
Denn man sagt ja, daß jeden Gestorbenen sein Dämon, der
ihn schon lebend zu besorgen hatte, dieser ihn auch dann an
einen Ort zu führen sucht, von wo aus mehrere zusammen,
nachdem sie gerichtet sind, in die Unterwelt gehen mit jenem
e Führer, dem es aufgetragen ist, die von hier dorthin zu füh-
ren. Nachdem ihnen dann dort geworden was ihnen ge-
bührt, und sie die gehörige Zeit dageblieben, bringt ein
anderer Führer sie wieder von dort hieher zurück nach vie-
len und großen Zeitabschnitten. Und diese Reise ist wohl
108a nicht so, wie der Telephos des Aischylos sie beschreibt.
Denn jener sagt, es führe nur ein einfacher Fußsteig in die
Unterwelt; ich aber glaube, daß es weder einer ist noch ein
einfacher. Sonst würde es ja keines Führers bedürfen, denn
nirgends hin kann man ja fehlen, wo nur Ein Weg geht. Nun
aber mag er sich wohl oftmals teilen und winden. Dies
schließe ich aus dem, was bei uns als heilige Feier eingeführt
und gebräuchlich ist. Die sittige und vernünftige Seele nun

folgt und verkennt nicht, was ihr widerfährt; die aber begehrlich an dem Leibe sich hält, wie ich auch vorher sagte, drängt sich lange Zeit immer um ihn herum und in dem sichtbaren Ort umher, und nach vielem Sträuben und vielen b
Versuchen wird sie endlich mit Mühe und gewaltsam von dem angeordneten Dämon abgeführt. Kommt sie nun dahin, wo auch die Andern sich befinden, die unreine und die etwas dergleichen verübt hat, habe sie sich nun mit ungerechtem Morde befaßt oder anderes dergleichen begangen, was dem verschwistert und verschwisterter Seelen Werk ist, diese meidet jeder und weicht ihr aus, und will weder ihr Reisegefährte, noch ihr Führer werden; sie aber irrt in gänzlicher Unsicherheit befangen, bis gewisse Zeiten um sind, nach de- c
ren Verlauf die Notwendigkeit sie in die ihr angemessene Wohnung bringt. Die aber rein und mäßig ihr Leben verbracht und Götter zu Reisegefährten und Führern bekommen hat, bewohnt jede den ihr gebührenden Ort. Es hat aber die Erde viele und wunderbare Orte, und ist weder an Größe noch Beschaffenheit so, wie von denen, die über die Erde zu reden pflegen, geglaubt wird, nach dem was mir einer glaublich gemacht hat. – Darauf sagte Simmias, Wie meinst du das, d
o Sokrates? Denn über die Erde habe ich auch schon vielerlei gehört, wohl aber nicht das, was dich befriediget; darum möchte ich es gern hören. – Das ist ja wohl keine große Kunst, o Simmias, sagte er, zu erzählen was ist; aber freilich daß es so wahr ist, das möchte wieder schwerer sein als schwer; und teils möchte ich es vielleicht nicht können, teils auch wenn ich es verstände, möchte doch mein Leben wenigstens, o Simmias, für die Größe der Sache nicht mehr hinreichen. Doch die Gestalt der Erde, wie ich belehrt bin daß sie e
sei, und ihre verschiedenen Orte hindert mich nichts zu beschreiben. – Auch das, sprach Simmias, soll uns genug sein. – Zuerst also bin ich belehrt worden, daß wenn sie rund inmit-

ten des Himmels steht, sie weder Luft brauche um nicht zu
109a fallen, noch irgend einen andern solchen Grund, sondern um sie zu halten hinreichend sei die durchgängige Einerleiheit des Himmels und das Gleichgewicht der Erde selbst. Denn ein im Gleichgewicht befindliches Ding in die Mitte eines anderen solchen gesetzt wird keinen Grund haben sich irgend wohin mehr oder weniger zu neigen, und daher auf gleiche Weise zu allem sich verhaltend, wird es ohne Neigung bleiben. Dieses, sagte er, habe ich zuerst angenommen. – Und sehr mit Recht, sprach Simmias. – Dann auch, daß sie sehr groß sei, und daß wir, die vom Phasis bis an die Säulen des
b Herakles reichen, nur in einem sehr kleinen Teile, wie Ameisen oder Frösche um einen Sumpf, so wir um das Meer herum wohnen, viele andere aber anderwärts an vielen solchen Orten. Denn es gebe überall um die Erde her viele Höhlungen und mannigfaltige von Gestalt und Größe, in welchen Wasser und Nebel und Luft zusammengeflossen sind, die Erde selbst aber liege rein in dem reinen Himmel, an
c welchem auch die Sterne sind, und den die meisten, welche über dergleichen zu reden pflegen, Äther nennen, dessen Bodensatz nun eben dieses ist, und immer in den Höhlungen der Erde zusammenfließt. Wir nun merkten es nicht, daß wir nur in diesen Höhlungen der Erde wohnten, und glaubten oben auf der Erde zu wohnen, wie wenn ein mitten im Grunde der See Wohnender glaubte, oben an dem Meere zu wohnen, und weil er durch das Wasser die Sonne und die andern Sterne sähe, das Meer für den Himmel hielte, aus
d Trägheit aber und Schwachheit niemals bis an den Saum des Meeres gekommen wäre, noch über das Meer aufgetaucht und hervorgekrochen, um diesen Ort zu schauen, wie viel reiner und schöner er ist als der bei ihm, noch auch von einem Andern, der ihn gesehen, dies gehört hätte; grade so erginge es auch uns. Denn wir wohnten in irgend einer Höh-

lung der Erde, und glaubten oben darauf zu wohnen, und
nennten die Luft Himmel, als ob diese der Himmel wäre
durch welchen die Sterne wandeln. Damit aber sei es grade
so, daß wir aus Trägheit und Schwachheit nicht vermöchten e
hervorzukommen bis an den äußersten Saum der Luft.
Denn wenn jemand zur Grenze der Luft gelangte oder Flü-
gel bekäme und hinaufflöge: so würde er dann hervortau-
chen und sehen, wie hier die Fische, wenn sie einmal aus dem
Meer herauftauchen, was hier ist sehen, so würde dann ein
solcher auch das dortige sehen, und wenn seine Natur die
Betrachtung auszuhalten vermöchte, dann erkennen, daß je-
nes der wahre Himmel ist und das wahre Licht und die
wahre Erde. Denn die Erde hier bei uns und die Steine und 110a
der ganze Ort hier ist zerfressen und verwittert, wie was im
Meere liegt vom Salz angefressen ist, und nichts der Rede
wertes im Meere wächst, noch es irgend etwas vollkomme-
nes darin gibt, sondern nur Klüfte und Sand und unend-
lichen Kot und Schlamm, wo es noch Erde gibt, und nichts
was irgend mit unsern Schönheiten könnte verglichen wer-
den; jenes aber würde wiederum noch weit vorzüglicher sich
zeigen vor dem unsrigen. Und darf man auch wohl eine b
schöne Erzählung vorbringen, Simmias: so lohnt es wohl zu
hören, wie das auf der Erde unter dem Himmel beschaffen
ist. – Gewiß, sprach Simmias, werden wir diese Erzählung
gern hören, o Sokrates. – Man sagt also zuerst, o Freund,
diese Erde sei so anzusehen, wenn sie jemand von obenherab
betrachtete, wie die zwölfteiligen ledernen Bälle, in so bunte
Farben geteilt, von denen unsere Farben hier gleichsam Pro-
ben sind, alle die, deren sich die Maler bedienen. Dort aber c
bestehe die ganze Erde aus solchen und noch weit glänzen-
dern und reineren als diese. Denn ein Teil sei purpurrot und
wunderbar schön, ein anderer goldfarbig, ein anderer weiß,
aber viel weißer als Alabaster oder Schnee, und eben so aus

jeder anderen Farbe bestehe einer, und aus noch mehreren
und schöneren als wir gesehen haben. Denn selbst diese
Höhlungen der Erde, welche mit Wasser und Luft angefüllt
d sind, bilden eine eigene Art von Farbe, welche in der Vermi-
schung aller anderen Farben glänzt, so daß sie ganz und gar
als ein ununterbrochenes Bunt erscheint. Auf dieser so be-
schaffenen nun wachsen verhältnismäßig eben solche Ge-
wächse, Bäume, Blumen und Früchte. Eben so haben auch
die Gebirge und die Steine nach demselben Verhältnis ihre
Vollendung und Durchsichtigkeit und schönere Farben, von
denen aber auch unsere so sehr gesuchten Steinchen hier
Teile sind, die Karneole und Jaspise und Smaragden und alle
e dergleichen; dort aber sei nichts, was nicht so wäre und noch
schöner als diese. Die Ursache hievon aber sei, daß jene
Steine rein sind und nicht angefressen noch verwittert, wie
die hiesigen von Fäulnis und Schärfe alles dessen, was hier
zusammenfließt, und was den Steinen und Erden und allen
Gewächsen und Tieren Entstellungen und Krankheiten ver-
ursacht. Die Erde also sei mit alle diesem geschmückt, und
111 a außerdem noch mit Gold und Silber und dem übrigen der
Art, welches glänzend dort zu finden sei, und in großer
Menge wachse, und überall auf der Erde, so daß sie zu
schauen ein beseligendes Schauspiel sei. Tiere aber gebe es auf
ihr vielerlei andere und auch Menschen, welche teils mitten
im Lande wohnen, teils so um die Luft herum, wie wir um
das Meer herum, teils auch auf luftumflossenen Inseln um
das feste Land her. Und mit einem Worte, was uns Wasser
b und Meer ist für unsere Bedürfnisse, das sei jenen dort die
Luft, und was uns die Luft, das jenen der Äther. Und die
Witterung habe eine solche Mischung bei ihnen, daß sie ohne
Krankheit wären, und weit längere Zeit lebten als die hiesi-
gen, und ihr Gesicht, Gehör, Geruch und was dahin gehört
von dem unsrigen in demselben Maß abstände, wie die Luft

vom Wasser absteht, und der Äther von der Luft in Absicht
der Reinheit. Auch haben sie weiter Tempel und Heiligtü-
mer für die Götter, in denen aber die Götter wahrhaft woh- c
nen, und Stimmen, Weissagungen, Erscheinungen der Götter
und mehr dergleichen Verkehr mit ihnen; und Sonne, Mond
und Sterne sähen sie wie sie wirklich sind und dem sei auch
ihre übrige Glückseligkeit gemäß. So demnach sei die ganze
Erde geartet, und was sie umgibt; rund umher auf ihr aber
gebe es nach Maßgabe ihrer Höhlung viele Orte, einige tiefer
und weiter geöffnet, als der in welchem wir wohnen, andere
wiederum tiefer, aber mit einer engeren Öffnung als die un- d
ser Ort hat; und welche sind wohl auch flacher, und dabei
doch breiter als der hiesige. Alle diese nun wären unter der
Erde vielfältig gegen einander durchgebohrt, enger und wei-
ter, so daß sie Durchgänge haben unter sich, durch welche
denn vieles Wasser aus einem in den andern fließt, wie in
Becher, und daß es unversiegliche Ströme von unübersehba-
rer Größe unter der Erde gebe von warmen Wassern und
kalten, und vieles Feuer und große Ströme von Feuer, viele
auch von feuchtem Schlamm, teils reinerem teils schmutzi-
gerem, wie in Sizilien die vor dem Feuerstrome sich ergie- e
ßenden Ströme von Schlamm und der Feuerstrom selbst,
von denen denn alle Örter erfüllt werden, je nachdem jedes-
mal jeder seinen Umlauf nimmt. Und dieses alles bewege
hinauf und hinunter gleichsam eine in der Erde befindliche
Schaukel; diese Schaukel aber bestehe durch folgende Ein-
richtung ohngefähr. Einer nämlich von diesen Erdspalten ist
auch sonst der größte und quer durch die ganze Erde ge-
bohrt. Dieser ist nun, wie Homeros davon singt, Ferne wo 112a
tief sich öffnet der Abgrund unter der Erde, derselbe, den
anderwärts er und auch sonst viele andere Dichter den Tarta-
ros genannt haben. In diesen Spalt nun strömen alle diese
Flüsse zusammen, und strömen auch wieder von ihm aus;

und alle werden so wie der Boden durch welchen sie strö-
b men. Die Ursache aber, warum alle Ströme von hier ausflie-
ßen und auch wieder hinein, ist, daß diese Flüssigkeit keinen
Boden hat und keinen Grund. Daher schwebt sie und wogt
immer auf und ab, und die Luft und der Hauch um sie her tut
dasselbe. Denn dieser begleitet sie, sowohl wenn sie in die
jenseitigen Gegenden der Erde strömt, als wenn in die dies-
seitigen. Und so wie der Hauch der atmenden in beständiger
Bewegung immer einströmt und ausströmt: so auch dort bil-
det der mit der Flüssigkeit wogende Hauch heftige und
gewaltige Winde sowohl im Hineingehen als im Herausge-
c hen. Wenn nun strömend das Wasser nach der Gegend hin
ausweicht, welche unten genannt wird: so fließt es in das Ge-
biet der dortigen Ströme, und füllt es an wie beim Pumpen.
Wenn es aber von dort wiederum sich wegzieht und hieher
strömt, so erfüllt es dann die hiesigen. Diese, wenn sie erfüllt
sind, strömen durch die Kanäle und durch die Erde; und
wenn sie jeder in die Gegenden kommen, wohin sie jedesmal
geleitet werden, so bilden sie Meere und Seen und Flüsse und
Quellen. Von da tauchen sie nun wieder unter die Erde, und
d teils längere und mehrere Gegenden durchziehend, teils we-
nigere und kürzere, ergießen sie sich alle wieder in den
Tartaros, einige viel weiter unten als wo sie ausgepumpt wur-
den, andere nicht soviel, aber unterhalb ihres Ausflusses
fließen sie alle ein; und einige strömen wieder aus, grade ge-
genüber der Stelle, wo sie eingeflossen sind, andere auf der
nämlichen Seite. Ja es gibt auch welche, die im Kreise herum-
ziehen, ein oder mehrere Male sich um die Erde winden wie
e Schlangen, und dann möglichst tief gesenkt sich wieder hin-
ein ergießen. Möglich ist aber von beiden Seiten nur, sich bis
zur Mitte herabzusenken, weiter nicht. Denn für beiderlei
Ströme geht das jenseitige wiederum aufwärts. So gibt es nun
gar viele andere große und verschiedene Ströme, unter diesen

vielen aber gibt es vorzüglich viere, von denen der größte
und der am äußersten rund herum fließende, der sogenannte
Okeanos ist; diesem gegenüber und in entgegengesetzter
Richtung fließend ist der Acheron, welcher durch viele an-
dere wüste Gegenden fließt, vorzüglich aber auch unter der
Erde fortfließend in den Acherusischen See kommt, wohin 113a
auch die meisten Verstorbenen Seelen gelangen, und nach-
dem sie gewisse bestimmte Zeiten dort geblieben, einige
länger andere kürzer, dann wieder ausgesendet werden zu
den Erzeugungen der Lebendigen. Der dritte Fluß strömt
aus zwischen diesen beiden, und ergießt sich ohnweit seiner
Quelle in eine weite mit einem gewaltigen Feuer brennende
Gegend, wo er einen See bildet größer als unser Meer, und
siedend von Wasser und Schlamm. Von hieraus bewegt er
sich dann im Kreise herum trübe und schlammig, und indem b
er sich um die Erde herumwälzt, kommt er nächst anderen
Orten auch an die Grenzen des Acherusischen Sees, jedoch
ohne daß ihre Gewässer sich vermischten. Und nachdem er
sich oftmals unter der Erde umhergewälzt, ergießt er sich zu
allerunterst in den Tartaros. Dies ist der, den man Pyriphle-
gethon nennt, von welchem auch die feuerspeienden Berge,
wo sie deren auf der Erde finden, kleine Teilchen heraufbla-
sen. Diesem wiederum gegenüber strömt der vierte aus,
zuerst in eine furchtbare und wilde Gegend, wie man sagt,
und die von Farbe ganz und gar dunkelblau ist, welche sie die c
stygische nennen, und den See, welchen der Fluß bildet, den
Styx. Nachdem sich dieser nun hier hineinbegeben, und ge-
waltige Kräfte aufgenommen in sein Wasser, geht er unter die
Erde, wälzt sich herum, kommt dem Pyriphlegethon gegen-
über wieder hervor, und trifft auf den Acherusischen See an
der gegenüberliegenden Seite. Und auch dieser vermischt
sein Wasser mit keinem andern, sondern geht ebenfalls im
Kreise herum, und ergießt sich wieder in den Tartaros gegen-

über dem Pyriphlegethon. Sein Namen aber heißt wie die
d Dichter sagen Kokytos. Da nun dieses so ist, so werden,
sobald die Verstorbenen an dem Orte angelangt sind, wohin
der Dämon jeden bringt, zuerst diejenigen ausgesondert,
welche schön und heilig gelebt haben, und welche nicht. Die
nun dafür erkannt werden, einen mittelmäßigen Wandel ge-
führt zu haben, begeben sich auf den Acheron, besteigen die
Fahrzeuge, die es da für sie gibt, und gelangen auf diesen zu
dem See. Hier wohnen sie und reinigen sich, büßen ihre Ver-
gehungen ab, wenn einer sich wie vergangen hat, und werden
e losgesprochen, wie sie auch eben so für ihre guten Taten den
Lohn erlangen, jeglicher nach Verdienst. Deren Zustand aber
für unheilbar erkannt wird wegen der Größe ihrer Verge-
hungen, weil sie häufigen und bedeutenden Raub an den
Heiligtümern begangen, oder viele ungerechte und gesetz-
widrige Mordtaten vollbracht, oder anderes was dem ver-
wandt ist, diese wirft ihr gebührendes Geschick in den
Tartaros, aus dem sie nie wieder heraussteigen. Die hingegen
heilbare zwar aber doch große Vergehungen begangen zu ha-
ben erfunden werden, wie die gegen Vater oder Mutter im
114a Zorn etwas gewalttätiges ausgeübt, oder die auf diese oder
andere Weise Mörder geworden sind, diese müssen zwar
auch in den Tartaros stürzen, aber wenn sie hineingestürzt
und ein Jahr darin gewesen sind, wirft die Welle sie wieder
aus, die Mörder auf der Seite des Kokytos, die aber gegen
Vater und Mutter sich versündiget, auf der des Pyriphlege-
thon. Wenn sie nun auf diesen fortgetrieben an den Acheru-
sischen See kommen: so schreien sie da, und rufen die,
welche von ihnen getötet worden sind oder frevelhaft behan-
delt. Haben sie sie nun herbeigerufen, so flehen sie und
b bitten, sie möchten sie lassen in den See aussteigen, und sie
dort aufnehmen. Wenn sie sie nun überreden, so steigen sie
aus, und ihre Übel sind am Ende; wo nicht, so werden sie

wieder in den Tartaros getrieben, und aus diesem wieder in
die Flüsse, und so hört es nicht auf ihnen zu ergehen, bis sie
diejenigen überreden, welchen sie Unrecht getan haben;
denn diese Strafe ist ihnen von den Richtern angeordnet. Die
aber ausgezeichnete Fortschritte in heiligem Leben gemacht
zu haben erfunden werden, dies endlich sind diejenigen, wel-
che von allen diesen Orten im Innern der Erde befreit und c
losgesprochen von allem Gefängnis, hinaus in die reine Be-
hausung gelangen, und auf der Erde wohnhaft werden. Wel-
che nun unter diesen durch Weisheitsliebe sich schon gehörig
gereiniget haben, diese leben für alle künftigen Zeiten gänz-
lich ohne Leiber, und kommen in noch schönere Wohnun-
gen als diese, welche weder leicht wären zu beschreiben,
noch würde die Zeit für diesmal zureichen. Aber schon um
deswillen, was wir jetzt auseinandergesetzt haben, o Sim-
mias, muß man ja wohl alles tun, um der Tugend und
Vernunft im Leben teilhaftig zu werden. Denn schön ist der
Preis und die Hoffnung groß.

Daß sich nun dies alles grade so verhalte, wie ich es ausein- d
andergesetzt, das ziemt wohl einem vernünftigen Mann
nicht zu behaupten; daß es jedoch, sei es nun diese oder eine
ähnliche Bewandtnis haben muß mit unseren Seelen und ih-
ren Wohnungen, wenn doch die Seele offenbar etwas un-
sterbliches ist, dies dünkt mich zieme sich gar wohl, und
lohne auch es darauf zu wagen, daß man glaube, es verhalte
sich so. Denn es ist ein schönes Wagnis, und man muß mit
solcherlei gleichsam sich selbst besprechen. Darum spinne
ich auch schon so lange an der Erzählung. Also um deswillen
muß ein Mann gutes Mutes sein seiner Seele wegen, der im
Leben die andern Lüste, die es mit dem Leibe zu tun haben, e
und dessen Schmuck und Pflege hat fahren gelassen, als et-
was ihn selbst nicht angehendes, und wodurch er nur Übel
ärger zu machen befürchtete, jener Lust hingegen an der

Forschung nachgestrebt, und seine Seele geschmückt hat nicht mit fremdem, sondern mit dem ihr eigentümlichen
115a Schmuck, Besonnenheit, Gerechtigkeit, Tapferkeit, Edelmut und Wahrheit, so seine Fahrt nach der Unterwelt erwartend, um sie anzutreten, sobald das Schicksal rufen wird. – Ihr nun, setzte er hinzu, o Simmias und Kebes und ihr übrigen, werdet ein andermal jeder zu seiner Zeit abgehn; mich aber ruft jetzt schon, würde ein tragischer Mann sagen, das Geschick, und es ist wohl beinahe Zeit, sich nach dem Bade umzusehen. Denn es dünkt mich doch besser zu baden, ehe ich den Trank nehme, und nicht hernach den Weibern Mühe zu machen mit dem Waschen des Leichnams.

Bericht aus dem Jenseits

Der Staat, Buch 10 (614 A - 621 D)

In der Mitte des platonischen Lebenswerkes steht, hervorgegangen aus den Gedanken über die Gerechtigkeit, sein großes Bild vom vollkommenen ›Staat‹. Am Ende dieses bedeutenden Buches steht, hervorgegangen aus lebenslangem Nachdenken über den Tod und das Schicksaal der Seele danach, der Mythos von der Jenseitserfahrung eines Scheintoten. Es ist dies der tiefste der mehrfachen Ansätze Platons, seine Vorstellungen vom Dasein hinter der Schranke des Todes in bildlicher Rede darzustellen.

Bereits der Umfang übertrifft die vergleichbaren Texte – im ›Phaidon‹, im ›Phaidros‹, in der ›Apologie‹ und anderen Ortes – bei weitem. Die beigegebene Beglaubigung, d.h. die Form der Berichterstattung eines Zurückgekehrten, ist ebenfalls gewichtiger und tiefgründiger. Kein »Märchen nach Art des Alkinoos« erklingt, sondern des »mutigen Mannes« (namens ›Er‹) Bericht eigenen Erlebens. Hinzugetreten ist auch die Dimension detaillierter Erörterung einzelner anderer Fälle: Gestalten wie Orpheus oder Odysseus erscheinen, Agamemnon oder Ajax oder Atalanta, Thamyras der Tyrann und Thersites der Spötter – ihre je anderen Lebenslose werden individuell erforscht, erörtert, erklärt.

Der wesentliche Aspekt der Darstellung, der sie weit über die ähnlichen anderen Texte Platons hinausführt, ist die ausführliche Behandlung der Reinkarnation. Sie wird genauestens geschildert: Nach tausendjähriger jenseitiger Vergeltung, sei es im Guten oder im Bösen, also nach zehnfachem Ausgleich der als hundertjährig angenommenen Lebensspanne, sammeln sich die Seelen zu neuer Einkörperung an einem besonderen Ort, in wunderbarem Licht, bei »der Spindel der Notwendigkeit«. Unter Mitwirkung der Moiren, der Schicksalsgöttinnen Lachesis »die Spinnerin«, Klotho »die Loserin«, Atropos »die Unabwendbare«, Töchter der »Notwendigkeit«, Herrinnen über Vergangenheit, Gegenwart, Zukunft, wählt jede Seele ihren Weg, noch in Erinnerung an die bereits gemachten Erfahrungen. Diese Erinnerung wird dann vom Trank aus dem Fluß des Vergessens vertilgt – ein neuer Lebensabschnitt setzt ein, die alten Erfahrungen sind vergangen, allein die – von ihnen mitbestimmte – Entscheidung regiert über das neue Dasein: »Die Verursachung ist des Wählenden; der Gott ist schuldlos.«

Diesem grundsätzlichen Geschehen gibt eine gewaltige Grundierung den gemäßen Rahmen. Geschildert werden die Gespräche über den Gedanken der Gerechtigkeit, der die Gründung des idealen Staatsgebildes gebiert. Seelenordnung und Staatsordnung entsprechen einander: Den drei Seelenteilen Vernunft, Mut, Begierde stehen die drei Bürgerklassen Herrscher, Wächter, Erwerbende gegenüber. Wie später im ›Timaios‹ der Kosmos, so wird hier der Staat nicht analysiert, sondern geschaffen. Dem Mikrokosmos der Einzelseele entspricht das größere Gebilde des Staates; der Makrokosmos der Welt spiegelt sich in ihnen. Alle drei Bereiche entsprechen einander; die Gerechtigkeit ist es, die sie in Bewegung setzt und ihre Ordnung gewährleistet.

So faßt der Schlußmythos des ›Staates‹ im eigenständigen Bilde krönend zusammen, was der logische Gedankengang zuvor ergründet hat: Die Ordnung der Welt, des Staates, der Seele sind einander zugeordnete Systeme, die Weltspindel in der Hand der ›Notwendigkeit‹ verbindet machtvoll die drei Daseinsbereiche. Die zwingende Kraft dieser gewaltigen Vision deutet das Wesen der Welt mit unerhörter Schlüssigkeit; kein ernster Sinn wird sich ihr entziehen können.

Was also, sprach ich, dem Gerechten bei seinem Leben von
Göttern und Menschen für Preis Lohn und Gaben zu Teil 614 a
werden außer jenen Gütern, welche die Gerechtigkeit an und
für sich ihm darbietet, dies wäre nun das Gesagte. – Und gar
treffliches, sagte er, und zuverlässiges. – Dieses aber, sagte
ich, ist dennoch nichts in Menge und Größe mit demjenigen
verglichen, was jeglichen von beiden nach dem Tode erwar-
tet. Auch dieses aber müssen wir vernehmen, damit jeder von
beiden vollständig zu hören bekomme, was ihm die Rede
schuldig ist. – Sage es nur, sprach er, und glaube, daß es nicht
viel anderes gibt was ich lieber hörte. – Ich will dir indessen b
keine Erzählung des Alkinos mitteilen, sondern von einem
gar wackern Manne, nämlich Er dem Sohn des Armenios,
dem Geschlecht nach ein Pamphylier; welcher einst im
Kriege tot geblieben war, und als nach zehn Tagen die Ge-
bliebenen schon verwest aufgenommen wurden, ward er
unversehrt aufgenommen und nach Hause gebracht um be-
stattet zu werden. Als er aber am zwölften Tage auf dem
Scheiterhaufen lag, lebte er wieder auf und berichtete sodann
was er dort gesehen. Er sagte aber, nachdem seine Seele aus-
gefahren, sei sie mit vielen andern gewandelt und sie wären c
an einen wunderbaren Ort gekommen, wo in der Erde zwei
an einander grenzende Spalten gewesen und am Himmel
gleichfalls zwei andere ihnen gegenüber. Zwischen diesen
seien Richter gesessen, welche, nachdem sie die Seelen durch
ihren Richterspruch geschieden, den Gerechten befohlen
hätten den Weg rechts nach oben durch den Himmel einzu-
schlagen, nachdem sie ihnen Zeichen dessen, worüber sie
gerichtet worden, vorne angehängt, den Ungerechten aber
den Weg links nach unten, und auch diese hätten hinten Zei- d
chen gehabt von allem was sie getan. Als nun auch er hinzu
gekommen, hätten sie ihm gesagt er solle den Menschen ein
Verkündiger des dortigen sein, und hätten ihm geboten alles

an diesem Orte zu hören und zu schauen. Er habe nun dort
gesehen wie durch den einen jener Spalte im Himmel und in
der Erde die Seelen, nachdem sie gerichtet worden, abgezo-
gen seien, von den andern beiden aber seien aus dem in der
Erde Seelen hervorgekommen voller Schmutz und Staub,
durch den andern hingegen seien reine Seelen vom Himmel
e herabgestiegen. Und die ankommenden hätten jedesmal ge-
schienen wie von einer langen Wanderung herzukommen,
und sich, sehr zufrieden daß sie auf diesen Matten verweilen
konnten, wie zu einer festlichen Versammlung hingelagert.
Die einander bekannten haben sich dann begrüßt und die aus
der Erde kommenden von den andern das dortige erforscht,
und so auch die aus dem Himmel von jenen das ihrige; und
so haben sie einander erzählt, die einen heulend und wei-
615 a nend, indem sie gedachten welcherlei und wie Großes sie
erlitten und gesehen während der unterirdischen Wande-
rung, die Wanderung aber sei tausendjährig, die aus dem
Himmel hingegen hätten von ihrem Wohlergehen erzählt
und der unbegreiflichen Schönheit des dort zu Schauenden.
Vielerlei nun davon erfordere viel Zeit zu erzählen, die
Hauptsache aber sei dieses, daß sie jeder für alles, was sie
jemals und wann immer unrechtes getan, einzeln hätten
Strafe geben müssen zehnmal für jedes, nämlich immer wie-
b der nach hundert Jahren als welches die Länge des mensch-
lichen Lebens sei, damit sie so zehnfach die Buße für das
Unrecht ablösten. So wenn Einige vielfältigen Todes schul-
dig gewesen, weil sie Städte verraten oder Heere in die
Knechtschaft gestürzt oder sonst großes Elend mitverschul-
det hatten, so mußten sie von dem allen für jedes zehnfache
Pein erdulden; hatten sie aber wiederum auch Wohltaten ge-
spendet und sich gerecht und heilig erwiesen, so empfingen
c sie auch dafür nach demselben Maßstabe den Preis. Die aber
anlangend, welche nach ihrer Geburt nur kurze Zeit leben,

sagte er anderes, so nicht nötig hier zu erwähnen. Für Ruch-
losigkeit aber und Frömmigkeit gegen Götter sowohl als
Eltern und für eigenhändigen Mord gebe es noch größeren
Lohn. Denn er sei zugegen gewesen als einer von den andern
gefragt worden, wo denn Ardiaios der große sei, welcher
nämlich in einer Pamphylischen Stadt vor damals schon tau-
send Jahren als Tyrann geherrscht, nachdem er seinen betag-
ten Vater und älteren Bruder getötet und viel anderen Frevel d
verübt hatte der Sage nach. Der Gefragte also habe gesagt, er
ist nicht hier und wird wohl auch nicht hieher kommen.
Denn auch dieses haben wir gesehen unter andern graunvol-
len Gesichten. Als wir nahe an der Mündung waren im
Begriff auszusteigen, nachdem wir das andere alles erduldet,
so sahen wir plötzlich jenen mit anderen, von denen die mei-
sten auch Tyrannen waren, nur einige darunter waren keine
Staatsmänner, hatten aber sonst Großes verbrochen. Als
diese meinten eben auszusteigen, nahm die Öffnung sie nicht e
auf, sondern erhob großes Gebrülle so oft einer von den so
Unheilbaren in der Schlechtigkeit, oder der noch nicht hin-
reichend Strafe gegeben, versuchen wollte heraufzusteigen.
Und gleich waren auch, fuhr er fort, gewisse wilde Männer
bei der Hand, ganz feurig anzusehen, welche den Ruf ver-
standen und einige davon besonders wegführten; dem Ardi-
aios aber und Anderen banden sie Hände und Füße und
Kopf zusammen, warfen sie nieder und, nachdem sie sie mit 616a
Schlägen zugedeckt, zogen sie sie seitwärts vom Wege ab, wo
sie sie mit Dornen schabten und den Vorbeigehenden jedes-
mal andeuteten, weshalb diese solches litten, und daß sie
abgeführt würden um in den Tartaros geworfen zu werden.
Und so sei denn, sagte er, nachdem ihnen so viel und man-
cherlei furchtbares begegnet, diese Furcht die schlimmste
von allen gewesen für jeden, daß wenn er hinaufsteigen
wollte der Schlund brüllen möchte, und mit der größten

Zufriedenheit seien sie dann hinaufgestiegen, wenn er ge-
b schwiegen habe. Solcherlei also seien die Bußungen und Strafen, und eben so die Erquickungen, jenen als Gegenstück entsprechend. Nachdem aber jedesmal denen auf der Wiese sieben Tage verstrichen, müßten sie am achten aufbrechen und wandern, und kämen den vierten Tag hin, wo man von oben herab ein grades Licht wie eine Säule über den ganzen Himmel und die Erde verbreitet sehe, am meisten dem Regenbogen vergleichbar aber glänzender und reiner. In dieses
c kämen sie eine Tagereise weiter gegangen hinein, und sähen dort mitten in dem Lichte vom Himmel her seine Enden an diesen Bändern ausgespannt; denn dieses Licht sei das Band des Himmels, welches wie die Streben an den großen Schiffen den ganzen Umfang zusammenhält. An diesen Enden aber sei die Spindel der Notwendigkeit befestigt, vermittelst deren alle Sphären in Umschwung gesetzt werden, und an dieser sei die Stange und der Haken von Stahl, die Wulst aber
d gemischt aus diesem und anderen Arten. Beschaffen aber sei diese Wulst folgendermaßen. Die Gestalt, so wie hier; aus dem aber was er sagte war anzunehmen, sie sei so als wenn in einer großen und durchweg ausgehöhlten Wulst eine andere eben solche kleinere eingepaßt wäre, wie man Schachteln hat, die so in einander passen, und eben so eine andere dritte und eine vierte und noch vier andere. Denn acht Wülste seien es
e insgesamt, welche in einander liegend ihre Ränder von oben her als Kreise zeigen, um die Stange her aber nur Eine zusammenhängende Oberfläche einer Wulst bilden; diese aber sei durch die achte mitten durchgetrieben. Die erste und äußerste Wulst nun habe auch den breitesten Kreis des Randes, der zweite sei der der sechsten, der dritte der der vierten, der vierte der der achten, der fünfte der der siebenten, der sechste der der fünften, der siebente der der dritten, der achte der der zweiten. Und der der größten sei bunt, der der sieben-

ten der glänzendste, der der achten erhalte seine Farbe von 617a
der Beleuchtung der siebenten, der der zweiten und fünften
seien einander sehr ähnlich gelblicher als jene, der dritte habe
die weißeste Farbe, der vierte sei rötlich, der zweite aber
übertreffe an Weiße den sechsten. Indem nun die Spindel ge-
dreht werde, so kreise sie zwar ganz immer in demselben
Schwunge, in dem ganzen umschwingenden aber bewegten
sich die sieben inneren Kreise langsam in einem dem Ganzen
entgegengesetzten Schwung. Von diesen gehe der achte am
schnellsten; auf ihn folgen der Schnelle nach zugleich mit b
einander der siebente, sechste und fünfte; als der dritte sei-
nem Schwunge nach kreise wie es ihnen geschienen der
vierte, als vierter aber der dritte und als fünfter der zweite.
Gedreht aber werde die Spindel im Schoße der Notwendig-
keit. Auf den Kreisen derselben aber säßen oben auf jeg-
lichem eine mitumschwingende Sirene, eine Stimme von sich
gebend, jede immer den nämlichen Ton, aus allen achten aber
insgesamt klänge dann Ein Wohllaut zusammen. Drei An-
dere aber, in gleicher Entfernung rings her jede auf einem c
Sessel sitzend, die weiß bekleideten am Haupte bekränzten
Töchter der Notwendigkeit, die Moiren Lachesis, Klotho
und Atropos, sängen zu der Harmonie der Sirenen, und
zwar Lachesis das Geschehene, Klotho das Gegenwärtige,
Atropos aber das Bevorstehende. Und Klotho berühre von
Zeit zu Zeit mit ihrer Rechten den äußeren Umkreis der
Spindel und drehe sie mit, Atropos aber eben so die inneren d
mit der Linken, Lachesis aber berühre mit beiden abwech-
selnd beides das äußere und innere. Sie nun, als sie angekom-
men, haben sie sogleich gemußt zur Lachesis gehen. Ein
Prophet aber habe sie zuerst der Ordnung nach aus einander
gestellt, dann aus der Lachesis Schoß Lose genommen und
Grundrisse von Lebensweisen, dann sei er auf eine hohe
Bühne gestiegen, und habe gesagt: Dies ist der Tochter der

Notwendigkeit, der jungfräulichen Lachesis Rede. Eintägige Seelen! ein neuer todbringender Umlauf beginnt für das
e sterbliche Geschlecht. Nicht euch wird der Dämon erlosen, sondern ihr werdet den Dämon wählen. Wer aber zuerst geloset hat, wähle zuerst die Lebensbahn, in welcher er dann notwendig verharren wird. Die Tugend ist herrenlos, von welcher, je nachdem jeglicher sie ehrt oder geringschätzt, er auch mehr oder minder haben wird. Die Schuld ist des Wählenden; Gott ist schuldlos. Dieses gesprochen habe er die Lose unter alle hingeworfen; und jeder habe das ihm zufallende aufgehoben, nur er nicht, ihm habe er es nicht verstattet. Wer es aber nun aufgehoben, dem sei kund geworden die
618a wievielste Stelle er getroffen habe. Gleich nach diesem nun habe er die Umrisse der Lebensweisen vor ihnen auf dem Boden ausgebreitet in weit größerer Anzahl als die der Anwesenden. Deren nun seien sehr vielerlei, die Lebensweisen aller Tiere nämlich und auch die menschlichen insgesamt. Darunter nun seien Zwingherrschaften gewesen, einige lebenslänglich andere mitten inne zu Grunde gehend und in Armut Verweisung und Dürftigkeit sich endigend; eben so auch Lebensweisen wohl angesehener Männer, die es teils
b ihrer Persönlichkeit wegen waren, der Schönheit halber oder sonst wegen körperlicher Stärke und Kampftüchtigkeit, Andere aber ihrer Abkunft und voreIterlicher Tugenden wegen, und auch unberühmter eben so, gleichermaßen auch von Frauen. Eine Rangordnung der Seelen aber sei nicht dabei gewesen, weil notwendig, welche eine andere Lebensweise wählt, auch eine andere wird. Alles andere sei unter einander und mit Reichtum und Armut Krankheit oder Gesundheit gemischt; einiges auch zwischen diesem mitten inne. Hierauf nun eben, o lieber Glaukon, beruht alles für den Menschen,
c und deshalb ist vorzüglich dafür zu sorgen, daß jeder von uns mit Hintansetzung aller anderen Kenntnisse nur dieser

Kenntnis nachspüre und ihr Lehrling werde, wie einer dahin komme zu erfahren und aufzufinden wer ihn dessen fähig und kundig machen könne, gute und schlechte Lebensweise unterscheidend aus allen vorliegenden immer und überall die beste auszuwählen, alles eben gesagte und untereinander zusammengestellte und verglichene, was es zur Tüchtigkeit des Lebens beitrage, wohl in Rechnung bringend, und zu wissen was zum Beispiel Schönheit wert ist mit Armut oder Reichtum gemischt und bei welcher Beschaffenheit der Seele sie d
Gutes oder Schlimmes bewirkt, und was gute Abkunft und schlechte, eingezogenes Leben und staatsmännisches, Macht und Ohnmacht, Vielwisserei und Unkunde, und was alles dergleichen der Seele von Natur anhaftendes oder erworbenes mit einander vermischt bewirken, so daß man aus allen insgesamt zusammennehmend auf die Natur der Seele hinsehend die schlechtere und die bessere Lebensweise scheiden könne, die schlechtere diejenige nennend, welche die Seele e
dahin bringen wird ungerecht zu werden, die bessere aber, welche sie gerecht macht, um alles andere aber sich unbekümmert lassen; denn wir haben gesehen, daß für dieses Leben und für das nach dem Tode dieses die beste Wahl ist. 619a
Und eisenfest auf dieser Meinung haltend muß man in die Unterwelt gehen, um auch dort nicht geblendet zu werden durch Reichtümer und solcherlei Übel, und nicht, indem man auf Tyranneien und andere dergleichen Taten verfällt, viel unheilbares Übel stifte und selbst noch größeres erleide, sondern vielmehr verstehe in Beziehung auf dergleichen ein mittleres Leben zu wählen und sich vor dem übermäßigen nach beiden Seiten hin zu hüten, sowohl in diesem Leben nach Möglichkeit als auch in jedem folgenden. Denn so wird b
der Mensch am glückseligsten. Daher denn auch damals der Bote von dorther verkündet, der Prophet habe also gesagt, Auch dem letzten, welcher hinzunaht, wenn er mit Vernunft

gewählt hat und sich tüchtig hält, liegt ein vergnügliches Le-
ben bereit, kein schlechtes. Darum sei weder, der die Wahl
beginnt, sorglos, noch der sie beschließt mutlos. Nachdem
jener nun dieses gesprochen, sagte er, sei der, welcher das
erste Los gezogen, sogleich darauf zu gegangen und habe sich
die größte Zwingherrschaft erwählt; aus Torheit und Gierig-
keit aber habe er gewählt ohne alles genau zu betrachten, und
c so sei ihm das darin enthaltene Geschick, seine eigenen Kin-
der zu verzehren und anderes Unheil entgangen. Nachdem
er es nun mit Muße betrachtet, habe er auf sich losgeschlagen
und seine Wahl bejammert, nicht beachtend was der Prophet
vorhergesagt. Denn er habe nicht sich selbst dieses Unheils
Schuld beigelegt, sondern das Glück und die Götter und al-
les eher als sich selbst angeklagt. Er sei aber einer von den aus
dem Himmel kommenden gewesen, der in einer wohlgeord-
neten Verfassung sein erstes Leben verlebt, und nur durch
d Gewöhnung ohne Philosophie an der Tugend Teil gehabt. So
daß er auch sagte, es hingen sich an solcherlei Dinge nicht
wenigere von den aus dem Himmel gekommenen, weil sie
nämlich in Mühseligkeiten unerfahren seien, wohingegen
von denen aus der Erde gar Viele, weil sie selbst Mühseligkei-
ten genug gehabt und auch Andere darin gesehen, ihre Wahl
nicht so auf den ersten Anlauf machten. Daher denn, so wie
freilich auch durch den Zufall des Loses, den meisten Seelen
ein Wechsel entstehe zwischen Übel und Gutem. Denn wenn
jemand jedesmal, wenn er in diesem Leben ankäme, sich der
e Weisheit wahrhaft befleißige, und ihm dann das Los zur
Wahl nur nicht unter den allerletzten falle: so würde er wohl
dem dort angekündigten zufolge nicht nur hier glückselig
sein, sondern auch seinen Weg von hier dorthin und von
dorther zurück nicht unterirdisch und rauh zurücklegen,
sondern glatt und himmlisch. Denn dies Schauspiel sei wert
gewesen es zu sehen, wie die Seelen jede für sich ihre Lebens-

weise wählten; denn es sei jämmerlich zu sehen gewesen, und 620a
lächerlich und wunderbar. Die meisten nämlich hätten der
Erfahrung ihres früheren Lebens gemäß gewählt. So habe er
gesehen, daß die Seele, die einmal des Orpheus gewesen, ein
Schwanenleben gewählt, indem sie aus Haß gegen das weib-
liche Geschlecht, wegen des von ihm erlittenen Todes, nicht
habe gewollt vom Weibe geboren werden; und die des Tha-
myris habe eine Nachtigall gewählt. So habe auch ein Schwan
sich durch seine Wahl zum menschlichen Leben umgewen-
det, und eben so andere tonkünstlerische Tiere, wie leicht zu b
denken. Eine Seele, welche geloset, habe sich das Leben des
Löwen gewählt, und dies sei die des telamonischen Aias ge-
wesen, welche eingedenk des Spruches wegen der Waffen
vermeiden wollte ein Mensch zu werden. Nächstdem die des
Agamemnon, und auch diese habe aus Haß gegen das
menschliche Geschlecht wegen des Erlittenen das Leben ei-
nes Adlers eingetauscht. Mitten inne habe auch die Seele der
Atalante geloset, und da sie große Ehrenbezeugungen für ei-
nen kampfkünstlerischen Mann gefunden, habe sie nicht
widerstehen können, sondern dieses gewählt. Nach dieser c
habe er die des Panopier Epeios sich in die Natur einer
kunstreichen Frau begeben sehen, und weiter unter den
letzten den Possenreißer Thersites einen Affen anziehen.
Zufällig sei die Seele des Odysseus durch das Los die letzte
von allen gewesen, und so hinzugegangen um zu wählen. Da
sie sich aber im Angedenken der früheren Mühen von allem
Ehrgeiz erholt, so sei sie lange Zeit umhergegangen um eines
von Staatsgeschäften entfernten Mannes Leben zu suchen,
und mit Mühe habe sie es von allen Andern übersehen ir-
gendwo liegen gefunden, und als sie es gesehen, habe sie d
gesagt, sie würde eben so wie jetzt gehandelt haben, auch
wenn sie das erste Los gezogen hätte, und habe mit Freuden
dieses Leben gewählt. Gleichermaßen seien nun auch von

den Tieren welche zu den Menschen übergegangen und eine Art in die andere, indem ungerechte sich in wilde verwandelt, gerechte aber in zahme, und allerlei dergleichen Wechsel seien vorgekommen. Nachdem nun aber alle Seelen ihre Lebensweisen gewählt, seien sie nach der Ordnung wie sie geloset zur Lachesis hinzugetreten, und jene habe jedem den
e Dämon, den er sich gewählt zum Hüter seines Lebens und Vollstrecker des gewählten mitgesendet. Dieser nun habe sie zunächst zur Klotho, unter deren Hand wie sie eben den Schwung bewirkend an der Spindel drehte, geführt, um das von jedem gewählte Geschick zu befestigen; und nachdem er diese berührt, habe er sie zur Spinnerei der Atropos geführt, um das angesponnene unveränderlich zu machen. Von da sei
621 a er ohne sich umzuwenden an der Notwendigkeit Thron getreten, und durch diesen hindurchgegangen, nachdem auch die andern insgesamt dies getan, seien sie dann insgesamt durch furchtbare Hitze und Qualen auf das Feld der Vergessenheit gekommen, denn es sei entblößt von Bäumen und allem was die Erde trägt. Dort haben sie sich, da der Abend schon herangekommen, an dem Fluße Sorglos gelagert, dessen Wasser kein Gefäß halten könne. Ein gewisses Maß nun von diesem Wasser sei jedem notwendig zu trinken; die aber
b durch Vernunft nicht bewahrt würden, tränken über das Maß, und wie einer getrunken habe, vergesse er alles. Nachdem sie sich nun zur Ruhe gelegt und es Mitternacht geworden, habe sich Ungewitter und Erdbeben erhoben, und plötzlich seien sie dann hüpfend wie Sterne der eine hierhin, der andere dorthin getrieben worden, um eben ins Leben zu treten. Er selbst habe des Wassers zwar nicht trinken dürfen, wie aber und auf welche Weise er wieder zu seinem Leibe gekommen, wisse er doch nicht, sondern nur daß er plötzlich des Morgens aufschauend sich schon auf dem Scheiterhaufen liegend gefunden. Und diese Rede, o Glaukon, ist erhalten

worden und nicht verloren gegangen, und kann auch uns c
erhalten, wenn wir ihr folgen; und wir werden dann über den Fluß der Lethe gut hinüberkommen und unsere Seele nicht beflecken. Sondern wenn es nach mir geht, wollen wir, in der Überzeugung die Seele sei unsterblich und vermöge alles Übel und alles Gute zu ertragen, uns immer an den oberen Weg halten und der Gerechtigkeit mit Vernünftigkeit auf alle Weise nachtrachten, damit wir uns selbst und den Göttern
lieb seien, sowohl während wir noch hier weilen als auch d
wenn wir den Preis dafür davon tragen, den wir uns wie die Sieger von allen Seiten umher einholen, und hier sowohl als auch auf der tausendjährigen Wanderung, von der wir eben erzählt, uns wohl befinden.

Die Erdgeborenen

Der Staat, Buch 3 (414 B-415 B)

Platons Schrift vom ›Staat‹ wird gekrönt von einem Jenseitsmythos (s.o. S. 55 ff.), in dessen Zusammenhang auch die Schrift als solche anzusprechen war. Im folgenden ist die Rede von einem kleineren Mythos, dessen geringerer Umfang freilich keineswegs auf geringeres Gewicht verweist. Er spricht im Gegenteil von bedeutsamen Dingen, zu deren Verständnis einige Vorbemerkungen nötig sind.

Zum einen ist auf einen literarischen Hintergrund zu verweisen. Um 700 v. Chr. schuf der böotische Dichter Hesiod sein hexametrisches Lehrgedicht »Werke und Tage«. Hier ist kurz nach Beginn (V. 109 ff.) von den Geschlechtern der Menschen die Rede: Unter dem Bilde von wechselnden Metallen wird eine Dekadenztheorie entfaltet, die in der Abfolge Gold–Silber–Bronze–Eisen den kontinuierlichen Niedergang der menschlichen Situation vor Augen führt. Daß dort an vorletzter Stelle noch ein – schemafremdes – Zeitalter der Heroen eingeführt ist, braucht hier nicht erörtert zu werden. Zum anderen: Die zeitliche Abfolge des Hesiod ist im platonischen Mythos einer synchronen Hierarchie gewichen. In seinem Staatskonstrukt kreiert der Philosoph die drei Stände der Wächter, Krieger, Arbeiter. Ihnen werden im folgenden Kurzmythos die drei besten Metalle Gold, Silber, Bronze zugeordnet; das Eisen, das Hesiod der degenerierten Gegenwart zugeordnet hatte, bleibt dem Idealstaat fern.

Ferner ist zu beobachten, daß Platon sich der Vorstellung bedient, nach Art der »Gründungs-Mythen« zu formulieren, daß er also zwischen sich und dem Leser ein Vorverständnis schafft, auf dem die folgende Erzählung aufruht: Gattung und Untergattung sind bekannt, die Geschichte steht nicht allein da, sie ist vielmehr Teil der Tradition. Zugleich ruft er die Skepsis auf, ob denn seine Geschichte bei den Zielpersonen, den Figuren seiner Staatsgründungs-Geschichte, wohl je Glauben zu finden vermöchte. Solche Erzähltechnik verfehlt auf den Hörer ihre Wirkung nicht: Er wird durch diese Distanzierung des Autors um so enger eingebunden.

Des weiteren ist hervorzuheben, daß der Mythos mit der Einleitung einsetzt, die Gestalten der *Politeia* sollten als Voraussetzung die Vorstellung akzeptieren, all ihre Erinnerungen an ihre Jugenderlebnisse seien nur Träume – in Wirklichkeit sei ganz anderes geschehen, eine Phase unterirdischer Existenz habe sich abgespielt. Der Kontrast Annahme – Wirklichkeit scheint auf. Nicht wenige Menschen empfinden derartiges, vor allem in den frühen Stadien ihres Lebensweges.

Schließlich dient die mythologische Erzählung der Vertiefung des Gedankens, daß dem idealen Staatsgebilde trotz seiner strengen Struktur im Gegenzug grundsätzlich genügend große Mobilität innewohnen muß. So sehr es auf Tradition gegründet ist, so wichtig ist doch auch das Prinzip der Abweichung, der Möglichkeit zur Korrektur und Verbesserung des Regelwidrigen. Dem wird entsprochen durch die mythologische »Mischung« aller Menschen, die von einer je unterschiedlichen Ausprägung ein und derselben Grundsubstanz bestimmt sind und also bei aller Unterschiedlichkeit der Individuen doch als Brüder eng miteinander verbunden bleiben.

Wenn Platon diesen Mythos als phönikisches Gut kennzeichnet und ihn als staatspolitisch nützliche Erfindung einführt, so setzt er solcher Beglaubigung andererseits den anfänglich und abschließend geäußerten Zweifel an seiner Aufnahme durch die Zielpersonen entgegen – ein Aufruf an den Leser, selbst seine eigene Entscheidung zu fällen.

Wie aber, fuhr ich fort, können wir nun wohl Rat schaffen
für die untadeligen und heilsamen Täuschungen, von denen
414c wir vorher sagten, es sei löblich durch Täuschung zu überre-
den, vornehmlich die Befehlshaber selbst, wo aber nicht,
doch die übrige Stadt. – Was doch recht? fragte er. – Nichts
neues, sprach ich, sondern Phoinikisches, was ehedem häu-
fig geschah, wie die Dichter sagen und man ihnen glaubt, zu
unserer Zeit aber nicht geschehen ist und vielleicht auch
nicht geschehen kann, glaublich zu machen aber gar man-
cherlei Überredungskünste erfordert. – Wie du dich doch
sichtlich windest, sagte er, und Bedenken trägst es herauszu-
sagen! – Und es wird dir einleuchten, sprach ich, daß ich mit
gutem Recht bedenklich gewesen bin, wenn ich es werde ge-
sagt haben. – Trage es nur vor, sagte er, und fürchte dich
d nicht. – So will ich es denn. Wiewohl ich nicht weiß woher
ich die Dreistigkeit nehmen, noch mit was für Worten ich es
sagen und versuchen soll zuerst die Befehlshaber selbst und
die Krieger zu überreden, dann aber auch die übrige Stadt,
daß, was wir an ihnen erzogen haben und gebildet, dieses
ihnen nur wie im Traume vorgekommen sei, als begegne es
ihnen und geschähe an ihnen, sie wären aber damals eigent-
lich unter der Erde gewesen und dort drinnen sie selbst
gebildet und aufgezogen worden, und auch ihre Waffen und
e andere Gerätschaften gearbeitet. Nachdem sie aber vollkom-
men wären ausgearbeitet gewesen, und die Erde sie als ihre
Mutter heraufgeschickt habe, müßten nun auch sie für das
Land, in welchem sie sich befinden, als für ihre Mutter und
Ernährerin mit Rat und Tat sorgen, wenn jemand dasselbe

bedrohe und so auch gegen ihre Mitbürger als Brüder und
gleichfalls Erderzeugte gesinnt sein. – Es war nicht ohne,
sagte er, daß du dich so lange geschämt hast diese Täuschung
vorzutragen. – Sehr natürlich, sprach ich, war das; aber höre 415a
doch noch auch das übrige der Sage. Ihr seid nun also freilich,
werden wir weiter erzählend zu ihnen sagen, alle die ihr in
der Stadt seid Brüder; der bildende Gott aber hat denen von
euch, welche geschickt sind zu herrschen, Gold bei ihrer Ge-
burt beigemischt, weshalb sie denn die köstlichsten sind, den
Gehülfen aber Silber, Eisen hingegen und Erz den Acker-
bauern und übrigen Arbeitern. Weil ihr nun so alle verwandt
seid, möchtet ihr meistenteils zwar wohl auch selbst ähnliche
erzeugen; bisweilen aber könnte doch auch wohl aus Gold b
ein silberner und aus Silber ein goldener Sprößling erzeugt
werden, und so auch alle andere von anderen.

Gyges und sein Ring

Der Staat, Buch 2 (359 C Ende-360 D)

Sind sonst sämtliche Mythen Platons eigene poetische Erfindung, so ist die Geschichte von Gyges und seinem Zauberring gemeingriechisches Gut. Bereits Herodot hat sie – auf seine Weise – erzählt (Historien, Buch I 8-13). Platon gibt dem Mythos eine eigen geartete Gestalt. Er wird sofort nachdrücklich beglaubigt: Am Anfang steht gewichtig der Hinweis auf die Tradition, aus der der Stoff stammt, bald gefolgt vom Wort *mythologousi* – »der Mythos erzählt«. Ist so der Anschluß an die Überlieferung ausdrücklich ausgeführt, so wird die Nutzanwendung alsbald angefügt: Der Erzählung folgt die Erörterung und dieser die Evaluation. Die Geschichte ist von Anfang an in den Dienst einer zu beweisenden These gestellt; diese These wird an ihr exemplifiziert, die Nutzanwendung wird klar konturiert ausgesprochen. So hat die Geschichte nicht Gelegenheit, sich dichterisch zu entfalten; sie wird mehr referiert als poetisiert. Doch sind genügend Details eingewoben, um Farbe und Bildhaftigkeit zu gewährleisten. Freilich, Hebbels Drama führt in eine ganz andere Welt: in die der Emotionen. Platons Ziel ist Erkenntnis; ihrer Bekräftigung allein dient seine Darstellung. Doch ist sie erweitert durch das Gedankenexperiment hinsichtlich des Gebrauches des Wunderringes durch zwei gegensätzliche Naturen: den gerechten Benutzer und den ungerechten. Die Mythen-Nacherzählung dient so als Katalysator, der weitere Einsichten, differenziertere Erkenntnisse anregt und sich so bruchlos in den Gedankengang einfügt.

Daß aber auch, die sich der Gerechtigkeit befleißigen nur
aus Unvermögen des Unrechttuns und ungern sie ausüben,
das würden wir am besten merken, wenn wir so etwas tun in 359c
Gedanken. Wir geben jedem von beiden Macht zu tun was er
nur will, dem Gerechten und dem Ungerechten, und dann
gehen wir ihnen nach um zu sehen wohin die Begierde jeden
von beiden führen wird. Dann würden wir gewiß den Ge-
rechten auf frischer Tat ertappen, daß er ganz nach demsel-
ben strebt wie der Ungerechte des Mehr haben wollens
wegen, nach welchem jedes Wesen pflegt als nach einem Gute
zu trachten, und nur durch das Gesetz und mit Gewalt ab-
gelenkt wird zur Hochhaltung des Gleichen. Die Macht
aber, die ich meine, kann am liebsten eine solche sein, wenn
ihnen dieselbe Kraft zu Teil würde, die einst Gyges der Ahn-
herr des Lydiers soll gehabt haben. Dieser nämlich soll ein d
Hirt gewesen sein, der bei dem damaligen Beherrscher von
Lydien diente. Als nun einst großes Ungewitter gewesen
und Erdbeben, sei die Erde gespalten und eine Kluft entstan-
den in der Gegend wo er hütete. Wie er nun dies mit Verwun-
derung gesehen und hineingestiegen sei, habe er dort vieles
andere was sie Wunderbares erzählen und auch ein hohles
ehernes mit Fenstern versehenes Pferd gefunden, durch die
er hineingeschaut und darin einen Leichnam gesehen, dem
Anschein nach größer als nach menschlicher Weise. Dieser
nun habe nichts anderes an sich gehabt als nur an der Hand e
einen goldenen Ring, welchen jener ihm dann abgezogen
habe und wieder herausgestiegen sei. Als nun die Hirten
ihre gewöhnliche Zusammenkunft gehalten, worin sie dem
König monatlich berichteten, was bei den Herden vorgegan-
gen, sei auch jener erschienen den Ring am Finger. Wie er nun
unter den andern gesessen, habe es sich getroffen, daß er die
Fassung des Ringes nach der innern Seite der Hand zu um-
gedreht, und als dieses geschehen, sei er den dabei sitzenden 360a

unsichtbar gewesen, daß sie von ihm geredet als von einem
Abwesenden: darüber habe er sich gewundert, den Ring wie-
der angefaßt und die Fassung nach außen gedreht, und so
bald er ihn so umgekehrt sei er sichtbar gewesen. Wie er das
nun gemerkt, habe er den Ring versucht ob er wirklich diese
Kraft habe, und es sei ihm immer so geschehen, daß sobald er
die Fassung nach innen gedreht er unsichtbar geworden,
nach außen aber sichtbar. Als er dieses inne geworden, habe
er sogleich bewirkt unter die Boten aufgenommen zu wer-
b den, die der König um sich hielt, und so sei er gekommen,
habe dessen Weib zum Ehebruch verleitet, dann mit ihr dem
Könige nachgestellt, ihn getötet und die Herrschaft an sich
gerissen. Wenn es nun zwei solche Ringe gäbe, und den einen
der Gerechte anlegte den andern aber der Ungerechte: so
würde doch wohl keiner, wie man ja denken müsse, so stahl-
hart sein, daß er bei der Gerechtigkeit bliebe und sich darauf
setzte sich fremden Gutes zu enthalten und es nicht anzu-
rühren, da es ihm frei stände, teils vom Markt ohne alle
c Besorgnis zu nehmen was er nur wollte, teils in die Häuser
zu gehen und beizuwohnen wem er wollte, und zu töten
oder aus Banden zu befreien wen er wollte, und so auch alles
andere zu tun recht wie ein Gott unter den Menschen. Wenn
er nun so handelte, so täte er nichts von dem andern verschie-
denes, sondern beide gingen denselben Weg. Und dies müsse
doch jedermann gestehen sei ein starker Beweis dafür, daß
niemand mit gutem Willen gerecht ist, sondern nur aus Not,
weil es eben für keinen an sich gut ist. Denn wo jeder nur
d glaube, daß er werde unrecht tun können, da tue er es auch.
Denn jedermann glaubt, daß ihm für sich die Ungerechtig-
keit weit mehr nützt als die Gerechtigkeit, und glaubt auch
recht, wie der sagt, der sich dieser Rede annimmt. Denn
wenn einer dem eine solche Macht zufiele gar kein Unrecht
begehen wollte noch fremdes Gut berühren: so würde er de-

nen die es merkten als der allerelendeste vorkommen und als der aller unverständigste; wiewohl sie sich einander betrügen und ihn einer vor dem andern loben würden aus Furcht vor dem Unrecht leiden.

So ist nun dieses.

Der Seelenwagen

Phaidros 246 A-257 A

Die bildliche Beschreibung der Seelenexistenz in der Mitte von Platons ›Phaidros‹ wird eingeführt als Konstrukt des Erzählers Sokrates. Zwar betont dieser eingangs, daß es eine übermenschliche, eine geradezu göttliche Aufgabe wäre, die Wirklichkeit darzustellen; doch wird sogleich angeschlossen, daß es sehr wohl in menschlichen Kräften liegt, eine figurative Erörterung durchzuführen. Daß diese wiederum nicht willkürlich ist, wird nach einem ersten Einschnitt, nach der anfänglichen Beschreibung der Seele als Wagenlenker mit einem Gespann zweier gegensätzlicher Pferde, hervorgehoben (247 C): »Wahrheit« ist das Thema des Vortrags, »Wahrheit« ist, was Sokrates kündet.

Ein zweiter Einschnitt (250 E) schließt die Erörterung der Seelenwanderung ab. Ihre Details – zehntausendjähriger Zyklus, Wechselformen der Einkörperung zwischen Mensch und Tier, zehnfache, d. h. tausendjährige Vergeltung im Jenseits – enthalten auch die moralische Gliederung der Gesellschaft (248 D-E): Der mächtigste Mann, der Tyrann, steht hier an allerletzter Stelle, dicht neben ihm an vorletzter der kaum minder korrupte Sophist; obenan dagegen, am ersten Platz, finden sich die Liebhaber der Weisheit *(= Philo-sophen)* und des Schönen, der Musik und überhaupt die Anhänger des Eros. Zwischen diesen Polen der vier besten und der beiden minderwertigsten Lebensformen finden sich, angeordnet in insgesamt neun Rängen, weitere zwölf Lebensbahnen, vom gesetzesgetreuen König über Athleten, Propheten und Poeten bis hin zum Handwerker und Bauern. In der Sicht der Seelenschau sind die konventionellen Plätze vertauscht, der im Alltag meist mißachtete Philosoph steht obenan, der umschmeichelte Tyrann findet sich ans Ende verbannt. Nicht zu vergessen, daß diese Liste der Lebensformen insgesagt 18 (= 2×9) Stufen aufweist. Platon hat auch im ›Staat‹ (587 D) die Überlegenheit des Philosophen über den Tyrannen mit Potenzen aus der Zahl 9 verbunden.

Die anschließenden Ausführungen sind dem Vorgang des Liebens gewidmet: Die Seele, ergriffen von der Schönheit in dem, den sie zu lieben beginnt, gerät außer sich, ihr Gefieder beginnt zu wachsen. Sie sucht ihren Geliebten gottähnlich zu machen; die Anstrengung zur Förderung des Verehrten hin zu vollkommeneren Formen des Seins wird deutlich.

In einem weiteren neuen Einsatz (253 C) wird schließlich der Vorgang der Annäherung an den Geliebten im Bilde beschrieben. Zugrunde liegt dem Ganzen der große Gedanke (255 B), daß »ein Böser eines Bösen Freund nie sein kann, ein Guter aber immer eines Guten Freund sein muß«.

Wie leicht zu sehen, zeigt sich dieser Mythos in außerordentlich komplexer Gestalt. Er beschreibt nicht nur das Wesen der Seele, sondern auch ihren Weg durch das Jenseits und durch die Wiedergeburten; dazu ihre Erregung durch die Schönheit, die sich im Geliebten verkörpert, mit all den widersprüchlichen Affekten dieses Vorgangs; und schließlich die inneren und äußeren Vorgänge der Annäherung und der Gemeinsamkeit zwischen dem Liebhaber und dem geliebten Knaben. Das Wesen der Seele, der Vorgang der Liebe, die Wege der Erkenntnis, die Schau des Jenseits – kaum ein anderer metaphysischer Mythos Platons ist so reich an Inhalten, Gedanken, Bildern, Perspektiven.

Um so interessanter, daß dieser so komplexe Mythos im weiteren Verlauf des Dialogs nicht mehr angesprochen wird. In der Tat ist der Bild-Text Teil einer übergeordneten Struktur: In drei Musterreden erörtert Platon das Wesen der Liebe, am Ende der dritten erscheint – als Binnen-Kadenz, als innerer Schlußmythos – die figurative Gleichnisrede vom Seelenwagen; danach wendet sich der Diskurs einem anderen Thema zu: der Rhetorik.

Nicht genauer geklärt ist der Gedanke der Befiederung. So sicher die Wendung zur Höhe, zum Empor sich darin deutlich ausspricht, so sehr fehlt dem Bild die Lokalisierung im einzelnen. Sind es die Pferde, denen Flügel wachsen? Oder dem Lenker? Oder beiden? Schließlich gab es auch – bildlich bezeugte – Flügelwagen. Eine Entscheidung zu fällen ist schwer – vielleicht auch gar nicht notwendig.

Verhält sich aber dieses so, daß nichts anders das sich selbst
246a Bewegende ist als die Seele, so ist notwendig auch die Seele
unentstanden und unsterblich. Von ihrer Unsterblichkeit sei
nun dieses genug; von ihrem Wesen aber müssen wir dieses
sagen, daß wie es an sich beschaffen sei überall auf alle Weise
eine göttliche und weitschichtige Untersuchung ist, womit
es sich aber vergleichen läßt, dies eine menschliche und leich-
tere. Auf diese Art also müssen wir davon reden. Es gleiche
daher der zusammengewachsenen Kraft eines befiederten
Gespannes und seines Führers. Der Götter Rosse und Füh-
b rer nun sind alle selbst gut und guter Abkunft, die andern
aber vermischt. Zuerst nun zügelt bei uns der Führer das
Gespann, demnächst ist von den Rossen das eine gut und
edel und solchen Ursprungs, das andere aber entgegenge-
setzter Abstammung und Beschaffenheit. Schwierig und
mühsam ist daher natürlich bei uns die Lenkung. Woher fer-
ner die Benennungen sterblicher und unsterblicher Tiere
müssen wir auch versuchen zu erklären. Alles was Seele ist
waltet über alles unbeseelte, und durchzieht den ganzen

Himmel verschiedentlich in verschiedenen Gestalten sich c
zeigend. Die vollkommene nun und befiederte schwebt in den höheren Gegenden, und waltet durch die ganze Welt; die entfiederte aber schwebt umher bis sie auf ein Starres trifft, wo sie nun wohnhaft wird, einen erdigen Leib annimmt, der nun durch ihre Kraft sich selbst zu bewegen scheint, und dieses Ganze, Seele und Leib zusammengefügt, wird dann ein Tier genannt, und bekommt den Beinamen sterblich; unsterblich aber nicht aus irgend erwiesenen Gründen, sondern wir bilden uns ohne Gott weder gesehen zu haben noch
hinlänglich zu erkennen ein unsterbliches Tier, als auch eine d
Seele habend und einen Leib habend, aber auf ewige Zeit beide zusammen vereiniget. Doch dieses verhalte sich wie es Gott gefällt, und auch nur so sei hiemit davon geredet. Nun laßt uns die Ursach von dem Verlust des Gefieders, warum es der Seele ausfällt, betrachten. Es ist aber diese: Die Kraft des Gefieders besteht darin, das schwere emporhebend hinaufzuführen, wo das Geschlecht der Götter wohnt. Auch teilt es
vorzüglich der Seele mit von dem was des göttlichen Leibes e
ist. Das Göttliche nämlich ist das Schöne, Weise, Gute und was dem ähnlich ist. Hiervon also nährt sich und wächst vornehmlich das Gefieder der Seele, durch das Mißgestalte aber, das Böse und was sonst jenem entgegengesetzt ist, zehrt es ab und vergeht. Der große Herrscher im Himmel Zeus nun seinen geflügelten Wagen lenkend ziehet der erste aus, alles anordnend und versorgend, und ihm folget die Schar
der Götter und Geister in elf Zügen geordnet. Denn Hestia 247a
bleibet in der Götter Hause allein. Alle andern aber, welche zu der Zahl der zwölfe als herrschende Götter geordnet sind, führen an in der Ordnung, die Jedem angewiesen ist. Viel Herrliches nun gibt es zu schauen und zu begehen innerhalb des Himmels, wozu der seligen Götter Geschlecht sich hinwendet jeder das seinige verrichtend. Es folgt aber wer jedes-

mal will und kann: denn Mißgunst ist verbannt aus dem göttlichen Chor. Wenn sie aber zum Fest und zum Mahle
b gehen, und gegen die äußerste unterhimmlische Wölbung schon ganz steil aufsteigen: dann gehen zwar der Götter Wagen mit gleichem wohlgezügeltem Gespann immer leicht, die andern aber nur mit Mühe. Denn das vom schlechten etwas an sich habende Roß, wenn es nicht sehr gut erzogen ist von seinem Führer, beugt sich zum Boden hinunter und drückt mit seiner ganzen Schwere, woraus viel Beschwerde und der äußerste Kampf der Seele entsteht. Denn die unsterblich Genannten zwar, wenn sie an den äußersten Rand gekommen sind, wenden sich hinauswärts, und stehen so auf dem Rük-
c ken des Himmels, und hier stehend reißt sie der Umschwung mit fort, und sie schauen, was außerhalb des Himmels ist. Den überhimmlischen Ort aber hat noch nie einer von den Dichtern hier besungen, noch wird ihn je einer nach Würden besingen. Er ist aber so beschaffen, denn ich muß es wagen ihn nach der Wahrheit zu beschreiben, besonders auch da ich von der Wahrheit zu reden habe. Das farblose, gestaltlose, stofflose, wahrhaft seiende Wesen hat nur der Seele Führer, die Vernunft, zum Beschauer, um wel-
d ches her das Geschlecht der wahrhaften Wissenschaft jenen Ort einnimmt. Da nun Gottes Verstand sich von unvermischter Vernunft und Wissenschaft nährt, wie auch jeder Seele, welche soll was ihr gebührt aufnehmen: so freuen sie sich das wahrhaft Seiende wieder einmal zu erblicken, und nähren sich an Beschauung des Wahren, und lassen sich wohlsein bis der Umschwung sie wieder an die vorige Stelle zurückgebracht. In diesem Umlauf nun erblicken sie die Gerechtigkeit selbst, die Besonnenheit und die Wissenschaft,
e nicht die, welche eine Entstehung hat, noch welche wieder eine andere ist, für jedes andere von den Dingen, die wir wirklich nennen, sondern die in dem was wahrhaft ist be-

findliche wahrhafte Wissenschaft, und so auch von dem
andern das wahrhaft Seiende erblickt die Seele, und wenn sie
sich daran erquickt hat, taucht sie wieder in das Innere des
Himmels, und kehrt nach Hause zurück. Ist sie dort ange-
kommen: so stellt der Führer die Rosse zur Krippe, wirft
ihnen Ambrosia vor, und tränkt sie dazu mit Nektar. Dieses 248 a
nun ist der Götter Lebensweise. Von den andern Seelen aber
konnten einige, welche am besten dem Gotte folgten und
nachahmten, das Haupt des Führers hinausstrecken in den
äußeren Ort, und so den Umschwung mit vollenden, ge-
ängstigt jedoch von den Rossen und kaum das Seiende er-
blickend; andere erhoben sich bisweilen und tauchten dann
wieder unter, so daß sie im gewaltigen Sträuben der Rosse
einiges sahen, anderes aber nicht. Die übrigen allesamt fol-
gen zwar auch dem droben nachstrebend, unvermögend aber
werden sie im unteren Raume mit herumgetrieben, nur ein-
ander tretend und stoßend, indem jede sucht der andern b
zuvorzukommen. Getümmel entsteht nun, Streit und Angst-
schweiß, wobei durch Schuld schlechter Führer viele ver-
stümmelt werden, vielen vieles Gefieder beschädiget; alle
aber gehen nach viel erlittenen Beschwerden unteilhaft der
Anschauung des Seienden davon, und so davon gegangen
halten sie sich an scheinbare Nahrung. Weshalb aber so gro-
ßer Eifer der Wahrheit Feld zu schauen wo es ist; nämlich die
dem edelsten der Seele angemessene Weide stammt her aus
jenen Wiesen, und des Gefieders Kraft, durch welches die c
Seele gehoben wird, nährt sich hievon, und dieses ist das Ge-
setz der Adrasteia, daß, welche Seele als des Gottes Begleite-
rin etwas erblickt hat von dem Wahrhaften, diese bis zum
nächsten Auszuge keinen Schaden erleide, und wenn sie dies
immer bewirken kann, auch immer unverletzt bleibe. Wenn
sie aber unvermögend es zu erreichen nichts sieht, sondern
ihr ein Unfall begegnet, und sie dabei von Vergessenheit und

Trägheit übernommen niedergedrückt wird, und so das Ge-
fieder verliert und zur Erde fällt; dann ist ihr gesetzt, in der
d ersten Zeugung noch in keine tierische Natur eingepflanzt
zu werden, sondern die am meisten geschaut Habende in den
Keim eines Mannes, der ein Freund der Weisheit und der
Schönen werden wird, oder ein den Musen und der Liebe
dienender; die zweite in den eines verfassungsmäßigen
Königes oder eines kriegerischen und herrschenden; die
dritte in den eines Staatsmannes oder der ein Hauswesen re-
giert und ein gewerbetreibendes Leben führt; die vierte in
einen Freund ausbildender Leibesübungen oder der sich mit
der Heilung des Körpers beschäftigen wird, die fünfte wird
e ein wahrsagendes und den Geheimnissen gewidmetes Leben
führen; der sechsten wird ein dichterisches oder sonst mit
der Nachahmung sich beschäftigendes gemäß sein; der sie-
benten ein ländliches oder handarbeitendes; der achten ein
sophistisches oder volkschmeichlendes; der neunten ein ty-
rannisches. Unter allen diesen nun erhält wer gerecht gelebt
ein besseres Teil, wer ungerecht ein schlechteres. Denn dort-
hin woher jede Seele kommt kehrt sie nicht zurück unter
zehntausend Jahren, denn sie wird nicht befiedert eher als in
249a solcher Zeit, ausgenommen die Seele dessen, der ohne Falsch
philosophiert oder nicht unphilosophisch die Knaben ge-
liebt hat. Diese können im dritten tausendjährigen Zeitraum,
wenn sie dreimal nach einander dasselbe Leben gewählt, also
nach dreitausend Jahren befiedert heimkehren. Die übrigen
aber, wenn sie ihr erstes Leben vollbracht, kommen vor Ge-
richt. Und nach diesem Gericht gehen einige in die unterirdi-
schen Zuchtörter, wo sie ihr Recht büßen; andere aber in
b einen Ort des Himmels enthoben durch das Recht leben
dort dem Leben gemäß, welches sie in menschlicher Gestalt
geführt. Im tausendsten Jahre aber gelangen beiderlei Seele
zur Verlosung und Wahl des zweiten Lebens, welches jede

wählt wie sie will. Dann kann auch eine menschliche Seele in ein tierisches Leben übergehen, und ein Tier, das ehedem Mensch war, wieder zum Menschen. Denn eine, die niemals die Wahrheit erblickt hat, kann auch niemals die Gestalt annehmen, denn der Mensch muß nach Gattungen ausgedrücktes begreifen, welches als Eines hervorgeht aus vielen c
durch den Verstand zusammengefaßten Wahrnehmungen. Und dieses ist Erinnerung von jenem, was einst unsere Seele gesehen, Gott nachwandelnd und das übersehend, was wir jetzt für das wirkliche halten, und zu dem wahrhaft Seienden das Haupt emporgerichtet. Daher auch wird mit Recht nur des Philosophen Seele befiedert: denn sie ist immer mit der Erinnerung soviel möglich bei jenen Dingen, bei denen Gott sich befindend eben deshalb göttlich ist. Solcher Erinnerungen also sich recht gebrauchend, mit vollkommener Weihung immer geweiht, kann ein Mann allein wahrhaft vollkommen werden. Indem er nun menschlicher Bestrebungen sich enthält, und mit dem Göttlichen umgeht, wird er von d
den Leuten wohl gescholten als ein Verwirrter, daß er aber begeistert ist, merken die Leute nicht. Und hier ist nun die ganze Rede angekommen von jener vierten Art des Wahnsinns, an welchem derjenige, der bei dem Anblick der hiesigen Schönheit jener wahren sich erinnernd neubefiedert wird, und mit dem wachsenden Gefieder aufzufliegen zwar versucht, unvermögend aber und nur wie ein Vogel hinaufwärts schauend, und was drunten ist gering achtend, beschuldiget wird seelenkrank zu sein, daß nämlich diese unter e
allen Begeisterungen als die edelste und des edelsten Ursprungs sich erweiset, an dem sowohl der sie hat, als auch dem sie sich mitteilt, und daß, wer dieses Wahnsinns teilhaftig die Schönen liebt, ein Liebhaber genannt wird. Nämlich, wie bereits gesagt, jede Seele eines Menschen muß zwar ihrer Natur nach das Seiende geschaut haben, oder sie wäre in die-

250a ses Gebilde nicht gekommen; sich aber bei den hiesigen an jenes zu erinnern, ist nicht jeder leicht, weder denen, die das dortige nur kümmerlich sahen, noch denen, welche nachdem sie hieher gefallen ein Unglück betroffen, daß sie irgendwie durch Umgang zum Unrecht verleitet, das ehedem geschaute Heilige in Vergessenheit gestellt; ja wenige bleiben übrig, denen die Erinnerung stark genug beiwohnt. Diese nun, wenn sie ein Ebenbild des dortigen sehen, werden sie entzückt, und sind nicht mehr ihrer selbst mächtig, was ihnen aber
b eigentlich begegnet, wissen sie nicht, weil sie es nicht genug durchschauen. Denn der Gerechtigkeit, Besonnenheit, und was sonst den Seelen köstlich ist, hiesige Abbilder haben keinen Glanz, sondern mit trüben Werkzeugen können auch nur Wenige von ihnen mit Mühe jenen Bildern sich nahend des Abgebildeten Geschlecht erkennen. Die Schönheit aber war damals glänzend zu schauen, als mit dem seligen Chore wir dem Jupiter, Andere einem andern Gotte folgend des herrlichsten Anblicks und Schauspiels genossen und in ein Geheimnis geweiht waren, welches man wohl das allerselig-
c ste nennen kann, und welches wir feierten, untadelig selbst und unbetroffen von den Übeln, die unserer für die künftige Zeit warteten, und so auch zu untadeligen, unverfälschten, unwandelbaren, seligen Gesichten vorbereitet und geweihet in reinem Glanze, rein und unbelastet von diesem unserm Leibe, wie wir ihn nennen, den wir jetzt eingekerkert wie ein Schaltier mit uns herumtragen. Dieses möge der Erinnerung geschenkt sein, um derentwillen es aus Sehnsucht nach dem damaligen jetzt ausführlicher ist geredet worden. Was nun die Schönheit betrifft, so glänzte sie wie gesagt schon unter
d jenen wandelnd, und auch nun wir hieher gekommen haben wir sie aufgefaßt durch den hellsten unserer Sinne aufs hellste uns entgegenschimmernd. Denn das Gesicht ist der schärfste aller körperlichen Sinne, vermittelst dessen aber die

Weisheit nicht geschaut wird, denn zu heftige Liebe würde
entstehen, wenn uns von ihr ein so helles Ebenbild dargebo-
ten würde durch das Gesicht, noch auch des andern liebens-
würdige; nur der Schönheit aber ist dieses zu Teil geworden,
daß sie uns das hervorleuchtendste ist und das liebreizend-
ste. Wer nun nicht noch frisches Andenkens ist, oder schon e
verderbt, der wird auch nicht heftig von hier dorthin gezo-
gen zu der Schönheit selbst, indem er was hier ihren Namen
trägt erblickt; so daß er es auch nicht anschauend verehrt,
sondern der Lust ergeben gedenkt er sich auf tierische Art zu
vermischen und roher Weise sich ihm nahend fürchtet er sich
nicht noch scheut sich widernatürlich der Lust nachzugehen. 251 a
Wer aber noch frische Weihung an sich hat, und das damalige
vielfältig geschaut, wenn der ein gottähnliches Angesicht er-
blickt oder eine Gestalt des Körpers, welche die Schönheit
vollkommen darstellen: so schaudert er zuerst, und es wan-
delt ihn etwas an von den damaligen Ängsten, hernach aber
betet er sie anschauend an wie einen Gott und fürchtete er
nicht den Ruf eines übertriebenen Wahnsinnes, so opferte er
auch, wie einem heiligen Bilde oder einem Gotte, dem Lieb-
ling. Und hat er ihn gesehen, so überfällt ihn wie nach dem
Schauder des Fiebers Umwandlung und Schweiß und unge- b
wohnte Hitze. Durchwärmt nämlich wird er, indem er
durch die Augen den Ausfluß der Schönheit aufnimmt,
durch welchen sein Gefieder gleichsam begossen wird. Ist er
nun durchwärmt, so schmilzt um die Keime des Gefieders
hinweg, was schon seit lange verhärtet sie verschloß und hin-
derte hervorzutreiben. Fließt aber Nahrung zu, so schwillt
der Kiel des Gefieders, und treibt hervorzutreten aus der
Wurzel überall an der Seele, denn sie war ehedem ganz befie-
dert. Hiebei also gährt alles an ihr und sprudelt auf, und was c
die Zahnenden an ihren Zähnen empfinden, wenn sie eben
ausbrechen, Jucken und Reiz im Zahnfleisch, eben das emp-

findet auch die Seele dessen, dem das Gefieder hervorzubrechen anfängt, es gährt in ihr, und juckt sie, und kitzelt sie, wenn sie das Gefieder heraustreibt. Wenn sie also auch die Schönheit des Knaben sehend und die davon ausströmenden und sich losreißenden Teile, die deshalb Reize heißen, in sich
d aufnehmend den Reiz befruchtet und erwärmt wird: so hat sie Linderung der Schmerzen und ist froh. Ist sie aber getrennt von ihm und wird trocken: so hemmen wieder die Mündungen jener Auswege, wo das Gefieder durchbricht, indem sie sich zusammenschrumpfend schließen, den Trieb des Gefieders. Dieser also mit dem Reiz eingeschlossen hüpft wie die schlagenden Adern, und sticht überall gegen die ihm bestimmten Öffnungen, so daß die ganze Seele von allen Seiten gestachelt umherwütet und sich abängstet; hat sie aber wieder Erinnerung des Schönen, so frohlockt sie. Da nun beides so mit einander vermischt ist, bangt sie sich über einen so widersinnigen Zustand, und aus dieser Unruhe ge-
e rät sie in Geistesverwirrung, und bei diesem Wahnsinn kann sie weder des Nachts schlafen, noch bei Tage irgendwo ausdauern, sondern sehnsüchtig eilt sie immer dahin, wo sie den, der die Schönheit besitzt, zu erblicken hofft. Hat sie ihn nun gesehen, und sich neuen Reiz zugeführt: so löst sich wieder auf, was vorher verstopft war; sie erholt sich, indem Stiche und Schmerzen aufhören, und kostet wieder für den Augen-
252a blick jene süßeste Lust. Daher sie auch gutwillig den Schönen nicht verläßt, noch irgend Jemand werter achtet als ihn, sondern Mutter, Brüder und Freunde sämtlich vergißt, den fahrlässiger Weise zerrütteten Wohlstand für nichts achtet, und selbst das Anständige und Sittliche, womit sie es sonst am genauesten nahm, gänzlich hintansetzend ist sie bereit, wie nahe es nur sein kann, dem Gegenstande ihres Verlangens zu dienen und bei ihm zu ruhen. Denn nächst ihrer
b Verehrung hat sie auch in dem Besitzer der Schönheit den

einzigen Arzt gefunden für die unerträglichsten Schmerzen. Diesen Zustand nun, o schöner Knabe zu dem ich rede, nennen die Menschen Liebe, wie er aber bei den Göttern heißt, dieses hörend wirst du vielleicht der Neuheit wegen lächeln. Es haben nämlich einige Homeriden, wie ich glaube, unter ihren unbekannten Gedichten zwei Verse auf die Liebe, von denen der eine sehr leichtfertig ist und gar nicht eben wohllautend. Sie singen nämlich so »Sterblichen nun heißt dieser Gott der geflügelten Liebe: Göttern der Flügler, dieweil er mit Macht das Gefieder heraustreibt.« Dies nun steht dir frei c
zu glauben oder auch nicht; dennoch aber ist eben jenes in Wahrheit der Zustand der Liebenden und seine Ursache. Wer nun aus des Zeus Begleitern davon ergriffen wird, kann stärker die Schmerzen des Flügelbenannten ertragen. Wenn aber die des Ares Diener waren und mit diesem wandelten, von der Liebe gefangen werden, und in etwas glauben beleidigt zu sein von dem Geliebten, diese sind blutdürstig und bereit sich selbst und den Liebling hinzuopfern. Und eben so nach d
Art jedes andern Gottes, zu dessen Zuge Jemand gehörte, diesen nämlich nach Vermögen ehrend und nachahmend lebt jeder, so lange er noch unverdorben ist, und lebt das hiesige erste Dasein durch, und in diesem Sinne geht er auch um mit seinen Geliebten und den übrigen, und verhält sich gegen sie. So erwählt auch jeder sich nach seiner Gemütsart eine Liebe zu einem Schönen, und als wäre nun jener sein Gott selbst, bildet er ihn aus, und schmückt ihn wie ein heiliges Bild, um ihn zu verehren und ihm begeisterte Feste zu feiern. Die also e
dem Zeus angehören, suchen daß ihr Geliebter ein der Seele nach dem Zeus ähnlicher sei. Daher sehen sie zu, wo einer philosophisch und anführend ist von Natur; und wenn sie einen gefunden und liebgewonnen, so tun sie alles, damit er ein solcher auch wirklich werde. Wenn sie also sich nie zuvor dieser Sache befleißiget: so werden sie nun kräftig darin ar-

beitend lernen, woher sie nur können, und auch selbst nach-
forschen. Und indem sie bei sich selbst nachspüren, gelingt
253a es ihnen die Natur ihres Gottes aufzufinden, weil sie genöti-
get sind angestrengt auf den Gott zu schauen, und indem sie
ihn in der Erinnerung auffassen, nehmen sie begeistert von
ihm Sitten und Bestrebungen an, soweit einem Menschen
von einem Gotte etwas zu überkommen möglich ist, und
dieses dem Geliebten zuschreibend hängen sie ihm noch
mehr an; und wenn sie vom Zeus schöpfen wie die Bacchan-
tinnen, so gießen sie es auf des Geliebten Seele, und machen
ihn, wie sehr es nur möglich ist, ähnlich ihrem Gotte. Welche
b aber der Here folgten, die suchten einen königlichen, und
wenn sie ihn gefunden, tun sie mit ihm in allen Stücken eben
so. So auch die Verehrer des Apollon und jedes Gottes su-
chen sich ihren Knaben dem Gotte ähnlich geartet, und
wenn sie ihn gefunden haben, dann leiten sie ihn zu dessel-
ben Gottes Lebensweise und Gemütsart, indem sie selbst
ihn nachahmen und auch den Liebling überreden und in das
Maß fügen, jeder wie sehr er vermag, ohne dem Neide oder
unedler Mißgunst Raum zu geben gegen den Geliebten, son-
c dern aufs beste und auf alle Weise zu jeder Ähnlichkeit mit
ihnen selbst und dem Gott ihn hinzuleiten versuchend, tun
sie es. Eifer also der wahrhaft Liebenden, und Weihung
wenn sie erlangt haben wonach sie sich beeifern, wird wie ich
sie beschrieben, so schön und beglückend, durch den aus
Liebe wahnsinnigen Freund dem Geliebten zu Teil, wenn er
ihn erobert hat. Erobert aber wird er, wenn er gefunden ist,
auf diese Art. Wie ich am Anfang dieser Erzählung dreifach
jede Seele zerteilt habe, in zwei roßgestaltige Teile und drit-
d tens in den dem Führer ähnlichen, so bleibe es uns auch jetzt
noch angenommen. Von den beiden Rossen, sagten wir wei-
ter, sei eines gut, eines aber nicht. Welches aber die Vortreff-
lichkeit des guten und des schlechten Schlechtigkeit ist,

haben wir nicht erklärt, jetzt aber müssen wir es sagen. Das
nun von beiden, welches die bessere Stelle einnimmt, von
geradem Wuchse, leicht gegliedert, hochhalsig, mit geboge-
ner Nase, weiß von Haar, schwarzäugig, ehrliebend mit
Besonnenheit und Scham, wahrhafter Meinung freund, wird
ohne Schläge nur durch Befehl und Worte gelenkt; das an- e
dere aber ist senkrückig, plump, schlecht gebaut, hartmäulig,
kurzhalsig, mit aufgeworfener Nase, schwarz von Haut,
glasäugig und rot unterlaufen, aller Wildheit und Starrsin-
nigkeit freund, rauh um die Ohren, taub, der Peitsche und
dem Stachel kaum gehorchend. Wenn nun der Führer beim
Anblick der liebreizenden Gestalt, die ganze Seele von Emp-
findung durchglüht, bald überall den Stachel des Kitzels und
Verlangens spürt: so hält das dem Führer leicht gehorchende
Roß, der Scham wie immer so auch dann nachgebend, sich 254a
selbst zurück, den Geliebten nicht anzuspringen, das andere
aber scheut nun nicht länger Stachel noch Peitsche des Füh-
rers, sondern springend strebt es mit Gewalt vorwärts, und
auf alle Weise dem Spanngenossen und dem Führer zuset-
zend nötiget es sie, hinzugehen zu dem Liebling und der
Gaben der Lust gegen ihn zu gedenken. Jene beiden wider-
streben zwar anfangs unwillig als einer argen und ruchlosen b
Zunötigung, zuletzt aber, wenn des Ungemachs kein Ende
ist, gehen sie dann von jenem fortgerissen, nachgebend und
versprechend das Gebotene zu tun, und so kommen sie hin
und schauen des Lieblings glänzende Gestalt. Indem nun der
Führer sie erblickt, wird seine Erinnerung hingetragen zum
Wesen der Schönheit, und wiederum sieht er sie mit der Be-
sonnenheit auf heiligem Boden stehen. Dieses erblickend
fürchtet er sich, und von Ehrfurcht durchdrungen beugt er
sich zurück, und kann sogleich nicht anders als so gewaltig c
die Zügel rückwärts ziehen, daß beide Rosse sich auf die
Hüften setzen, das eine gutwillig, weil es nie widerstrebt, das

wilde aber höchst ungern. Indem sie nun weiter zurückgehn,
benetzt das eine vor Scham und Bewunderung die ganze
Seele mit Schweiß, das andere aber, ist nur erst der Schmerz
vom Gebiß und dem Falle vorüber, hat sich kaum erholt, so
bricht es zornig in Schmähungen aus, vielfach beide den
Führer und den Spanngenossen beschimpfend, daß sie aus
d Feigheit und Unmännlichkeit Pflicht und Versprechen ver-
lassen hätten; und aufs neue sie wider ihren Willen vorwärts
zu gehen zwingend, gibt es kaum nach, wenn sie bitten es bis
weiterhin aufzuschieben. Kommt nun die festgesetzte Zeit,
so erinnert es jene, die daran nicht zu gedenken sich anstel-
len, braucht Gewalt, wiehert, zieht sie mit sich fort, und
zwingt sie wieder in derselben Absicht dem Geliebten zu
nahen. Und wenn sie nicht mehr fern sind, beugt es sich vorn
über, streckt den Schweif in die Höhe, beißt in den Zügel,
und zieht sie schamlos weiter. Dem Führer aber begegnet
e nur noch mehr dasselbe wie zuvor, und wie sie an den
Schranken zu tun pflegen, beugt er sich hinterwärts, zieht
noch gewaltsamer dem wilden Rosse das Gebiß aus den Zäh-
nen, daß ihm die schmähsüchtige Zunge und die Backen
bluten, und Schenkel und Hüften am Boden festhaltend, läßt
er es büßen. Hat nun das böse Roß mehrmals dasselbe erlit-
ten, und die Wildheit abgelegt, so folgt es gedemütigt des
Führers Überlegung, und ist beim Anblick des Schönen von
Furcht übermannt. Daher es dann endlich dahin kommt, daß
des Liebhabers Seele dem Liebling verschämt und schüch-
255a tern nachgeht. Da nun dieser einem Gotte gleich mit jeder
Art der Verehrung geehrt wird von einem nicht etwa nur sich
so anstellenden Verliebten, sondern der sich wahrhaft in die-
sem Zustande befindet, und er auch selbst von Natur zur
Freundschaft geneigt ist, so leitet er seine Zuneigung zusam-
men mit der seines Verehrers, wenn er auch ehedem von
einigen Spielgefährten oder andern fälschlich wäre überredet

worden, welche sagten, es wäre schändlich sich einem Liebenden zu nahen, und er deshalb den Liebenden abgewiesen, so hat doch nun im Verlauf der Zeit die Jugend und das Unvermeidliche herbeigeführt ihn zuzulassen zu seinem Um- b
gange. Denn niemals ist dies bestimmt, daß ein Böser einem Bösen freund, oder ein Guter einem Guten nicht freund werde. Läßt er ihn aber zu, und verstattet ihm Gespräch und Umgang, so wird das nahe erscheinende Wohlwollen des Liebenden den Geliebten entzücken, der bald inne wird, daß seine andern Freunde und Angehörigen auch allzumal ihm so gut als nichts von Freundschaft erweisen im Vergleich des begeisterten Freundes. Läßt er ihn nun so eine Zeitlang gewähren, und ist ihm nahe, dann ergießt sich bei den Berührungen in den Übungsplätzen, und wo sie sonst zusammen- c
kommen, die Quelle jenes Stromes, den Zeus, als er den Ganymedes liebte, Liebreiz nannte, reichlich gegen den Liebhaber, und teils strömt sie in ihn ein, teils von ihm dem angefüllten wieder heraus: und wie ein Wind oder ein Schall von glatten und starren Körpern abprallend wieder dahin, woher er kam, zurückgetrieben wird, so geht auch die Ausströmung der Schönheit wieder in den Schönen durch die Augen, wo der Weg in die Seele geht, zurück, und wenn sie dort angekommen, befeuchtet sie reichlich die dem Gefieder bestimmten Ausgänge, treibt so dessen Wachstum, und er- d
füllt auch des Geliebten Seele mit Liebe. Er liebt also, wen aber weiß er nicht, ja überhaupt nicht was ihm begegnet weiß er oder kann es sagen, sondern wie einer, der sich von einem Andern Augenschmerzen geholt, hat er keine Ursach anzugeben; denn daß er wie in einem Spiegel in dem Liebenden sich selbst beschaut, weiß er nicht. Und wenn nun jener gegenwärtig ist, so hat auch er gleichwie jener Befreiung von den Schmerzen, ist er aber abwesend, so schmachtet auch er wie nach ihm geschmachtet wird, mit der Liebe Schatten-

e bilde, der Gegenliebe, behaftet. Er nennt es aber und glaubt
es auch nicht Liebe sondern Freundschaft, wünscht aber
doch eben wie jener nur minder heftig ihn zu sehen, zu be-
rühren, zu umarmen, neben ihm zu liegen, und also, wie zu
erwarten, tut er hierauf bald alles dieses. Bei diesem Zusam-
menliegen nun hat das unbändige Roß des Liebhabers vieles
dem Führer zu sagen, und fordert für die vielen Mühseligkei-
256a ten einen kleinen Genuß; das des Lieblings hat zwar nichts
zu sagen, aber voll brünstigen unbekannten Verlangens um-
armt es den Liebhaber, und küßt ihn, und liebkoset ihn als
den besten Freund, und wenn sie zusammen liegen, wäre es
wohl geneigt, sich nicht zu weigern, ihn an seinem Teile ge-
fällig zu sein, wenn er es zu erlangen wünschte. Der Spann-
genoß hingegen mit dem Führer sträuben sich hiergegen mit
Scham und Vernunft. Wenn nun die besseren Teile der Seele,
welche zu einem wohlgeordneten Leben und zur Liebe der
b Weisheit hinleiten, den Sieg erlangen: so führen sie hier schon
ein seliges und einträchtiges Leben, sich selbst beherrschend
und sittsam dasjenige besiegt habend in ihrer Seele, dem
schlechtes, und das befreit, dem vortreffliches einwohnt;
sterben sie aber, so haben sie, fast schon befiedert und leicht
geworden, von den drei wahrhaft olympischen Kampfgän-
gen schon in einem gesiegt, über welches Gut ein noch
größeres weder menschliche Besonnenheit dem Menschen
verschaffen kann, noch göttlicher Wahnsinn. Wenn sie aber
ein minder edles nicht philosophisches doch aber ehrlieben-
c des Leben führen: so finden wohl leicht einmal beim Trunk
oder in einem andern unbesorgten Augenblick die beiden
unbändigen Rosse die Seelen unbewacht und führen sie zu-
sammen; daß sie das was die Menge für das seligste hält
wählen und vollbringen, und haben sie es einmal vollbracht,
so werden sie es nun auch in der Folge genießen, aber selten,
weil nicht des ganzen Gemütes Zustimmung hat was sie tun.

Als Freunde also werden auch diese, obgleich nicht ganz so
wie jene, mit einander, während ihrer Liebe und auch wenn d
sie darüber hinaus sind, leben, überzeugt daß sie die größten
Pfänder einander gegeben und angenommen haben, welche
frevelhaft wäre jemals wieder ungültig zu machen, und in
Feindschaft zu geraten. Am Ende aber gehen sie unbefiedert
zwar, doch schon mit dem Triebe sich zu befiedern, aus dem
Körper, so daß auch sie nicht geringen Lohn für den Wahn-
sinn der Liebe davon tragen. Denn in die Finsternis und den
unterirdischen Pfad ist denen nicht bestimmt zu geraten,
welche schon eingeschritten waren in den himmlischen Pfad,
sondern ein lichtes Leben führend mit einander wandelnd e
glücklich zu sein, und wenn sie wieder befiedert werden, es
der Liebe wegen zu gleicher Zeit zu werden. Diese so großen
und so göttlichen Vorzüge, o Knabe, wird dir des Liebhabers
Freundschaft erwerben. Die Vertraulichkeit aber mit dem
Nichtliebenden, welche durch sterbliche Besonnenheit ver-
dünnt auch nur sterbliches und sparsames austeilt, erzeugt in
der geliebten Seele jene von der Menge als Tugend gelobte 257a
Gemeinheit, und wird ihr Ursach, neuntausend Jahre auf
der Erde sich umherzutreiben, und vernunftlos unter der
Erde.

Die Zikaden

Phaidros 258 E-259 D

Im ›Phaidros‹ (s. o. S. 76 ff.) findet sich neben dem großen auch ein kurzer Mythos, mehr spielerisch eingefügt in den Gedankenablauf, diesen eher ornamentierend als erläuternd. Der Text handelt von der Entstehung der Zikaden, die als musenfreundliche Wesen in der Antike hohes Ansehen genossen; das anakreontische Gedicht *»makarizomen se tettinx«*, von Goethe kongenial übertragen »Selig bist du, liebe Kleine«, gibt davon reizvoll Zeugnis. Die kurze platonische Erzählung, hier eingefügt, wo nach mehr freundlich scherzendem Gespräch die ernste Erörterung einsetzt, vertieft das Atmosphärische der Rahmung; sie erinnert inmitten der Argumentation an das sommerlich flirrende Ambiente am Ilinos, betont den musischen Aspekt des gelehrten Gesprächs. Sie warnt auch vor bedingungsloser Ekstase: Jene Menschen, die sich uneingeschränkt an die Musen und an die Musik verloren, büßten ihr Leben ein. Die von ihnen herrührende Existenz der Zikaden wird als Musendienst gesehen: Die Tiere singen ihr Leben lang, ohne Speise und Trank, und nach ihrem Ende sind sie die Boten dieser Welt an die Musen, denen sie über die Haltung der einzelnen Menschen Bericht erstatten. Sie verbinden so das Individuum mit der seligen Welt des Singens, sie verknüpfen die philosophierenden Gesprächspartner mit dem musischen Dasein. Folgerichtig leitet dieser knappe Exkurs am Ende zurück zur Philosophie, getrieben aus dem Geiste der Musik: »Aus vielen Ursachen also müssen wir etwas reden und nicht schlafen am Mittag!« »Reden also wollen wir!«

Phaidros: Du fragst, ob wir sollen? Weshalb, so zu sagen, 258e
lebte einer denn, wenn nicht für solche Lust? Doch wohl
nicht um jener willen, vor welchen man erst Unlust empfin-
den muß, oder auch hernach keine Lust empfindet, welches
fast alle die körperlichen Vergnügungen an sich haben, und
deshalb mit Recht niedrige genannt werden.

Sokrates: Muße haben wir ja wie es scheint. Auch dünken
mich die Zikaden, wie sie in der Hitze pflegen, über unsern
Häuptern singend und sich unter einander besprechend, 259a
herabzuschauen. Wenn sie nun auch uns nichts besser als
Andere in der Mittagsstunde nicht uns unterredend sähen,
sondern aus Trägheit der Seele von ihnen eingesungen
schlummernd: so möchten sie mit Recht über uns spotten
und denken, ein paar Knechte wären in ihrem Aufenthalt
eingekehrt, um wie Schafe, die bei der Quelle Mittag machen,
zu schlafen pflegen. Wenn sie uns aber sähen im Gespräch
begriffen, uneingesungen bei ihnen als Sirenen vorbeischif- b
fen; dann dürften sie uns die Gabe, welche ihnen von den
Göttern für die Menschen verliehen ist, mitteilen zum Be-
weis ihrer Zufriedenheit.

Phaidros: Was doch für eine haben sie? Denn nie muß ich
davon gehört haben.

Sokrates: Nicht fein steht es für einen Musenfreund, der-
gleichen nicht gehört zu haben. Man sagt nämlich, diese
wären Menschen gewesen von denen vor der Zeit der Musen.
Als aber diese erzeugt worden und der Gesang erschienen,
wären Einige von den damaligen so entzückt worden von
dieser Lust, daß sie singend Speise und Trank vergessen, und c
so ohnvermerkt gestorben wären. Aus welchen nun seitdem
das Geschlecht der Zikaden entsteht, mit dieser Gabe von
den Musen ausgestattet, daß sie von der Geburt an keiner
Nahrung bedürfen, sondern ohne Speise und Trank sogleich
singen bis sie sterben, dann aber zu den Musen kommen und

ihnen verkündigen, wer hier jede von ihnen verehrt. Der
Terpsichore melden und empfehlen sie die, welche sie in
d Chören verehren, der Erato, die sie durch Liebesgesänge fei-
ern, und so den übrigen, jeder nach der ihr eigentümlichen
Verehrung. Der ältesten aber, Kalliope, und ihrer nächstfol-
genden Schwester Urania, als welche vornehmlich unter den
Musen über den Himmel und über göttliche und mensch-
liche Reden gesetzt, die schönsten Töne von sich geben,
verkündigen sie die, welche philosophisch leben, und ihre
Art der Musik ehren. Aus vielen Ursachen also müssen wir
etwas reden, und nicht schlafen am Mittag!

Phaidros: Reden also wollen wir!

Von der Erfindung der Schrift

Phaidros 274 C-275 D

Der kulturgeschichtlich interessanteste der platonischen Mythen ist seine Erzählung von der Erfindung der Schrift. Ihre Beglaubigung ist gewiß nicht gering: Von den »Vorfahren« hat Sokrates sie übernommen, wie er einleitend erklärt. Freilich wird eine Vorsichtsklausel eingefügt: Nur die »Vorfahren« wissen, ob es ein wahrer Bericht ist, wir dagegen nicht. Für das moderne Auge steht die Märchenhaftigkeit des Textes fest: Die handelnden Personen sind zwar im Raum, d.h. in Ägypten, festgelegt, doch nicht in der Zeit – es sind zudem Götter, »alte« Götter, und diese ihre Göttlichkeit erregt alsbald die heutige Skepsis. So wird man den Mythos lesen als fabulöse Einkleidung eines Gedankengutes, das es zu ergründen gilt.

Erzählt wird von der Erfindung der Schrift. Der Vorgang freilich wird nur generell berichtet, nicht im einzelnen beschrieben. Er wird allerdings deutlich bewertet: Als der stolze Erfindergott Theuth dem Gottkönig Thamus die Verbreitung seiner neuen Kunst im ganzen Land vorschlägt, weist ihn dieser brüsk zurück. Im Gegensatz zu dem Nutzen, den Theuth für die Verwendung der Schrift voraussagt, fürchtet der Gottkönig nur Schaden. Während der eine meint, die Schriftkunst werde die Ägypter befähigen, weiser und gedächtnisstärker zu werden, sagt der andere voraus, sie werde das Volk nur vergeßlicher machen, da es dann nur noch der toten Schrift vertrauen werde, nicht der lebendigen Erinnerungskraft. Zudem werde es auch weniger weise sein, da es vieles Geschriebene ohne weitere Unterweisung nur lesend aufnehmen und gründlich mißverstehen werde.

Der Text erweist sich als hochinteressantes Dokument am Ende der Zeit des Überganges von der Mündlichkeit zur Schriftlichkeit im geistigen Raume Griechenlands. Gewiß ist zu Platons Zeit schon seit circa zehn Generationen das griechische Alphabet im Gebrauch. Doch erst jetzt wird der Prozeß eingehender reflektiert, werden des neuen Mediums Folgen im Guten wie im Unguten genauer abgewogen.

Besonders beziehungsvoll, daß die Beglaubigung am Beginn des Berichts betont, Sokrates habe »gehört«, was er erzählen wird. Nicht weniger als dreimal fällt das Wort »Hören«: Nicht schriftliche Kunde kann vom Ursprung der Schrift berichten, sie ist vielmehr selbst Gegenstand der mündlichen Überlieferung, der ›orality‹.

Die Erörterung hat ihren Platz, bevor der letzte Diskussionsteil anhebt, kurz vor dem Ende des Dialogs; nur etwa ein Zehntel des Ganzen folgt ihr noch nach. Sie fügt sich passend in ein Werk, das die Kunst – wie auch die Gefahren – der Rhetorik diskutiert (s. o. S. 76ff.). Wie die Rhetorik ein ›Medium‹, ein ›Mittel‹ zur Verstärkung der Rede-Einwirkung darstellt, so die Schrift ein solches zur Bewahrung der Rede. In beiden Fällen gilt es, den wahren Zweck zu erfassen und die nur untergeordnete, dienende Funktion des Mediums zu sehen.

274c Sokrates: Eine Sage wenigstens habe ich darüber zu erzählen von den Alten, das Wahre aber wissen nur jene selbst. Könnten wir aber diese finden, würden wir uns dann noch irgend um menschliche Urteile kümmern?

Phaidros: Lächerliches fragst du! Aber erzähle, was du gehört zu haben behauptest.

Sokrates: Ich habe also gehört, zu Naukratis in Ägypten sei einer von den dortigen alten Göttern gewesen, dem auch

der Vogel, welcher Ibis heißt, geheiliget war, er selbst aber
der Gott habe Theuth geheißen. Dieser habe zuerst Zahl und
Rechnung erfunden, dann die Meßkunst und die Stern- d
kunde, ferner das Brett- und Würfelspiel, und so auch die
Buchstaben. Als König von ganz Ägypten habe damals Tha-
mus geherrscht in der großen Stadt des oberen Landes,
welche die Hellenen das ägyptische Thebe nennen, den Gott
selbst aber Ammon. Zu dem sei Theuth gegangen, habe ihm
seine Künste gewiesen, und begehrt sie möchten den andern
Ägyptern mitgeteilt werden. Jener fragte, was doch eine jede
für Nutzen gewähre, und je nachdem ihm, was Theuth dar-
über vorbrachte, richtig oder unrichtig dünkte, tadelte er e
oder lobte. Vieles nun soll Thamus dem Theuth über jede
Kunst dafür und dawider gesagt haben, welches weitläufig
wäre alles anzuführen. Als er aber an die Buchstaben gekom-
men, habe Theuth gesagt: Diese Kunst, o König, wird die
Ägypter weiser machen und gedächtnisreicher, denn als ein
Mittel für den Verstand und das Gedächtnis ist sie erfunden.
Jener aber habe erwidert: O kunstreichster Theuth, Einer
weiß, was zu den Künsten gehört, ans Licht zu gebären; ein
Anderer zu beurteilen, wieviel Schaden und Vorteil sie denen
bringen, die sie gebrauchen werden. So hast auch du jetzt als 275 a
Vater der Buchstaben aus Liebe das Gegenteil dessen gesagt,
was sie bewirken. Denn diese Erfindung wird der Lernen-
den Seelen vielmehr Vergessenheit einflößen aus Vernachläs-
sigung des Gedächtnisses, weil sie im Vertrauen auf die
Schrift sich nur von außen vermittelst fremder Zeichen,
nicht aber innerlich sich selbst und unmittelbar erinnern
werden. Nicht also für das Gedächtnis, sondern nur für die
Erinnerung hast du ein Mittel erfunden, und von der Weis-
heit bringst du deinen Lehrlingen nur den Schein bei, nicht
die Sache selbst. Denn indem sie nun vieles gehört haben
ohne Unterricht, werden sie sich auch vielwissend zu sein b

dünken, da sie doch unwissend größtenteils sind, und schwer zu behandeln, nachdem sie dünkelweise geworden statt weise.

Phaidros: O Sokrates, leicht erdichtest du uns ägyptische und was sonst für ausländische Reden du willst.

Sokrates: Sollen doch, o Freund, in des Zeus dodonäischen Tempel einer Eiche Reden die ersten prophetischen gewesen sein. Den damaligen nun, weil sie eben nicht so weise waren als ihr Jüngeren, genügte es in ihrer Einfalt auch
c der Eiche und dem Stein zuzuhören, wenn sie nur wahr redeten. Dir aber macht es vielleicht einen Unterschied, wer der Redende ist und von wannen. Denn nicht darauf allein siehst du, ob sich so oder anders die Sache verhält.

Phaidros: Mit Recht hast du mich gescholten. Auch dünkt mich mit den Buchstaben es sich so zu verhalten, wie der Thebäer sagt.

Sokrates: Wer also eine Kunst in Schriften hinterläßt, und auch wer sie aufnimmt, in der Meinung daß etwas deutliches und sicheres durch die Buchstaben kommen könne, der ist einfältig genug, und weiß in Wahrheit nichts von der Weissagung des Ammon, wenn er glaubt, geschriebene Reden wä-
d ren noch sonst etwas als nur demjenigen zur Erinnerung, der schon das weiß, worüber sie geschrieben sind.

Phaidros: Sehr richtig.

Der kugelrunde Urmensch

Symposion 189 D-191 D

Tritt in den anderen Werken Platons zur logischen Deduktion der Mythos erweiternd, ergänzend, überhöhend hinzu, so ist das ›Gastmahl‹ ganz und gar einem mythischen Thema zugewandt: dem Wesen und Wirken jener geheimnisvollen Gottheit, des Eros. Der äußere Anlaß des Gespräches bleibt ephemer: Agathon, ein Tragödiendichter, hat mit seinem ersten Drama Erfolg gehabt; das wird in vertrauter Freundesrunde mit einem großen Essen samt anschließendem Trinkgelage gefeiert. Freilich liegt der Anlaß schon weit zurück, in der Kinderzeit der jetzt von ihm Sprechenden. Auch stammt der Bericht aus zweiter oder besser dritter Hand: Die Unfaßbarkeit, die platonische Philosophie stets umspielt, ist hier auch im Rahmen unmißverständlich verdeutlicht.

Der festliche Anlaß hat die Freunde stimuliert, ein zentrales Gesprächsthema festzulegen. Man einigt sich auf das Lob der Liebe, und sieben Reden folgen einander, eingestimmt auf den Preis des Eros. So ist der mythische Grund gelegt für einen leuchtenden Regenbogen unterschiedlicher Schattierungen, aus denen sich die rätselhafte, gegensatzreiche Gestalt der geheimnisvollen Gottheit hervorhebt. Zwei der Reden verdienen besondere Aufmerksamkeit: die zunächst abschließende des Sokrates mit den Enthüllungen der mantineischen Priesterin Diotima und die vorab gehaltene des Komödiendichters Aristophanes.

Dieser, heute am ehesten durch das pazifistische Propagandastück ›Lysistrata‹ bekannt, aber auch durch den ›Frieden‹, die ›Frösche‹ oder den Spott auf Sokrates in den ›Wolken‹, kommt als Festgast erst mit Verspätung zu Wort:

Ein gewaltiger Schluckauf hindert ihn, wie vorgesehen als dritter zu reden, so daß zunächst ein anderer an seine Stelle tritt und Aristophanes unversehens zum vierten und damit zentralen Redner der sieben Sprecher wird.

Vor ihm hat Phaidros den Reigen eröffnet, hat in wohlgesetzten klingenden Worten die konventionelle Preisung auf den Gott angestimmt. Pausanias und Eryximachos folgen; sie behandeln zunächst soziologische, dann physiologische Gesichtspunkte, der erste ein altadeliges Ideal, der andere als Arzt die universale Macht der Liebe. Nun erst folgen die Dichter: der Komödiendichter Aristophanes und der Tragödiendichter Agathon. Schließlich ist es an Sokrates, an rechter Stelle das Gespräch auf neue Höhen zu führen. Der Abend endet mit einer Überraschung: Zu später Stunde noch stürmt Alkibiades in die Runde, trunken, heftig bewegt, der schönste Mann Athens, hoffnungslos an Sokrates hängend, der seine Seele sucht und den sein Körper kaltläßt. Im Nebel der berauschten Nacht bleiben zuletzt nur drei Gäste wach: Sokrates, der Agathon und Aristophanes dazu führt, zuzugestehen, daß Tragödien- und Komödiendichtung ein und dieselbe Kunst seien, daß ein und derselbe Dichter sie beide beherrschen und ausüben solle.

Kehren wir zurück zur Rede des Aristophanes. Als Komödienautor gibt er seinem Beitrag reichlich skurrile Züge bei: Ein kugelrunder Urmensch existierte im Anfang, vierbeinig, doppelgesichtig – ihm mangelte nichts, es existierte kein Eros. Zeus freilich mußte eingreifen, da die Geschöpfe übermütig zu werden drohten, und er schnitt sie kurzerhand in zwei Teile, wie man eine Frucht halbiert. Apollo adjustierte die Gesichter in die richtige Richtung und knüpfte den Schnitt am Nabel zu wie einen Beutel. Der Übermut der Kugel-Ur-Menschen war auf immer gedämpft, und statt seiner ergriff sie nun Sehnsucht nach der verlorenen Ganzheit,

Verlangen nach der abgetrennten anderen Hälfte: Eros erwachte in der Welt. Wenn sie einander fanden, sich umarmten, konnten sie ihre Sehnsucht stillen, ihres Lebens Form und Glück finden. Und der Drang nach der alten Ganzheit, wie er die Menschen erfüllt, das ist in Wirklichkeit, was wir Eros nennen.

Ein Bericht, ein bißchen bizarr und tiefsinnig zugleich, eine Beschreibung, deutend das Dilemma der Menschennatur. Formal stellt die groteske Erzählung sich zu den aitiologischen Mythen im ›Gorgias‹ und ›Protagoras‹. Hier wie dort muß Zeus mit Macht eingreifen und die bedrohte Menschheit vor dem Untergang bewahren; mangelte es dort an der Gerechtigkeit, so hier am Eros. Der Urzustand und seine Defizite determiniert dann die Gegenwart und ihre Mängel. Aber das Wissen um die Vorgänge, die Veränderungen zwischen einst und jetzt, hilft zur Orientierung im Heute und zur Wegfindung für die Zukunft. Das Bild vom kugelrunden Urmenschen, unter den sonst so ernsten Mythen Platons der skurrilste, bringt in die Gesprächsrunde, die Welt und Wesen, Werk und Wirkung des Eros erörtert, eine neue Dimension der Tiefe, einen existentiellen Zug; erst Sokrates wird ihn hernach im Gesprächverlauf vollenden und zur höchsten Höhe führen.

Zuerst aber müßt ihr die menschliche Natur und deren Begegnisse recht kennen lernen. Nämlich unsere ehemalige Natur war nicht dieselbige wie jetzt, sondern ganz eine andere. Denn erstlich gab es drei Geschlechter von Menschen, nicht wie jetzt nur zwei männliches und weibliches, sondern
es gab noch ein drittes dazu welches das gemeinschaftliche 201 d
war von diesen beiden, dessen Name auch noch übrig ist, es selbst aber ist verschwunden. Mannweiblich nämlich war

damals das eine, Gestalt und Benennung zusammengesetzt aus jenen beiden, dem männlichen und weiblichen, jetzt aber ist es nur noch ein Name der zum Schimpf gebraucht wird. Ferner war die ganze Gestalt eines jeden Menschen rund, so daß Rücken und Brust im Kreise herumgingen. Und vier Hände hatte jeder und Schenkel ebenso viel als Hände, und
e zwei Angesichter auf einem kreisrunden Halse einander genau ähnlich, und einen gemeinschaftlichen Kopf für beide einander gegenüberstehende Angesichter, und vier Ohren, auch zweifache Schamteile, und alles übrige wie es sich hieraus ein Jeder weiter ausbilden kann. Er ging aber nicht nur aufrecht wie jetzt, nach welcher Seite er wollte, sondern auch wenn er schnell wohin strebte, so konnte er, wie die Radschlagenden jetzt noch indem sie die Beine gerade im Kreise herumdrehen das Rad schlagen, eben so auf seine acht Gliedmaßen gestützt sich sehr schnell im Kreise fortbewegen.
202a Diese drei Geschlechter gab es aber deshalb weil das männliche ursprünglich der Sonne Ausgeburt war, und das weibliche der Erde, das an beidem teilhabende aber des Mondes, der ja auch selbst an beiden Teil hat. Und kreisförmig waren sie selbst und ihr Gang, um ihren Erzeugern ähnlich zu sein. An Kraft und Stärke nun waren sie gewaltig und hatten auch große Gedanken, und was Homeros vom Ephialtes und Otos sagt, das ist von ihnen zu verstehen, daß sie sich einen
b Zugang zum Himmel bahnen wollten um die Götter anzugreifen. Zeus also und die anderen Götter ratschlagten, was sie ihnen tun sollten, und wußten nicht was. Denn es war weder tunlich sie zu töten, und wie die Giganten sie niederdonnernd das ganze Geschlecht wegzuschaffen, denn so wären ihnen auch die Ehrenbezeugung und die Opfer der Menschen mit weggeschafft worden, noch konnten sie sie lassen weiter freveln. Mit Mühe endlich hatte sich Zeus etwas ersonnen und sagte, Ich glaube nun ein Mittel zu haben wie

es noch weiter Menschen geben kann, und sie doch aufhören
müssen mit ihrer Ausgelassenheit, wenn sie nämlich schwä- c
cher geworden sind. Denn jetzt, sprach er, will ich sie jeden
in zwei Hälften zerschneiden, so werden sie schwächer sein,
und doch zugleich uns nützlicher, weil ihrer mehr geworden
sind, und aufrecht sollen sie gehn auf zwei Beinen. Sollte ich
aber merken, daß sie noch weiter freveln und nicht Ruhe
halten wollen, so will ich sie, sprach er, noch einmal zer-
schneiden, und sie mögen dann auf einem Beine fortkom-
men wie Kreisel. Dies gesagt zerschnitt er die Menschen in
zwei Hälften, wie wenn man Früchte zerschneidet um sie
einzumachen, oder wenn sie Eier mit Haaren zerschneiden. d
Sobald er aber einen zerschnitten hatte befahl er dem Apol-
lon ihm das Gesicht und den halben Hals herumzudrehen
nach dem Schnitte hin, damit der Mensch seine Zerschnit-
tenheit vor Augen habend sittsamer würde, und das übrige
befahl er ihm auch zu heilen. Dieser also drehte ihm das Ge-
sicht herum, zog ihm die Haut von allen Seiten über das was
wir jetzt den Bauch nennen herüber, und wie wenn man ei-
nen Beutel zusammenzieht faßte er es in eine Mündung
zusammen, und band sie mitten auf dem Bauche ab, was wir
jetzt den Nabel nennen. Die übrigen Runzeln glättete er mei- e
stenteils aus und fügte die Brust einpassend zusammen, mit
einem solchen Werkzeuge, als womit die Schuster über dem
Leisten die Falten aus dem Leder ausglätten, und nur wenige
ließ er stehen um den Bauch und Nabel zum Denkzeichen
des alten Unfalls. Nachdem nun die Gestalt entzweige-
schnitten war, sehnte sich jedes nach seiner andern Hälfte
und so kamen sie zusammen, umfaßten sich mit den Armen
und schlangen sich in einander, und über dem Begehren zu-
sammen zu wachsen, starben sie aus Hunger und sonstiger 203 a
Fahrlässigkeit, weil sie nichts getrennt von einander tun
wollten. War nun die eine Hälfte tot und die andere blieb

übrig, so suchte sich die übrig gebliebene eine andere und
umschlang sie, mochte sie nun auf die Hälfte einer ehemali-
gen ganzen Frau treffen, was wir jetzt eine Frau nennen, oder
auf die eines Mannes, und so kamen sie um. Da erbarmte sich
Zeus, und gab ihnen ein anderes Mittel an die Hand, indem
er ihnen die Schamteile nach vorne verlegte, denn vorher tru-
b gen sie auch diese nach außen, und erzeugten nicht eines in
dem andern sondern in die Erde wie die Zikaden. Nun aber
verlegte er sie ihnen nach vorne, und bewirkte vermittelst
ihrer das Erzeugen in einander, in dem weiblichen durch das
männliche, deshalb damit in der Umarmung, wenn der
Mann eine Frau träfe, sie zugleich erzeugten und Nachkom-
menschaft entstände, wenn aber ein Mann den andern, sie
doch eine Befriedigung hätten durch ihr Zusammensein und
erquickt sich zu ihren Geschäften wenden und was sonst
c zum Leben gehört besorgen könnten. Von so langem her also
ist die Liebe zu einander den Menschen angeboren, um die
ursprüngliche Natur wiederherzustellen, und versucht aus
zweien eins zu machen und die menschliche Natur zu hei-
len.

Die Geburt des Eros

Symposion 201 D-212 C

Platons ›Gastmahl‹, das am tiefsten poetische Prosawerk der Antike, führt in fünffacher Stufung in der Preisung des Eros empor zur krönenden Klärung durch Sokrates. Dieser spricht als letzter, nach dem einleitenden Hymnos des Phaidros, nach den soziologischen und physiologischen Erörterungen des Pausanias und Eruximachos, nach den Darstellungen des Komikers Aristophanes und des Tragikers Agathon. Sie alle haben, je auf ihre Weise, Scherz und Ernst gemischt (197 E), haben rednerischen Glanz entfaltet, stilistische Brillanz bewiesen. Nun trägt als letzter Sokrates seine Sicht vor. Sie ist, betont er am Beginn, Weisheit, die ihm Diotima, die Priesterin aus Mantinea, eröffnet hat. Ihre seherische Kraft ist beglaubigt durch den Rat, mit dem sie einst den Athenern die Opfer wies, um den Ausbruch der großen Pest um volle zehn Jahre zu verschieben. Sie vermochte den Tod aufzuhalten; sie vermag auch das Rätsel des Eros zu deuten. So spricht Sokrates diesmal selbst als Schüler, der eine Botschaft überbringt, eine Verkündigung vermittelt. Der Ernst ist angemessen; denn von nun an geht es um die »Wahrheit«. Der Rahmen der rhetorischen Reize ist durchbrochen, der Glanz der großen Gedanken geht auf.

Festzuhalten bleibt, daß Platons Präsentation mit äußerster Distanzierung arbeitet. Der Gesamtbericht ist durch mehrere Brechungen in die Ferne gerückt: Der Erzähler Apollodor berichtet von einem Gastmahl, das, weit zurückliegend, in seiner Kinderzeit stattfand, und so war er auch selbst nicht dabei, sondern hat sich das meiste von Aristodemos, einiges mehr von Sokrates bestätigen lassen. So sind zwei Mittelsmänner zwischengeschaltet, die das Ereignis vom Hörer trennen. Sokrates selbst wiederum wiederholt seinerseits, was ihm einst von Diotima erklärt worden war: »Wahrheit« ist, so wird deutlich gezeigt, dem Alltagsleben entrückt, sie ist weit entfernt, nur schwer zu fassen und auch mit aller Mühe kaum festzulegen – die »Wahrheit« entzieht sich uns, nur ihren Abglanz vermögen wir zu vernehmen.

Das hindert Sokrates nicht, dreimal zu unterstreichen (198 D; 199 A und B), daß er es ist, der allein unter den Lobrednern der Liebe die »Wahrheit« weiß und auch will, daß alle sie wissen; sie wird er vortragen, nicht ein beliebiges Loblied. Die tiefste Wahrheit bleibt die am schwersten zu findende, am mühsamsten zu formulierende; sie tönt von fern her, und es gilt, ihr mit aller Aufmerksamkeit zu lauschen.

Diotimas Unterricht in Liebestheorie ist mehrfach gegliedert: Er setzt ein mit einer neuen Definition des Eros; sodann stellt er in die Mitte die märchenartige Erzählung von der Geburt des Gottes als Kind von »Armut« und »Fülle«; er fährt fort mit der Diskussion des Wesens dieser von so gegensätzlichen Eltern gezeugten Gottheit und mündet schließlich ein in den vom Eros motivierten, mythisch verklärten Aufstieg der Menschenseele vom einzelnen Schönen über die Schönheit als solche zur Schau der Idee des Schönen: dem höchsten aller Güter für uns Irdische.

Es ist ein mystischer Vorgang, in den eingeweiht zu werden ein besonderer Vorzug ist, der aber auch besonderer Befähigung bedarf. Selbst Sokrates, so sagt Diotima (210 A und E), muß alle Kräfte aufbieten, ihr auf diesem Höhenflug zu folgen. Es ist das erste Mal in Platons Werk, daß solch ein Aufstieg in die jenseitige Welt des abstrakt Geistigen geschildert – und gefordert – wird: Eros mag wohl seine animalisch sinnlichen Grundlagen haben, sein Ziel aber hat er in der höchsten, reinsten, übersinnlichen Schau, der letzten Erfüllung des menschlichen Daseins.

Und ein Nachspiel. Der junge Platon hatte, heißt es, als Tragödiendichter begonnen, sich dann aber, unter dem Eindruck des Sokrates, der Philosophie voll zugewandt und seine poetischen Produkte vernichtet. Im ›Gastmahl‹ greift am Ende der unterdrückte Dramatiker doch noch einmal zum Wort: War zunächst sechsfach verschieden von der Liebe geredet, über sie gesprochen worden, so kommt am Schluß Eros selbst zu Wort: »Plötzlich« dröhnen Schläge an das Haustor, Nachtschwärmer stürmen hinein, in ihrer Mitte Alkibiades, der schönste Mann der Stadt, trunken und in seiner Verwirrung »Wahrheit« redend. Seine, die siebte Lobrede, gilt nun nicht mehr dem Eros an sich, sondern dem der gegenwärtigen Wirklichkeit: dem Eros zwischen dem häßlichen Sokrates und dem schönen Alkibiades, dem Handwerker aus der Unterschicht und dem Epheben aus der Nobilität – zwischen dem Seelenfänger Sokrates und dem Jünger, der den Meister mit seiner Schönheit nicht so fesseln kann wie dieser ihn mit seiner Weisheit. Das Drama der Anziehung und Verlockung, der Verweigerung und des Verfallenseins im Eros ist in dieser Epiphanie nur personifiziert; der Fokus richtet sich auf eine Fallstudie, alles verdichtet sich im Kontrast des eleganten Edelmannes und des äußerlich abstoßenden, innerlich golden glänzenden Philosophen aus dem Proletariat. Noch einmal »Armut« und »Fülle«? Wer in welcher Rolle? Das Drama des ›Gastmahl‹ geht weiter, durch Generationen und Äonen.

d Und so will ich dich denn jetzt lassen und eine Rede über den Eros welche ich einst von einer Mantineerin namens Diotima gehört habe, welche hierin und auch sonst sehr weise war, auch den Athenern einst bei einem Opfer vor der Pest zehnjährigen Aufschub der Krankheit bewirkte, welche auch mich in Liebessachen unterrichtet hat; die Rede also welche diese gesprochen hat will ich versuchen euch zu wiederholen, von dem ausgehend worüber ich mit Agathon übereingekommen bin, sonst aber ganz für mich allein so gut ich eben kann. Es gehört sich also, o Agathon, wie auch du erklärtest, zuerst ihn selbst zu beschreiben den Eros wer er
e ist und was für einer, und dann seine Werke. Es dünkt mich also am leichtesten es so durchzunehmen, wie damals die Fremde mich ausfragend es durchging. Denn ohngefähr dergleichen hatte auch ich zu ihr gesagt wie Agathon jetzt zu mir, daß Eros ein großer Gott sei und von den Schönen. Sie aber widerlegte mich mit denselben Reden womit ich jetzt diesen, daß er weder schön wäre nach meinen eigenen Reden noch gut. Da sprach ich Wie meinst du aber, Diotima, ist also Eros häßlich und schlecht? – Und sie, Willst du dich nicht
204a Frevels enthalten? Oder meinst du, was nicht schön ist das sei notwendig häßlich? – Allerdings wohl. – Auch was nicht weise das töricht? oder hast du nicht gemerkt, daß es etwas mitten inne gibt zwischen Weisheit und Torheit? – Was wäre das? – Wenn man richtig vorstellt ohne jedoch Rechenschaft davon geben zu können, weißt du nicht daß das weder Wissen ist, denn wie könnte etwas grundloses eine Erkenntnis sein? noch auch Unverstand, denn da sie doch das wahre enthält, wie könnte sie Unverstand sein? Also ist offenbar die richtige Vorstellung so etwas zwischen Einsicht und Unverstand. – Richtig, sprach ich. – Folgere also nicht was nicht
b schön ist sei häßlich, noch was nicht gut sei schlecht. Eben so auch vom Eros, da du doch selbst eingestehst er sei weder gut

noch schön, glaube deshalb dennoch nicht, daß er häßlich
und schlecht sein müsse, sondern etwas, sagte sie, zwischen
beiden. – Aber das, sprach ich, wird doch von allen einge-
standen, daß er ein großer Gott ist. – Von allen nichtwissen-
den, sprach sie, meinst du, oder auch von den Wissenden?
– Von allen insgesamt. – Da lachte sie und sagte, Und wie,
Sokrates, könnte wohl von denen eingestanden werden, daß
er ein großer Gott sei, welche behaupten es sei überall kein c
Gott? – Wer sind doch die, fragte ich? – Einer davon bist du,
sagte sie, und eine ich. – Da sprach ich, wie meinst du doch
dies? – Und sie antwortete, Ganz natürlich. Denn sage mir
nur, meinst du nicht, daß alle Götter glückselig und schön
sind? oder hättest du das Herz zu sagen, daß irgend ein Gott
nicht schön und glückselig sei? – Beim Zeus, ich gewiß nicht,
sprach ich. – Und glückselig nennst du doch die das Schöne d
und Gute besitzen? – Freilich. – Vom Eros aber hast du doch
eingestanden, daß er aus Bedürfnis des Schönen und Guten
eben das begehre dessen er bedürftig ist? – Das habe ich ein-
gestanden. – Wie konnte also ein Gott sein der unbegabt ist
mit Schönem und Guten? – Auf keine Weise wie es scheint. –
Siehst du nun, sagte sie, daß auch du den Eros für keinen
Gott hältst? – Was wäre also, sprach ich, Eros? etwa sterb-
lich? – Keinesweges. – Aber was denn? – Wie oben, sagte sie,
zwischen dem sterblichen und unsterblichen. – Was also, o
Diotima? – Ein großer Dämon, o Sokrates. Denn alles Dä- e
monische ist zwischen Gott und dem sterblichen. – Und was
für eine Verrichtung, sprach ich, hat es? – Zu verdolmetschen
und zu überbringen den Göttern was von den Menschen
und den Menschen was von den Göttern kommt, der Einen
Gebete und Opfer, und der Andern Befehle und Vergeltung
der Opfer. In der Mitte zwischen beiden ist es also die Ergän-
zung, daß nun das Ganze in sich selbst verbunden ist. Und
durch dies Dämonische geht auch alle Weissagung, und die

Kunst der Priester in Bezug auf Opfer Weihungen und Be-
205a sprechungen und allerlei Wahrsagung und Bezauberung. Denn Gott verkehrt nicht mit Menschen; sondern aller Umgang und Gespräch der Götter mit den Menschen geschieht durch dieses sowohl im Wachen als im Schlaf. Wer sich nun hierauf versteht der ist ein dämonischer Mann, wer aber nur auf andere Dinge oder irgend auf Künste und Handarbeiten, der ist ein gemeiner. Solcher Dämonen oder Geister nun gibt es viele und von vielerlei Art, einer aber von ihnen ist auch Eros. – Wer aber, fragte ich, ist sein Vater und seine Mutter? –
b Weitläuftiger, sprach sie, ist dies zwar zu erzählen; doch will ich es dir sagen. Als nämlich Aphrodite geboren war schmauseten die Götter, und unter den übrigen auch Poros der Sohn der Metis. Als sie nun abgespeist, kam um sich etwas zu erbetteln, da es doch festlich herging, auch Penia, und stand an der Türe. Poros nun, berauscht vom Nektar, denn Wein gab es noch nicht, ging in den Garten des Zeus hinaus und schwer und müde wie er war schlief er ein. Penia nun, die ihrer Dürftigkeit wegen den Anschlag faßte ein Kind mit
c Poros zu erzeugen, legte sich zu ihm und empfing den Eros. Deshalb ist auch Eros der Aphrodite Begleiter und Diener geworden wegen seiner Empfängnis an ihrem Geburtsfest, und weil er von Natur ein Liebhaber des schönen ist und Aphrodite schön ist. Als des Poros und der Penia Sohn aber befindet sich Eros in solcherlei Umständen. Zuerst ist er im-
d mer arm, und bei weitem nicht fein und schön, wie die Meisten glauben, vielmehr rauh, unansehnlich, unbeschuht, ohne Behausung, auf dem Boden immer umherliegend und unbedeckt schläft er vor den Türen und auf den Straßen im Freien, und ist der Natur seiner Mutter gemäß immer der Dürftigkeit Genosse. Und nach seinem Vater wiederum stellt er dem Guten und Schönen nach, ist tapfer, keck und rüstig, ein gewaltiger Jäger, allezeit irgend Ränke schmiedend, nach

Einsicht strebend, sinnreich, sein ganzes Leben lang philo-
sophierend, ein arger Zauberer Giftmischer und Sophist,
und weder wie ein Unsterblicher geartet noch wie ein Sterb- e
licher, bald an demselben Tage blühend und gedeihend wenn
es ihm gut geht, bald auch hinsterbend, doch aber wieder
auflebend nach seines Vaters Natur. Was er sich aber schafft
geht ihm immer wieder fort, so daß Eros nie weder arm ist
noch reich, und auch zwischen Weisheit und Unverstand im-
mer in der Mitte steht. Dies verhält sich nämlich so. Kein
Gott philosophiert oder begehrt weise zu werden, sondern 206a
ist es, noch auch wenn sonst jemand weise ist philosophiert
dieser. Eben so wenig philosophieren auch die Unverständi-
gen oder bestreben sich weise zu werden. Denn das ist eben
das Arge am Unverstande, daß er ohne schön und gut und
vernünftig zu sein, doch sich selbst ganz genug zu sein
dünkt. Wer nun nicht glaubt bedürftig zu sein, der begehrt
auch das nicht dessen er nicht zu bedürfen glaubt. – Wer also,
sprach ich, Diotima, sind denn die philosophierenden, wenn
es weder die Weisen sind noch die Unverständigen? – Das
muß ja schon, sagte sie, jedem Kinde deutlich sein, daß es die b
zwischen beiden sind, zu denen auch Eros gehören wird.
Denn die Weisheit gehört zu dem schönsten und Eros ist
Liebe zu dem schönen; so daß Eros notwendig weisheitlie-
bend ist, und also als philosophisch zwischen den Weisen
und Unverständigen mitten inne steht. Und auch davon ist
seine Herkunft Ursache; denn er ist von einem weisen und
wohlbegabten Vater, aber von einer unverständigen und
dürftigen Mutter. Dies also lieber Sokrates ist die Natur die-
ses Dämons. Was du aber glaubtest, daß Eros sei, ist nicht zu c
verwundern. Du glaubtest nämlich, wie ich aus dem was du
sagst vermuten muß, Eros sei das Geliebte, nicht das Lie-
bende. Daher meine ich erschien dir Eros so wunderschön.
Denn das liebenswerte ist auch in der Tat das schöne zarte

vollendete, selig zu preisende. Das Liebende aber hat ein an-
deres Wesen, sowie ich es beschrieben habe. – Darauf sagte
ich, Wohl denn Freundin, denn du hast wohl gesprochen.
d Wenn nun aber Eros ein solcher ist, welchen Nutzen gewährt
er den Menschen? – Dies, o Sokrates, sprach sie, will ich nun
hiernächst versuchen dich zu lehren. So beschaffen also und
so entstanden ist Eros. Er geht aber auf das Schöne wie du
sagst. Wenn uns aber jemand fragte, Was hat denn Eros vom
Schönen, o Sokrates und Diotima? oder ich will es noch
deutlicher so fragen, Wer das Schöne begehrt, was begehrt
der? – Da sprach ich Daß es ihm zu Teil werde. – Aber sagte
sie diese Antwort verlangt nach noch einer Frage, etwa die-
ser, Was geschieht denn jenem dem das Schöne zu Teil wird?
– Da sagte ich Auf diese Frage hätte ich nicht mehr sogleich
e eine Antwort bereit. – Aber sprach sie, wenn nun jemand
tauschend statt des Schönen das Gute setzte, und fragte,
Sprich Sokrates, wer das Gute begehrt, was begehrt der? –
Daß es ihm zu Teil werde, sagte ich. – Und was geschieht
jenem, dem das Gute zu Teil wird? – Das kann ich schon
207a leichter beantworten, sagte ich, Er wird glückselig. – Denn
durch den Besitz des Guten, fügte sie hinzu, sind die Glück-
seligen gückselig. Und hier bedarf es nun keiner weitern
Frage mehr, weshalb doch der glückselig sein will der es will,
sondern die Antwort scheint vollendet zu sein. – Richtig ge-
sprochen, sagte ich. – Dieser Wille nun und diese Liebe,
glaubst du daß sie allen Menschen gemein sind, und daß Alle
immer wollen das Gute haben? oder wie meinst du? – So,
sprach ich, daß dies Allen gemein ist. – Warum aber, sprach
b sie, sagen wir nicht daß Alle lieben, wenn doch Alle dasselbe
lieben und immer, sondern sagen von Einigen daß sie lieben
von Anderen aber nicht? – Das wundert mich selbst, sagte
ich. – Laß es dich nur nicht wundern, sagte sie. Denn wir
nehmen nur eine gewisse Art der Liebe heraus, die wir mit

dem Namen des Ganzen belegen und Liebe nennen, für die
anderen brauchen wir andere Namen. – Wie doch etwa?
sprach ich. – So etwa, sagte sie. Du weißt doch daß Dichtung
etwas gar vielfältiges ist. Denn was nur für irgend etwas Ur-
sache wird aus dem Nichtsein in das Sein zu treten ist
insgesamt Dichtung. Daher liegt auch bei den Hervorbrin- c
gungen aller Künste Dichtung zum Grunde, und die Meister
darin sind sämtlich Dichter. – Ganz richtig. – Aber doch
weißt du schon, daß sie nicht Dichter genannt werden; son-
dern andere Benennungen haben, und von der gesamten
Dichtung wird nur ein Teil ausgesondert, der es mit der Ton-
kunst und den Silbenmaßen zu tun hat, und dieser mit dem
Namen des Ganzen benannt. Denn dies allein wird Dich-
tung genannt, und die diesen Teil der Dichtung inne haben
Dichter. – Richtig gesprochen, sagte ich. – So auch was die
Liebe betrifft ist im allgemeinen jedes Begehren des Guten d
und der Glückseligkeit die größte und heftigste Liebe für
jeden. Allein die übrigen die sich anderwärts hin damit wen-
den, entweder zum Gewerbe oder zu den Leibesübungen
oder zur Erkenntnis, von denen sagen wir nicht, daß sie lie-
ben und Liebhaber sind; sondern nur die auf eine gewisse
Art ausgehn und sich der befleißigen, erhalten den Namen
des Ganzen, Liebe und lieben und Liebhaber. – Das magst
du wohl richtig erklären, sagte ich. – Und so geht zwar eine
Rede, sagte sie, daß die ihre Hälfte suchen lieben. Meine e
Rede aber sagt, die Liebe gehe weder auf die Hälfte, Freund,
noch auf das Ganze, wenn es nicht ein Gutes ist. Denn die
Menschen lassen sich ja gern ihre eignen Hände und Füße
wegschneiden, wenn sie obgleich ihr eigen ihnen böse und
gefährlich scheinen. Denn nicht an dem seinigen hängt jeder,
glaube ich, es müßte denn einer das Gute das Angehörige
nennen und das seinige, das schlechte aber fremdes. So daß es 208a
nichts gibt was die Menchen lieben als das Gute. Oder schei-

nen sie dir doch etwa? – Beim Zeus mir nicht, sprach ich. – Können wir aber nun schon so schlechthin sagen, daß die Menschen das Gute lieben? – Ja, sagte ich. – Wie? müssen wir nicht hinzusetzen daß sie lieben das Gute zu haben? – Das müssen wir hinzusetzen. – Und, sagte sie, nicht nur es zu haben, sondern auch es immer zu haben? – Auch das ist hinzuzusetzen. – So geht denn alles zusammengenommen die Liebe darauf, daß man selbst das Gute immer haben will. –
b Vollkommen richtig erklärt, sagte ich. – Wenn nun die Liebe immer dieses ist, auf welche Art und in welcher Handlungsweise gehn ihm nun diejenigen nach, deren Betrieb und Anstrengung man eigentlich Liebe zu nennen pflegt? Weißt du wohl zu sagen was für ein Werk dieses ist? – Dann würde ich ja, sprach ich, dich o Diotima nicht so bewundern deiner Weisheit wegen und zu dir gehn um eben dieses zu lernen. – So will ich es dir sagen, sprach sie. Es ist nämlich eine Ausgeburt in dem Schönen sowohl dem Leibe als der Seele nach. – Man muß weissagen können, sprach ich, um zu wissen was
c du wohl meinst, und ich verstehe es nicht. – So will ich es dir denn deutlicher sagen. Alle Menschen nämlich, o Sokrates, sprach sie, sind fruchtbar sowohl dem Leibe als der Seele nach, und wenn sie zu einem gewissen Alter gelangt sind so strebt unsere Natur zu erzeugen. Erzeugen aber kann sie in dem häßlichen nicht sondern nur in dem schönen. Des Mannes und Weibes Gemeinschaft nämlich ist Erzeugung. Es ist aber dies eine göttliche Sache, und in dem sterblichen Lebenden etwas unsterbliches die Empfängnis und die Erzeugung. In dem unangemessenen aber kann dieses unmöglich erfol-
d gen; und unangemessen ist das häßliche allem göttlichen; das Schöne aber angemessen. Eine einführende und geburtshelfende Göttin also ist die Schönheit für die Erzeugung. Deshalb wenn das zeugungslustige dem Schönen nahet, wird es beruhigt und von Freude durchströmt und erzeugt und be-

fruchtet; wenn aber häßlichem, so zieht es sich finster und
traurig in sich zusammen und wendet sich ab und schrumpft
ein und erzeugt nicht, sondern trägt mit Beschwerde seine
Bürde weiter. Darum beeifert sich, wer von Zeugungsstoff
und Lust erfüllt ist, so sehr um das Schöne, weil es ihn großer e
Wehen entledigt. Denn die Liebe o Sokrates, geht gar nicht
auf das Schöne, wie du meinst. – Sondern worauf denn? –
Auf die Erzeugung und Ausgeburt im Schönen. – Mag sein,
sprach ich. – Ganz gewiß, sagte sie. – Warum aber auf die
Erzeugung? – Weil eben die Erzeugung das Ewige ist und das
Unsterbliche wie es im Sterblichen sein kann. Nach der Un- 209 a
sterblichkeit aber zu streben mit dem Guten ist notwendig
zufolge des schon eingestandenen, wenn doch die Liebe dar-
auf geht das Gute immer zu haben. Notwendig also geht
nach dieser Rede die Liebe auch auf die Unsterblichkeit. Dies
alles lehrte sie mich, als sie über die Liebe mit mir redete, und
fragte mich auch einmal, Was meinst du wohl, o Sokrates,
daß die Ursach sei dieser Liebe und dieses Verlangens? oder
merkst du nicht in welchem gewaltsamen Zustande sich alle
Tiere befinden, wenn sie begierig sind zu erzeugen, geflügelte b
und ungeflügelte, wie sie alle krank und verliebt erscheinen,
zuerst wenn sie sich mit einander vermischen, und dann auch
bei der Auferziehung des erzeugten, wie auch die schwäch-
sten bereit sind dieses gegen die stärksten zu verteidigen und
dafür zu sterben; und wie sie sich selbst vom Hunger quälen
lassen um nur jenes zu ernähren und so auch alles andere
tun? Denn von den Menschen könnte man sagen sie täten
dies mit Überlegung; aber welches der Grund sein mag
warum auch die Tiere sich so verliebt zeigen, kannst du mir c
das sagen? – Und ich sagte wieder, ich wüßte es nicht. – Da
sprach sie Gedenkst du denn je etwas großes zu leisten in
Liebessachen wenn du dies nicht einsiehst? – Aber eben des-
halb, sprach ich, bin ich ja zu dir gekommen, o Diotima, wie

ich auch schon sagte, weil ich weiß, daß ich Lehrer brauche.
Sage mir also den Grund hievon und von allem was sonst in
der Liebe vorkommt. – Wenn du also glaubst, sprach sie, daß
die Liebe von Natur auf das gehe, worüber wir uns oft schon
d einverstanden haben, so wundere dich nur nicht. Denn ganz
eben so wie dort sucht auch hier die sterbliche Natur nach
Vermögen immer zu sein und unsterblich. Sie vermag es aber
nur auf diese Art durch die Erzeugung, daß immer ein ande-
res junges statt des alten zurückbleibt. Denn auch von jedem
einzelnen Lebenden sagt man ja daß es lebe und dasselbe sei,
wie einer von Kindesbeinen an immer derselbe genannt wird
wenn er auch ein Greis geworden ist: und heißt doch immer
derselbe ohnerachtet er nie dasselbe an sich behält, sondern
e immer ein neuer wird und altes verliert an Haaren, Fleisch,
Knochen, Blut und dem ganzen Leibe; und nicht nur an dem
Leibe allein sondern auch an der Seele, die Gewöhnungen,
Sitten, Meinungen Begierden Lust Unlust Furcht, hievon
behält nie jeder dasselbe an sich, sondern eins entsteht und
210 a das andere vergeht. Und viel wunderlicher noch als dieses ist,
daß auch die Erkenntnisse nicht nur teils entstehen teils ver-
gehen, und wir nie dieselbigen sind in Bezug auf die Er-
kenntnisse, sondern daß auch jeder einzelnen Erkenntnis
dasselbe begegnet. Denn was man Nachsinnen heißt, geht
auf eine ausgegangene Erkenntnis. Vergessen nämlich ist das
Ausgehn einer Erkenntnis, Nachsinnen aber bildet statt der
abgegangenen eine Erinnerung ein, und erhält so die Er-
kenntnis, daß sie scheint dieselbige zu sein. Und auf diese
b Weise wird alles sterbliche erhalten, nicht so daß es durchaus
immer dasselbige wäre wie das göttliche, sondern indem das
abgehende und veraltende ein anderes neues solches zurück-
läßt wie es selbst war. Durch diese Veranstaltung o Sokrates,
sagte sie, hat alles Sterbliche Teil an der Unsterblichkeit, der
Leib sowohl als alles übrige; das Unsterbliche aber durch

eine andere. Wundere dich also nicht wenn ein jedes von Na-
tur seinen eignen Sprößling in Ehren hält. Denn der Un-
sterblichkeit wegen begleitet jeden dies Bestreben und diese
Liebe. – Über diese Rede nun, als ich sie gehört, war ich ver-
wundert, und sagte, Wohl! weiseste Diotima, verhält sich
dies nun in der Tat so? – Und sie, wie die rechten Meister im c
Wissen pflegen, sprach, Das sei nur versichert o Sokrates.
Denn wenn du auch auf die Ehrliebe der Menschen sehen
willst: so müßtest du dich ja über die Unvernunft wundern
in dem was ich schon angeführt, wenn du nicht bedenkst,
wie einen gewaltigen Trieb sie haben berühmt zu werden und
einen unsterblichen Namen auf ewige Zeiten sich zu erwer-
ben. Und dieserhalb sind alle bereit die größten Gefahren zu
bestehen, noch mehr als für ihre Kinder, und ihr Vermögen d
aufzuwenden, und jedwede Mühe unverdrossen zu über-
nehmen und dafür zu sterben. Denn meinst du wohl, sprach
sie, Alkestis würde für den Admetos gestorben sein oder
Achilleus dem Patroklos nachgestorben, oder euer Kodros
im voraus für die Königswürde seiner Kinder, wenn sie nicht
geglaubt hätten eine unsterbliche Erinnerung ihrer Tugend
würde nach ihnen bleiben, die wir jetzt auch haben? Weit
gefehlt, sagte sie, sondern nur für die Unsterblichkeit der
Tugend und für einen solchen herrlichen Nachruhm glaube
ich tun Alle Alles, und zwar je besser sie sind um desto mehr, e
denn sie lieben das unsterbliche. Die nun, fuhr sie fort, dem
Leibe nach zeugungslustig sind, wenden sich mehr zu den
Weibern und sind auf diese Art verliebt, indem sie durch
Kindererzeugen Unsterblichkeit und Nachgedenken und
Glückseligkeit wie sie meinen für alle künftige Zeit sich ver-
schaffen. Die aber der Seele nach; denn es gibt solche, sagte
sie, die auch in der Seele Zeugungskraft haben vielmehr als 211 a
im Leibe, für das nämlich, was der Seele ziemt zu erzeugen
und erzeugen zu wollen. Und was ziemt ihr denn? Weisheit

und jede andere Tugend, deren Erzeuger auch alle Dichter
sind und alle Künstler denen man zuschreibt erfinderisch zu
sein. Die größte aber und bei weitem schönste Weisheit, sagte
sie, ist die, welche in der Staaten und des Hauswesens An-
ordnung sich zeigte, deren Namen Besonnenheit ist und
b Gerechtigkeit. Wer nun diese als ein göttlicher schon von Ju-
gend an in seiner Seele trägt, der wird auch wenn die Zeit
herankommt Lust haben zu befruchten und zu erzeugen.
Daher geht auch, meine ich, ein solcher umher das Schöne zu
suchen, worin er erzeugen könne. Denn in dem häßlichen
wird er nie erzeugen. Daher erfreut er sich sowohl an schö-
nen Leibern mehr als an häßlichen, weil er nämlich erzeugen
will, als auch wenn er eine schöne edle und wohlgebildete
Seele antrifft, erfreut er sich vorzüglich an beidem vereiniget,
und hat für einen solchen Menschen gleich eine Fülle von
Reden über die Tugend, und darüber wie ein trefflicher
c Mann sein müsse und wonach streben; und gleich unter-
nimmt er ihn zu unterweisen. Nämlich indem er den Schö-
nen berührt, meine ich, und mit ihm sich unterhält, erzeugt
und gebiert er, was er schon lange zeugungslustig in sich
trug, und indem er anwesend und abwesend sein gedenkt,
erzieht er auch mit jenem gemeinschaftlich das erzeugte. So
daß diese eine weit genauere Gemeinschaft mit einander ha-
ben als die eheliche und eine festere Freundschaft, wie sie
auch schönere und unsterblichere Kinder gemeinschaftlich
d besitzen. Und jeder sollte lieber wollen solche Kinder haben
als die menschlichen, wenn er auf Homeros sieht und Hesio-
dos und die anderen trefflichen Dichter, nicht ohne Neid
was für Geburten sie zurück lassen, die ihnen unsterblichen
Ruhm und Angedenken sichern wie sie auch selbst unsterb-
lich sind. Oder wenn du willst, sagte sie, was für Kinder
Lykurgos in Lakedaimon zurückgelassen hat, Retter von
Lakedaimon, und um es gerade zu sagen von ganz Hellas.

Geehrt ist bei euch auch Solon weil er Gesetze gezeugt, und
viele Andere anderwärts unter Hellenen und Barbaren, die e
viele und schöne Werke dargestellt haben und vielfältige Tu-
genden erzeugt, denen auch schon viele Heiligtümer sind
errichtet worden um solcher Kinder willen, der mensch-
lichen Kinder wegen aber nie jemanden. So weit nun o
Sokrates vermagst du wohl auch in den Geheimnissen der
Liebe eingeweiht zu werden; ob aber wenn jemand die
höchsten und heiligsten, auf welche sich auch jene beziehen, 212a
recht vortrüge, du es auch vermöchtest weiß ich nicht. Indes,
sprach sie, will ich sie vortragen und es an mir nirgend fehlen
lassen. Versuche nur zu folgen, wenn du es vermagst. Wer
nämlich auf die rechte Art diese Sache angreifen will, der
muß in der Jugend zwar damit anfangen schönen Gestalten
nachzugehen, und wird zuerst freilich wenn er richtig be-
ginnt nur Einen solchen lieben und diesen mit schönen
Reden befruchten, hernach aber von selbst inne werden, daß
die Schönheit in irgend einem Leibe der in jedem andern b
verschwistert ist, und es also, wenn er dem in der Idee schö-
nen nachgehen soll, großer Unverstand wäre, nicht die
Schönheit in allen Leibern für eine und dieselbe zu halten,
und wenn er dies inne geworden sich als Liebhaber aller
schönen Leiber darstellen, und von der gewaltigen Heftig-
keit für Einen nachlassen, indem er dies für klein und gering-
fügig hält. Nächstdem aber muß er die Schönheit in den
Seelen für weit herrlicher halten als die in den Leibern, so
daß, wenn einer, dessen Seele zu loben ist, auch nur wenig
von jener Blüte zeigt, ihm das doch genug ist und er ihn liebt c
und pflegt, indem er solche Reden erzeugt und aufsucht,
welche die Jünglinge besser zu machen vermögen, damit er
selbst so dahin gebracht werde das Schöne in den Bestrebun-
gen und in den Sitten anzuschauen, um auch von diesem zu
sehen, daß es sich überall verwandt ist, und so die Schönheit

des Leibes für etwas geringes zu halten. Von den Bestrebun-
gen aber muß er weiter zu den Erkenntnissen gehn, damit er
auch die Schönheit der Erkenntnisse schaue, und vielfältiges
189e Schöne schon im Auge habend nicht mehr dem bei einem
Einzelnen indem er knechtischer Weise die Schönheit eines
Knäbleins oder irgend eines Mannes oder einer einzelnen
Bestrebung liebet, dienend sich schlecht und kleingeistig
zeige, sondern auf die hohe See des Schönen sich begebend
und dort umschauend viel schöne und herrliche Reden und
Gedanken erzeuge in ungemessenem Streben nach Weisheit,
bis er, hiedurch gestärkt und vervollkommnet, eine einzige
solche Erkenntnis erblicke welche auf ein Schönes folgender
190a Art geht. Hier aber, sprach sie, bemühe dich nur aufzumer-
ken so sehr du kannst. Wer nämlich bis hieher in der Liebe
erzogen ist, das mancherlei Schöne in solcher Ordnung und
richtig schauend, der wird indem er nun der Vollendung in
der Liebeskunst entgegengeht plötzlich ein von Natur wun-
derbar Schönes erblicken, nämlich jenes selbst o Sokrates um
b deswillen er alle bisherigen Anstrengungen gemacht hat,
welches zuerst immer ist und weder entsteht noch vergeht,
weder wächst noch schwindet, ferner auch nicht etwa nur in
sofern schön in sofern aber häßlich ist, noch auch jetzt schön
und dann nicht, noch in Vergleich hiemit schön damit aber
häßlich, noch auch hier schön dort aber häßlich, als ob es nur
für Einige schön für Andere aber häßlich wäre. Noch auch
wird ihm dieses Schöne unter einer Gestalt erscheinen wie
ein Gesicht oder Hände oder sonst etwas was der Leib an
sich hat, noch wie eine Rede oder eine Erkenntnis, noch ir-
gendwo an einem andern seiend weder an einem einzelnen
c Lebenden, noch an der Erde noch am Himmel; sondern an
und für und in sich selbst ewig überall dasselbe seiend, alles
andere schöne aber an jenem auf irgend eine solche Weise
Anteil habend, daß wenn auch das andere entsteht und ver-

geht, jenes doch nie irgend einen Gewinn oder Schaden
davon hat, noch ihm sonst etwas begegnet. Wenn also jemand
vermittelst der echten Knabenliebe von dort an aufgestiegen
jenes schöne anfängt zu erblicken, der kann beinahe zur
Vollendung gelangen. Denn dies ist die rechte Art sich auf die d
Liebe zu legen oder von einem Andern dazu angeführt zu
werden, daß man von diesem einzelnen schönen beginnend
jenes einen Schönen wegen immer höher hinaufsteige gleich-
sam stufenweise von Einem zu Zweien, und von zweien zu
allen schönen Gestalten, und von den schönen Gestalten zu
den schönen Sitten und Handlungsweisen, und von den
schönen Sitten zu den schönen Kenntnissen, bis man von
den Kenntnissen endlich zu jener Kenntnis gelangt, welche
von nichts anderem als eben von jenem schönen selbst die
Kenntnis ist, und man also zuletzt jenes selbst was schön ist e
erkenne. Und an dieser Stelle des Lebens, o lieber Sokrates,
sagte die Mantineische Fremde, wenn irgendwo, ist es dem
Menschen erst lebenswert, wo er das Schöne selbst schaut,
welches, wenn du es je erblickst, du nicht wirst vergleichen
wollen mit köstlichem Gerät oder Schmuck, oder mit schö-
nen Knaben und Jünglingen bei deren Anblick du jetzt
entzückt bist, und wohl gern, du wie viele Andere, um nur
den Liebling zu sehn und immer mit ihm vereinigt zu sein,
wenn es möglich wäre, weder essen noch trinken möchtest,
sondern nur anschauen und mit ihm verbunden sein. Was
also, sprach sie, sollen wir erst glauben wenn einer dazu ge-
langte jenes Schöne selbst rein lauter und unvermischt zu
sehn, das nicht erst voll menschlichen Fleisches ist und Far- 191 a
ben und anderen sterblichen Flitterkrames, sondern das
göttlich schöne selbst in seiner Eigenartigkeit zu schauen?
Meinst du wohl, daß das ein schlechtes Leben sei, wenn einer
dorthin sieht und jenes erblickt und damit umgeht? Oder
glaubst du nicht daß dort allein ihm begegnen kann, indem er b

schaut womit man das Schöne schauen muß; nicht Abbilder der Tugend zu erzeugen, weil er nämlich auch nicht ein Abbild berührt, sondern wahres weil er das wahre berührt? Wer aber wahre Tugend erzeugt und aufzieht, dem gebührt von den Göttern geliebt zu werden, und wenn irgend einem anderen Menschen dann gewiß ihm auch unsterblich zu sein.
c Solches o Phaidros und ihr übrigen, sprach Diotima und habe ich ihr geglaubt, und wie ich es glaube suche ich es auch Andern glaublich zu machen, daß um zu diesem Besitz zu gelangen nicht leicht jemand der menschlichen Natur einen besseren Helfer finden könnte als den Eros. Darum auch, behaupte ich, sollte jedermann den Eros ehren, und ehre ich auch selbst alles was zur Liebe gehört, und übe mich darin ganz vorzüglich, und ermuntere auch Andere dazu, und preise jetzt und immer die Macht und Tapferkeit des Eros so
d sehr ich nur vermag. Willst du nun, o Phaidros, so nimm diese Rede dafür an, daß ich sie als eine Lobrede auf den Eros gesprochen; wo nicht, so nenne sie wie und wonach du sie nennen willst.

Das Goldene Zeitalter

Der Staatsmann 268 D-277 C

›Der Staatsmann‹, einer der späten Dialoge Platons, schließt sich unmittelbar an den Dialog ›Der Sophist‹ an. War dort die Problematik des Sophistentums erörtert worden, so diskutieren nun die nämlichen Dialogpartner die Stellung und Qualifikation des Staatslenkers. Bemerkenswert, daß in dieser Spätphase nicht mehr Sokrates, sondern »ein Fremder« die Zentralfigur ist und als solche auch den Mythos vorträgt.

Dieser ist, im Gegensatz zu den zahlreichen eschatologischen Mythen Platons, ein aitiologischer Bericht. Er beschreibt in weit ausholender, mehrfach unterbrochener Darstellung das Goldene Zeitalter des Kronos mit seiner gottgelenkten, glücklichen Gesellschaft; er beschreibt auch den Wechsel in der Welt, wenn Gott sich von ihrer Lenkung zurückzieht, wenn die Drehrichtung im Kosmos wechselt und alle Wesen nun nicht mehr älter, sondern jünger werden. Was mitunter märchenhaft anmutet, möchte doch Metaphysisches vermitteln: die Erklärung der mannigfachen Mängel und Unfälle, aber auch die Gewißheit eines großen Gottes und seiner gnädigen Gestaltung der Geschichte.

Es ist daran zu erinnern, daß Platon wie im ›Staatsmann‹ so auch im ›Staat‹ einen Mythos von den erdgeborenen Menschenwesen eingefügt hat (s. o. S. 68 ff.). Darüber hinaus ist von Interesse, daß die moderne Naturwissenschaft eine verblüffende Parallele zu Platons Vision entdeckt hat. Hatte dieser einen Richtungswechsel in den kosmischen Umläufen, kombiniert mit Katastrophen, als zentrales Faktum postuliert, so ist vor nicht allzulanger Zeit aus ferner Vorzeit ein mehrfacher Wechsel des Magnetpols erschlossen worden. Die Richtungsänderungen im Weltgefüge haben also, wenn auch nicht im Detail, so doch im grundsätzlichen tatsächlich stattgefunden in Ähnlichkeit zu Platons Vision – eine erstaunliche Beziehung, die freilich nicht Anlaß zu wilder Spekulation sein darf.

Fremder: Also müssen wir wiederum von einem andern Anfang aus einen andern Weg gehen?

Der jüngere Sokrates: Was doch für einen?

Fremder: Wo wir auch wohl Scherz einmischen. Denn wir
müssen einen ziemlichen Teil einer großen Geschichte zu
268 e Hülfe nehmen, und hernach eben wie vorher, indem wir ei-
nen Teil nach dem andern wegnehmen, zu dem eigentlich
gesuchten selbst gelangen. Sollen wir das?

Der jüngere Sokrates: Allerdings.

Fremder: Aber auf die Geschichte sei mir ja recht aufmerksam wie die Kinder. Du bist ja doch erst seit wenigen Jahren über die Kindheit hinaus.

Der jüngere Sokrates: Sage nur.

Fremder: Solche alte Erzählungen also gab es und wird auch noch geben gar viele andere, und so auch die Erscheinung bei dem Streit welcher vorgefallen sein soll zwischen Atreus und Thyestes. Denn du hast doch gehört und erinnerst dich, was sich damals soll ereignet haben?

Der jüngere Sokrates: Das Zeichen von dem goldenen Lamme meinst du vielleicht.

269 a Fremder: Nein das nicht, sondern das von der Änderung
im Auf- und Untergang der Sonne und der andern Gestir-
ne, daß sie nämlich von wo sie jetzt aufgehen, dorthin da-
mals untergingen, und aufgingen auf der entgegengesetzten
Seite. Damals aber gab Gott dem Atreus ein Zeugnis, und

wendete den Lauf der Gestirne um in die gegenwärtige Ordnung.

Der jüngere Sokrates: Erzählt wird freilich auch das.

Fremder: Und auch von der Herrschaft welche Kronos führte haben wir von Vielen gehört.

Der jüngere Sokrates: Von gar Vielen. b

Fremder: Und wie, daß vorher die Menschen als Erdgeborene entstanden und nicht erzeugt wurden einer von dem andern?

Der jüngere Sokrates: Auch das ist eine von den alten Sagen.

Fremder: Dies nun rührt insgesamt von demselben Umstande her, und außerdem tausenderlei anderes noch wunderbareres, wovon aber durch die Länge der Zeit sich einiges ganz verlöscht hat und das übrige zerstreut erzählt wird, jedes einzelne abgerissen von dem übrigen. Den Umstand aber, der an alle diesem Ursach ist, hat noch niemand erzählt. c
Jetzt aber muß er berichtet werden, denn zur Darstellung des Königes wird er sich uns wohl schicken, wenn er erzählt ist.

Der jüngere Sokrates: Wohl gesprochen! erzähle also ohne etwas zu übergehen.

Fremder: Höre denn. Dieses Ganze hilft auf seiner Bahn bisweilen Gott selbst mitführen und wälzen, bisweilen läßt er es wieder los, wenn seine Umläufe das ihm gebührende Zeitmaß schon erlangt haben. Dann aber wendet es sich von selbst wieder um nach der entgegengesetzten Seite, als ein lebendiges dem auch Vernunft zugeteilt ist von dem welcher d
es ursprünglich zusammenfügte. Dieses Rückwärtsgehen aber ist ihm notwendig aus folgender Ursache natürlich.

Der jüngere Sokrates: Aus welcher denn?

Fremder: Sich immer einerlei und auf gleiche Weise zu verhalten und dasselbe zu sein, das kommt nur dem göttlichsten

unter allem allein zu, körperliche Natur aber steht nicht in dieser Reihe. Was wir nun Himmel und Welt genannt haben, hat freilich vieles und herrliches von seinem Erzeuger empfangen; indes ist es auch Körpers teilhaftig geworden, daher
e ihm denn aller Veränderung schlechthin unerfahren zu sein unmöglich ist. Nach Vermögen jedoch wird es immer eben da auf gleiche Weise nach Einer Richtung bewegt. Daher ist es der Umwälzung teilhaftig als der kleinstmöglichen Abweichung von der Selbstbewegung. Sich selbst aber immer zu drehen ist keinem wohl leicht möglich als dem alles Bewegte Anführenden. Diesem ist aber nicht statthaft jetzt so, dann wieder entgegengesetzt zu bewegen. Nach diesem allen also darf man von der Welt weder behaupten, daß sie immer sich selbst drehe, noch daß sie immer ganz von Gott gedreht werde, sintemal es nach zweierlei und entgegengesetzten
270a Richtungen geschieht, noch auch, daß etwa irgend zwei Götter von einander entgegengesetzter Gesinnung sie drehen; sondern was eben gesagt ist und allein übrig bleibt, daß sie jetzt von einer andern göttlichen Ursache mitgeführt wird, das Leben aufs neue erwerbend und eine von dem Werkmeister ihr zubereitete Unsterblichkeit empfangend; dann aber, wenn sie losgelassen ist, von sich selbst geht, so gut sie kann, in einem solchen Zustande sich selbst überlassen, daß sie wiederum viele Myriaden von Umläufen rückwärts durchwandern kann, weil sie bei vollständigster Größe und Gleichgewicht auf dem kleinsten Fuße einherschreitend geht.

b Der jüngere Sokrates: Sehr einleuchtend ist alles gesagt was du bist jetzt ausgeführt hast.

Fremder: So laß uns zusammenrechnend den Umstand betrachten der sich aus dem Gesagten ergibt, und von uns als die Ursache alles Wunderbaren angegeben wurde. Dies ist nämlich folgender.

Der jüngere Sokrates: Was für einer?

Fremder: Daß nämlich die Bewegung des Ganzen bisweilen nach der Seite wohin es sich jetzt wälzt sich bewegt, bisweilen nach der entgegengesetzten.

Der jüngere Sokrates: Wie doch eigentlich?

Fremder: Diese Veränderung muß man von allen Umwendungen, welche sich am Himmel ereignen, für die größte und c
vollständigste halten.

Der jüngere Sokrates: Das scheint allerdings.

Fremder: Daher ist auch zu glauben daß alsdann die größten Veränderungen entstehen für uns, die wir innerhalb desselben wohnen.

Der jüngere Sokrates: Auch das ist wahrscheinlich.

Fremder: Viele wichtige und mannigfaltige Veränderungen aber welche zusammentreffen, wissen wir nicht daß die Natur der Lebenden diese nicht leicht erträgt?

Der jüngere Sokrates: Wie sollten wir das nicht?

Fremder: Die größten Verheerungen also entstehen alsdann notwendig sowohl unter den anderen Tieren, als auch von dem menschlichen Geschlecht bleibt nur weniges übrig. d
Und für diese Überreste treffen dann viele andere wunderbare und neue Ereignisse zusammen; dieses aber ist das größte und begleitet die Umwälzung des Ganzen notwendig alsdann, wenn die der bisher bestandenen entgegengesetzte Richtung eintritt.

Der jüngere Sokrates: Was für eines denn?

Fremder: Welches Alter jedes lebende Wesen hatte dies blieb ihm zuerst stehn, und alles sterbliche hörte auf je länger je älter auszusehn, vielmehr wendete es sich auf das entgegengesetzte zurück und wurde gleichsam jünger und zärter. e
Und die weißen Haare der Alten schwärzten sich, die Wangen der Bärtigen aber glätteten sich wieder, und brachten jeden zu seiner schon vorübergegangenen Blüte zurück;

eben so die Leiber der mannbaren Jugend glätteten sich und wurden jeden Tag und jede Nacht kleiner, bis sie wieder die Natur der kleinen Kinder annahmen, und ihnen an Leib und Seele ähnlich wurden. Nach diesem aber welkten sie dann zusehends und verschwanden gänzlich. Ja auch die Leichname der zur selbigen Zeit gewaltsam verstorbenen trafen
271 a die nämlichen Zufälle der Reihe nach insgesamt, so daß sie sich in der Schnelligkeit in wenigen Tagen verzehrten.

Der jüngere Sokrates: Was für eine Entstehung des Lebendigen gab es aber damals, o Fremdling, und auf welche Weise erzeugte es sich aus sich?

Fremder: Offenbar, o Sokrates, gab es auf diese Weise Erzeugtes von der damaligen Natur gar nicht; sondern das Geschlecht, wovon erzählt wird, es sei ehedem ein erdgebornes gewesen, das waren eben die damals aus der Erde zurückkehrenden, und wurde so erwähnt von unsern ersten Vorfahren, welche noch der auf Endigung des ersteren Umlaufes
b folgenden Zeit Grenze erreichten und am Anfang des jetzigen geboren wurden. Denn diese sind uns eben die Verkündiger geworden aller jener Geschichten, welche jetzt mit Unrecht von Vielen ungläubig verworfen werden. Das können wir glaube ich hieraus sehn. Denn damit daß die Alten wieder zur Natur der Kinder zurückkehren hängt ja zusammen, daß auch von den Verstorbenen und in der Erde Liegenden alle diejenigen wieder aufstehend von dort und auflebend jener allgemeinen Umwendung folgten, als die gesamte Entstehung sich auf die entgegengesetzte Seite her-
c umwälzte, und daß sie als Erdgeborne nach eben diesem Verhältnis notwendig hervorkommend hievon ihren Namen und ihre Erklärung erhielten, so viele nämlich von ihnen Gott nicht schon zu einem andern Geschick erhöht hatte.

Der jüngere Sokrates: Offenbar folgt ja dies aus dem vorigen. Allein das Leben welches während der Gewalt des

Kronos wie du sagst gewesen ist, war dies zur Zeit jener Bewegungen oder der jetzigen? Denn die Veränderung an der Sonne und den Gestirnen muß offenbar mit beiden Bewegungen zusammentreffen.

Fremder: Sehr gut bist du der Rede gefolgt. Das aber wonach du fragst, daß nämlich den Menschen alles von selbst d
geworden, gehört wohl keinesweges zu der jetzt bestehenden Bewegung, sondern auch dieses war offenbar in der vorigen. Denn damals herrschte zuerst für die ganze Umwälzung Sorge tragend der Gott, wie jetzt aber waren strichweise die verschiedenen Teile der Welt gänzlich unter herrschende Götter verteilt. So auch die lebendigen Wesen nach ihren verschiedenen Gattungen und Herden hatten als göttliche Hüter unter sich verteilt die Dämonen, deren Jeder jedem welches er beherrschte für alles genügte, so daß keines wild war noch auch sie einander zur Speise dienten; und e
Krieg oder Zwiespalt schon gab es ganz oder gar nicht unter ihnen, wie man auch unzählig viel anderes mit dieser Anordnung zusammenhängendes noch anführen könnte. Was aber von der Menschen mühelosem Leben gerühmt wird, wird dieserwegen erzählt. Gott selbst hütete sie und stand ihnen vor, wie jetzt die Menschen als ein anderes göttlicheres Lebendige andere Gattungen des Lebenden geringer als sie selbst hüten. Unter seiner Hut aber gab es keine bürgerliche Verfassungen noch auch häusliche, daß man Weiber und Kin- 272 a
der hatte; denn aus der Erde lebten sie alle auf, ohne sich des vorherigen zu erinnern. Sondern dergleichen fehlte ihnen alles, Früchte aber hatten sie reichlich von Eichen und vielen anderen Gewächsen, nicht durch Ackerbau gezogene, sondern welche die Erde ihnen von selbst gab. Auch unbekleidet und ohne Lagerdecken weideten sie größtenteils im Freien; denn die Witterung war beschwerdenlos für sie eingerichtet, und weich war ihr Lager genug, weil reichliches Gras aus der b

Erde hervorwuchs. Wie also das Leben unter dem Kronos gewesen, o Sokrates, hörst du; das jetzige aber wie es heißt, unter dem Zeus, kennst du selbst. Könntest du nun wohl und wolltest entscheiden, welches von beiden das glückseligere ist?

Der jüngere Sokrates: Keinesweges.

Fremder: Willst du also, daß ich sie dir auf gewisse Weise vergleiche?

Der jüngere Sokrates: Gar sehr will ich das.

Fremder: Wenn also die Pfleglinge des Kronos, da sie so vieler Muße genossen und auch des Vermögens nicht nur mit Menschen sondern auch mit Tieren vernünftigen Umgang zu
c pflegen, dies alles recht gebrauchten zur Philosophie in ihren Unterredungen mit den Tieren und unter sich von jedem Wesen erforschend, ob es irgend ein besonderes Vermögen besitzend, etwas von den Andern verschiedenes wahrgenommen habe zur Vermehrung der Einsicht: dann ist wohl leicht zu entscheiden, daß die damaligen tausendmal glückseliger daran waren als die jetzigen. Wenn sie aber reichlich mit Speise und Trank gesättiget sich untereinander und den
d Tieren solche Geschichten erzählten, wie auch jetzt noch erzählt werden: so ist auch so die Sache wenigstens nach meiner Meinung gar leicht zu entscheiden. Doch lassen wir das jetzt bis einer kommt der uns gründlich berichte, auf welche von beiden Seiten sich die Lust jenes Geschlechtes neigte in Beziehung auf Erkenntnis und Gebrauch der Rede. Weshalb wir aber diese Geschichte in Anregung gebracht, das muß jetzt erklärt werden; damit wir nächstdem nun zum folgenden fortschreiten können. Als nämlich alles dieses seine Zeit erfüllt hatte und eine Umkehrung erfolgen mußte,
e da auch das aus der Erde gekommene Geschlecht ganz aufgerieben war, nachdem jegliche Seele alle ihre Entstehungen durchgemacht und, soviel ihr bestimmt war, Samen für die

Erde zurückgelassen hatte; alsdann ließ der Steuermann des
Ganzen gleichsam den Griff des Ruders fahren und zog sich
in seine Warte zurück. Die Welt aber bewegte nun wiederum
rückwärts das Geschick und die ihr angeborene Lust. Alle
also an ihren Orten mit dem höchsten Geist mitherrschende
Götter als sie bemerkten was geschah, ließen gleichfalls die
Teile der Welt los von ihrer Aufsicht und Besorgung. Sie aber 273a
die nun im Zurückdrehn, des Endes und des Anfangs entge-
gengesetzten Schwung vermischend, einen neuen Um-
schwung nahm, indem sie in sich selbst große Erschütterun-
gen erregte, richtete dadurch wieder anderes Verderben an
unter allerlei Arten des Lebendigen. Als nun, nachdem eine
geraume Zeit vergangen war, teils Getümmel und Verwir-
rung nachließen, und von den Erschütterungen eine Stille
eintrat, teils sie nun zu ihrem gewohnten eignen Lauf wohl
geordnet eine bereitet war, ging sie Aufsicht und Macht
selbst ausübend über alles in ihr und über sich selbst, ihres b
Werkmeisters und Vaters Lehren dabei sich nach Kräften er-
innernd. Anfänglich nun führte sie dies genauer aus, zuletzt
aber lässiger. Und hieran ist das körperliche in ihrer Mi-
schung Schuld, dieses noch von der ehemaligen Natur her
mit ihr Aufgezogene, weil es mit großer Unordnung behaftet
war, ehe es zu der jetzigen Weltordnung gelangte. Denn von
dem welcher sie eingerichtet besitzt sie alles Schöne; alles
aber was Widerwärtiges und Unrechtes unter dem Himmel c
geschieht, stammt ihr selbst von ihrer vorigen Beschaffen-
heit her, und auch in die Lebendigen bringt sie es mit hinein.
So lange sie daher unter Aufsicht des Steuermannes ihre le-
bendigen Bewohner ernährt, erzeugt sie in ihnen nur wenig
schlechtes und viel dagegen Gutes. Ist sie aber von jenem
getrennt, so besorgt sie in der nächsten Zeit nach ihrer Frei-
lassung noch alles aufs herrlichste; je weiter aber die Zeit
vorrückt und Vergeßlichkeit sich einschleicht bei ihr, um so

d mehr nimmt auch überhand der Zustand der alten Verwir-
rung, welcher am Ende der Zeit vollkommen aufblüht, so
daß sie nur aus wenig Gutem und einem großen Anteil des
Entgegengesetzten jede Mischung zusammensetzend in Ge-
fahr des Verderbens gerät, sie selbst und alles in ihr. Weshalb
denn alsdann schon der Gott welcher sie eingerichtet hat,
wenn er sie in diesen Nöten erblickt, aus Besorgnis, daß sie
nicht zertrümmere und durch die Zerrüttung gänzlich auf-
gelöst in der Unähnlichkeit unergründlichen Ort versinke,
e sich selbst wiederum an das Ruder stellend, alles was er-
krankt und aufgelöst ist, durch Umwendung in den ihm
eigentümlichen Umlauf wieder in Ordnung bringt, und so
alles wieder bessernd die Welt unsterblich und unveraltet
darstellt. Dieses nun ist nur als das Ende von allem bisheri-
gen gesagt; was uns aber der Darstellung des Königes dient
finden wir hinreichend, wenn wir uns nur an das vorige der
Rede halten. Nämlich sobald die Welt sich wiederum in die
Bahn für das jetzige Werden hineindrehte, stand zuerst wie-
derum das Alter still, und neues dem damaligen entgegenge-
setztes brachte sie demnächst hervor. Nämlich die vor
Kleinheit fast schon verschwindenden Leiber der lebendigen
Wesen wuchsen wieder und die neu aus der Erde schon als alt
und grau hervorgegangenen kehrten sterbend wieder in die
274a Erde zurück, und alles Andere veränderte sich den Zustand
des Ganzen nachahmend und ihm folgend. Eben so also
auch, was zur Empfängnis, Geburt und Ernährung gehört,
erfolgte dem Ganzen nachgebildet notwendig. Denn nun
durfte nicht mehr in der Erde aus andern Bestandteilen ein
lebendiges gebildet werden; sondern so wie der Welt aufge-
geben war selbstherrschend ihre Bahn zu leiten, auf dieselbe
Weise war auch ihren Teilen, aus sich selbst soviel als möglich
wäre sich zu bilden, zu erzeugen und zu ernähren, durch
b dieselbige Anordnung aufgegeben. Und nun sind wir eben

bei dem angekommen, worauf diese ganze Rede ausging. Von den übrigen Tieren nämlich wäre es lang und weitläufig zu erzählen, woher sich jedes und weshalb verwandelt, von den Menschen aber ist es kürzer zu fassen und mehr zur Sache gehörig. Denn von der Sorgfalt des uns beherrschenden und hütenden Dämons verlassen erfuhren die Menschen, da die meisten Tiere von irgend rauherer Natur ganz verwildert, sie selbst aber schwach und schutzlos geworden waren, von die-
sen vielerlei Leides, und wären in den ersten Zeiten völlig c
hülflos und kunstlos, weil die von selbst sich darbietende Nahrung ihnen ausgegangen, und sich deren selbst zu verschaffen sie noch nicht kundig waren, indem keine Art des Mangels sie vorher dazu genötigt hatte. Alles dieses nun brachte sie in große Not. Weshalb denn die in alten Sagen schon gerühmten Gaben uns von den Göttern mit der nötigen Belehrung und Unterweisung geschenkt wurden, das Feuer nämlich vom Prometheus und die Künste vom He-
phaistos und seiner Kunstverwandten, Saat und Gewächse d
wiederum von anderen; und alles was zur Ausstattung des menschlichen Lebens beigetragen, ist uns hieraus geworden, weil nämlich, wie gesagt ist, die Obhut der Götter den Menschen fehlte, und sie nun sich selbst führen und selbst für sich Sorge tragen mußten eben wie die ganze Welt, welcher wir zu allen Zeiten nachahmen und folgen, und eben daher jetzt so und dann wieder auf andere Weise leben und entste-
hen. Und hiemit soll die Geschichte ein Ende haben. Zu e
Nutz aber wollen wir sie uns machen um zu sehen wie sehr wir gefehlt haben bei der Darstellung des Herrschers und Staatsmannes in unserer vorigen Rede.

Der jüngere Sokrates: Wie so? und was für ein großer Fehler meinst du daß uns begegnet wäre?

Fremder: Auf der einen Seite ein kleinerer, auf der andern ein gar starker und weit mehr und größer als damals.

Der jüngere Sokrates: Wie so?

Fremder: Daß wir nämlich, gefragt nach dem Herrscher und König aus dem gegenwärtigen Umlauf und Art des Werdens, vielmehr aus dem entgegengesetzten Zeitlauf den Hirten der damaligen menschlichen Herde beschrieben haben,
275a und also einen Gott statt eines Sterblichen, daran haben wir gar sehr gefehlt. Daß wir ihn aber als den Herrscher des gesamten Staates angegeben haben ohne zu bestimmen auf welche Weise, daran haben wir zwar an sich selbst ganz wahr geredet; aber wir haben es weder ganz noch deutlich genug ausgedrückt, und deshalb hiebei auch weniger als an jenem gefehlt.

Der jüngere Sokrates: Richtig.

Fremder: Wir dürfen also, wenn wir nun noch die Art und Weise des Herrschers im Staate bestimmt haben, alsdann wie es scheint hoffen, daß der Staatsmann uns vollständig erklärt sei.

Der jüngere Sokrates: Sehr schön.

b Fremder: Deshalb nun haben wir auch die Erzählung beigebracht, damit sie zeigen sollte nicht nur von der Herdenzucht überhaupt, wie sich alle darum streiten mit dem jetzt gesuchten, sondern auch damit wir eben jenen selbst deutlicher erblickten, welchem, weil er allein nach Art und Weise der Hirten und Hüter für die menschliche Erhaltung Sorge trägt, auch allein dieser Name gebühren kann.

Der jüngere Sokrates: Richtig.

Fremder: Und ich meines Teils wenigstens denke, Sokrates, daß diese Abzeichnung eines göttlichen Hüters auch den
c Vergleich mit einem Könige noch weit hinter sich läßt, dahingegen unsere jetzigen Staatsmänner hier weit mehr den Beherrschten ihrer Natur nach ähnlich sind, und auch an ihrer Bildung und Nahrung bei weitem mehr Teil nehmen.

Der jüngere Sokrates: Freilich wohl.

Fremder: Suchen müssen wir sie aber doch um nichts mehr oder minder, sie mögen nun so oder anders geartet sein.

Der jüngere Sokrates: Was sollten wir nicht!

Fremder: So laß uns denn so wieder zurückgehn. Die wir
die selbstgebietende Kunst über Lebendige genannt haben,
und zwar nicht über einzelne, sondern die eine gemeinsame
Sorgfalt ausübt über Viele, und die wir doch dort auch gleich d
die Herdenzucht nannten – Du erinnerst dich doch?

Der jüngere Sokrates: Ja.

Fremder: Diese nun haben wir schon um etwas verfehlt. Denn wir haben den Staatsmann gar nicht mit befaßt und benannt, sondern unvermerkt ist er uns durch die Benennung entwischt.

Der jüngere Sokrates: Wie das?

Fremder: Daß jeder seine Herde aufzieht und ernährt, dies
kommt wohl allen andern Hütern zu, dem Staatsmann ge-
rade kommt es aber nicht zu, und doch haben wir eben
davon den Namen hergenommen, da wir ihn sollten von et- e
was allen insgesamt Gemeinschaftlichem hergenommen ha-
ben.

Der jüngere Sokrates: Ganz wahr sprichst du, wenn es so etwas gab.

Fremder: Wie sollte nicht doch das Pflegen etwas Allen Gemeinschaftliches gewesen sein, wobei weder Fütterung noch irgend ein anderes einzelnes Geschäft ausgeschlossen ist, und wir also, wenn wir sie Herdenwartung oder Pflege oder Besorgung nannten, alsdann den Staatsmann mit unter den übrigen verstecken konnten, da doch die Rede darauf deutete, daß dies geschehen müsse?

Der jüngere Sokrates: Richtig; aber die weitere Einteilung 276a
wie wäre die gegangen?

Fremder: Eben so wie wir vorher die Herdenzucht weiter

teilten für zu Fuß gehendes und unbefiedertes und für reinbegattendes und ungehörntes, eben so würden wir auch die Herdenwartung geteilt und unter dieser Erklärung dann die jetzige und die unter der Regierung des Kronos gleichermaßen mit begriffen haben.

Der jüngere Sokrates: Das ist deutlich. Ich sinne aber wie nun weiter?

Fremder: Haben wir nun den Namen der Herdenwartung
b so bestimmt: so wird offenbar keiner kommen und uns bestreiten, daß sie etwa gar keine Besorgung wäre; so wie damals mit Recht bestritten wurde, daß es keine Kunst unter uns gebe, die diesen Beinamen der aufziehenden und ernährenden verdiente, und wenn es eine gäbe, viele Andere weit eher und mehr dazu gehören würden als irgend ein Herrscher.

Der jüngere Sokrates: Richtig.

Fremder: Und Besorgung der gesamten menschlichen Gemeinschaft wird doch wohl keine andere Kunst mehr und
c milder zu sein behaupten wollen als die königliche und über alle Menschen sich erstreckende Herrschaft.

Der jüngere Sokrates: Richtig gesagt.

Fremder: Nächstdem aber, o Sokrates, merken wir nicht etwa, daß auch gegen das Ende wiederum verschiedentlich gefehlt ist?

Der jüngere Sokrates: Worin doch?

Fremder: Darin, daß wenn wir auch noch so bestimmt gesehen hätten, es gebe allerdings eine aufziehende Kunst für die zweibeinige Herde, wir sie doch nicht gleich sollten die königliche und Staatskunst genannt haben, als wäre sie bereits völlig fertig.

Der jüngere Sokrates: Warum nicht?

Fremder: Zuerst, wie schon gesagt, war der Name zu ver-
d ändern und mehr auf die gesamte Besorgung auszudehnen,

als auf die bloße Zucht zu beziehen. Dann war auch diese noch zu zerschneiden; denn sie hat wohl nicht wenig Einschnitte noch.

Der jüngere Sokrates: Was für welche?

Fremder: Wie wir ja schon den göttlichen Hüter und den menschlichen Vorsorger von einander getrennt haben.

Der jüngere Sokrates: Richtig.

Fremder: Aber auch diese abgeteilte vorsorgende Kunst war notwendig wieder entzweizuschneiden.

Der jüngere Sokrates: Und wie das?

Fremder: In gewaltsame und freiwillige.

Der jüngere Sokrates: Wie so?

Fremder: Auch darin hatten wir vorher gefehlt, und ein- e
fältiger als billig, König und Tyrann in Eins zusammengestellt, da doch sie selbst und eines jeden von ihnen Art zu beherrschen einander ganz unähnlich sind.

Der jüngere Sokrates: Richtig.

Fremder: Nun also wollen wir auch dies berichtigend die menschliche Vorsorgungskunst in zwei Teile teilen, nachdem gewaltsames darin ist oder freiwilliges.

Der jüngere Sokrates: Allerdings.

Fremder: Und die der Gewalttätigen nennen wir die tyrannische, die freiwillige Herdenwartung aber über freiwillige zweibeinige lebendige Wesen als Staatskunst bezeichnend, wollen wir nun den, der diese Kunst und Besorgung ausübt, als den wahrhaften und wirklichen König und Staatsmann aufstellen.

Der jüngere Sokrates: Und hiemit, o Fremdling, wird uns 277a
nun doch wohl die richtige Darstellung des Staatsmannes ganz vollendet sein.

Fremder: Sehr schön, o Sokrates, stände es dann um uns. Aber das mußt nicht nur du allein, sondern auch ich muß es gemeinschaftlich mit dir glauben. Nun aber scheint mir we-

nigstens der König noch nicht seine völlige Gestalt zu haben, sondern wie die Bildhauer bisweilen wenn sie zur Ungebühr
b eilen ihre Werke größer anlegen als nötig und sie dadurch verzögern: so haben auch wir um nicht nur schnell sondern auch auf eine prächtige Art den Fehler unserer ersten Ausführung ans Licht zu bringen und in der Meinung, es gezieme sich dem König auch große Beispiele beizufügen, eine wundergroße Masse von Geschichte zusammengebracht und uns dann eines größeren Teiles derselben als nötig bedienen müssen. Darum ist unsere Darstellung gar lang geraten, und wir haben nicht einmal die Geschichte zu Ende ge-
c bracht. Sondern an unserer Rede mögen wohl wie an einem Gemälde die Umrisse gut genug gezeichnet sein, aber gleichsam die Deutlichkeit welche durch die Pigmente und durch die richtige Mischung der Farben entsteht ihr noch gefehlt haben. Und doch soll man noch besser als durch Malerei oder jede andere Handarbeit alles lebendige durch Vortrag und Rede denen darstellen die es fassen können, und nur den andern durch Nachbildung mit Händen.

Der jüngere Sokrates: Das ist wohl richtig. Wie du aber meinst daß wir noch nicht hinlänglich erklärt hätten, das mache mir deutlich.

Atlantis

Timaios 20 E-26 E und Kritias 113 C-121 C

Vielerlei phantastische Fabeleien findet vor, wer sich kundig machen möchte, was und wo wohl Atlantis gewesen sein mag. Die Sage ist im allgemeinen bekannt genug: Ein Riesenreich herrschte weit entfernt in den Wassern des Westens, eine gigantische Katastrophe vernichtete es urplötzlich. Spuren fehlen. Oder sind sie doch zu orten? Sind es vielleicht die Azoren? Ist der Mittelatlantische Rücken womöglich gar ein Relikt der sagenumwobenen Machtmetropole? Man hat vielerlei Identifizierungen versucht, hat Tartessos in Spanien ins Spiel gebracht und das Bermuda-Dreieck, hat die Ägäis vorgeschlagen und sogar Sibirien. Ein unlösbares Rätsel?

Was immer zu diesem Thema in Umlauf ist in Europas Literatur, es geht zurück auf zwei fast zweieinhalb Jahrtausende alte Texte. Platon hat in seinen letzten Lebensjahren das Wesen der Welt in seinen Schriften zu deuten unternommen: Im Dialog »Timaios« wird die Schöpfung durch den Demiurgen, den göttlichen Meister, geschildert, im Dialog »Kritias«, der ein Fragment geblieben ist, wird auf die Urgeschichte der Menschheit verwiesen: In beiden Schriften, in der ersten kurz, in der zweiten ausführlich, ist von jenem legendarischen Atlantis die Rede. Beide Texte bilden den Grundstock aller Tradition, die immer wieder auf das rätselhafte Atlantis zurückführt, den Ausgangspunkt aller Spekulationen, deren Geheimnis zu deuten Wissenschaftler und Poeten, ernsthafte Forscher und weniger ernsthafte Phantasten unternahmen.

Was Platon erzählt, ist die Gegenüberstellung zwischen der barbarischen Großmacht außerhalb des Mittelmeerraumes und der gesitteten Führungsmacht im Inneren des mediterranen Beckens: Athen. Eine solche Konfrontation lag in ähnlicher Art nur vier oder fünf Generationen zurück: 490 hatten die Griechen die Perser bei Marathon geschlagen, 480 ihren erneuten Ansturm bei den Thermopylen nicht aufhalten, bei Salamis endlich doch brechen können. Das attische Reich, die Vorherrschaft Athens unter Perikles, war aus diesen Kämpfen hervorgegangen. Athen hatte sich als wirtschaftliche, militärische, auch als geistige Führungsmacht der Griechenwelt etabliert. Das war zu Platons Lebenszeit bereits geschichtlich glorifizierte Vergangenheit; doch die Spannungen von einst spiegeln sich wohl in den Gegensätzen der Erzählung, in der beabsichtigten Invasion der Herrscher von Atlantis und der führenden Rolle Athens bei ihrer Abwehr.

Freilich griff das Schicksal selbst hart zu: Atlantis, so hören wir, einst eine reiche und gerechte, mächtige und herrliche Insel mit einem gewaltigen Einflußbereich, entartete moralisch, verlor seine sittliche Integrität und wurde schließlich in einer unvorhergesehenen Katastrophe gänzlich vertilgt. Solche Geschehnisse – die Ausbrüche von Vulkanen, das Steigen von vernichtenden Flutwellen – waren dem Mittelmeerraum bekannt, und noch heute vermag sich der touristische Besucher in den Ausgrabungen auf der Insel Thera/Santorin von der Höhe des Lavaberges zu überzeugen, der die einst dort blühende Kultur, etwa ein Jahrtausend vor Platons Lebenszeit, urplötzlich unter sich begrub. Ob Platon wirklich solche uralten Erinnerungen aufgenommen und mit den historisch jüngeren Geschehnissen des Persersturmes zu einem bewegenden Mythos verschmolzen hat, darf offenbleiben; gewiß ist, daß seine bildkräftige Gestaltung des geheimnisvollen Themas einen unüberbietbaren Anfang gesetzt hat, an den sich so vielerlei Phantastisches und Fabulöses aus späteren Zeiten angeschlossen hat.

Ist der erste Text Platons nur eine relative kurze Andeutung des genannten Grundgegensatzes und des Gesamtgeschehens, so gibt der zweite Text eine zwar unvollendete, aber doch recht ausführlich gehaltene Darstellung von Urathen und von Uratlantis, von den Vorzügen beider Städte, ihrer Herkunft von den großen Göttern Athena und Poseidon, ihrem natürlichen Reichtum und ihren von Menschen geschaffenen Anlagen. Hier vor allem ist Atlantis ein Prachtgemälde von unvergleichlicher Kraft: Die Rieseninsel im endlosen Ozean ist vom Gott in konzentrischen Kreisen gestaltet, von den Menschen mit Kanälen und Brücken ausgestattet worden, sie ist geziert mit großartigen Bauwerken, regiert von gottentsprossenen Königen, die sich in nachtblauen Prunkgewändern zu geheimen Rechtsfindungen zusammensetzen, ein Kreis von Königen in dunkler Pracht und Herrlichkeit, ein Geschlecht, zu herrschen bestimmt für unabsehbare Zeiten. Erst die Degeneration der Sitten setzt ihrer Macht ein Ende – wie es im einzelnen dabei zugeht, das verschweigt der unvollständige, beim Götterspruch des Zeus jäh abbrechende Bericht.

Es sind die großen Gedanken Griechenlands, die sich hier im Mythos spiegeln, die Tiefen platonischen Philosophierens, die im Bilde zum Hörer sprechen. Der Kontrast der ›jungen‹ Griechen zu den uralten Weisheiten Ägyptens ist beschworen, der Gegensatz zwischen attischem Maß und orientalisch ausgreifender Maßlosigkeit ins Bild gebannt. Ob Atlantis je gefunden werden wird, wissen wir nicht (jüngste Forschungen wollen es mit Troja an der türkischen Westküste identifizieren). Es hat seinen Platz jedoch längst gefunden, als Sinnbild gegensätzlicher Vorstellungen von Macht und Größe, von Verfall und jähem Sturz – ein Bild, das allen Zeiten nahe ist und sich in ihrer Wirklichkeit bestätigt. Auch in der unseren.

Kritias: So höre denn, Sokrates, eine gar seltsame, aber
durchaus wahre Geschichte, wie sie einst Solon, der Weiseste
20e unter den Sieben, erzählt hat. Er war nämlich, wie bekannt,
ein Verwandter und vertrauter Freund meines Urgroßvaters
Dropides, wie er auch selber wiederholt in seinen Gedichten
sagt; meinem Großvater Kritias aber erzählte er bei irgend
einer Gelegenheit, wie es dieser alte Greis wiederum mir mit-
teilte, daß es viele vor Alters von unserem Staat vollbrachte
bewunderungswürdige Taten gäbe, welche durch die Länge
der Zeit und den Untergang der Menschen in Vergessenheit
21a geraten wären; von allen aber sei eine die größte – und diese
ist es –, deren Andenken mir jetzt zu erneuern geziemt, um
sowohl dir meinen Dank abzutragen, als auch zugleich die
Göttin an ihrem gegenwärtigen Feste auf eine echte und ge-
bührende Weise wie durch einen Lobgesang zu verherr-
lichen.

Sokrates: Wohl gesprochen. Aber was für eine Tat ist denn
das, die Kritias, obgleich sie der Überlieferung unbekannt
ist, dir dennoch als eine in Wahrheit vor Alters von dieser
Stadt vollbrachte nach dem Berichte des Solon mitteilte?

Kritias: So will ich denn diese alte Geschichte erzählen, die
b ich von einem nicht mehr jungen Manne vernommen. Es war
nämlich damals Kritias, wie er sagte, schon beinahe neunzig
Jahre, ich aber so ungefähr zehn alt. Nun war gerade der
Knabentag der Apaturien, und was sonst jedesmal an diesem
Fest gebräuchlich ist, geschah auch diesmal mit den Kindern:
Preise setzten uns nämlich die Väter für den besten Vortrag
von Gedichten aus. So wurden denn viele Gedichte von vie-
len anderen Dichtern hergesagt, namentlich aber trugen viele
von uns Kindern (manche) von denen des Solon vor, weil
diese zu jener Zeit noch etwas Neues waren. Da äußerte nun
einer von den Genossen unserer Phratrie, sei es, daß dies
damals wirklich seine Ansicht war, sei es, um dem Kritias

etwas Angenehmes zu sagen, es scheine ihm Solon sowohl in c
allen anderen Stücken der Weiseste als auch in Bezug auf die
Dichtkunst unter allen Dichtern der edelste zu sein. Der
Greis nun – denn ich erinnere mich dessen noch sehr wohl –
ward sehr erfreut und erwiderte lächelnd: wenigstens, Amy-
nandros, wenn er die Dichtkunst nicht bloß als Nebensache
betrieben, sondern, wie Andere seinen ganzen Fleiß auf die-
selbe verwandt und die Erzählung, welche er aus Ägypten
mit hieher brachte, vollendet und nicht wegen der Unruhen
und durch alle anderen Schäden, welche er hier bei seiner d
Rückkehr vorfand, sich gezwungen gesehen hätte sie liegen
zu lassen, dann wäre, wenigstens nach meinem Dafürhalten,
weder Homeros noch Hesiodos noch irgend ein anderer
Dichter je berühmter geworden als er.

Aber was für eine Geschichte war denn dies? fragte je-
ner.

Von der größten und mit vollem Rechte ruhmwürdigsten
Tat von allen, welche diese Stadt vollbracht, von welcher aber
wegen der Länge der Zeit und des Unterganges derer, die sie
vollbracht haben, die Überlieferung sich nicht bis auf uns
erhalten hat.

So erzähle mir denn vom Anfange an, versetzte der An-
dere, was und wie und von wem Solon hierüber Beglaubigtes
gehört und es darnach berichtet hat.

Es gibt in Ägypten, versetzte Kritias, in dem Delta, um e
dessen Spitze herum der Nilstrom sich spaltet, einen Gau,
welcher der saïtische heißt, und die größte Stadt dieses Gau's
ist Saïs, von wo ja auch der König Amasis gebürtig war. Die
Einwohner nun halten für die Gründerin ihrer Stadt eine
Gottheit, deren Name auf ägyptisch Neith, auf griechisch
aber, wie sie angeben, Athene ist; sie behaupten daher große
Freunde der Athener und gewissermaßen mit ihnen stamm-
verwandt zu sein. Als daher Solon dorthin kam, so wurde er,

22a wie er erzählte, von ihnen mit Ehren überhäuft, und da er Erkundigungen über die Vorzeit bei denjenigen Priestern einzog, welche hierin vorzugsweise erfahren waren, so war er nahe daran zu finden, daß weder er selbst noch irgend ein anderer Grieche, fast möchte man sagen, auch nur irgend Etwas von diesen Dingen wisse. Und einst habe er, um sie zu einer Mitteilung über die Urzeit zu veranlassen, begonnen, ihnen die ältesten Geschichten Griechenlands zu erzählen, ihnen vom Phoroneus, welcher für den ersten Menschen gilt, und von der Niobe, und wie nach der Flut Deukalion und
b Pyra übrig geblieben, zu berichten und das Geschlechtsregister ihrer Abkömmlinge aufzuzählen und habe versucht, mit Anführung der Jahre, welche auf jedes Einzelne kamen, wovon er sprach, die Zeiten zu bestimmen. Da aber habe einer der Priester, ein sehr bejahrter Mann, ausgerufen: o Solon, Solon, ihr Hellenen bleibt doch immer Kinder, und einen alten Hellenen gibt es nicht!

Als nun Solon dies vernommen, habe er gefragt: wie so? wie meinst du das?

Ihr seid alle jung an Geiste, erwiderte der Priester, denn ihr tragt in ihm keine Anschauung, welche aus alter Überlieferung stammt, und keine mit der Zeit ergraute Kunde. Der
c Grund hievon aber ist folgender. Es haben schon viele und vielerlei Vertilgungen der Menschen Statt gefunden und werden auch fernerhin noch Statt finden, die umfänglichsten durch Feuer und Wasser, andere, geringere aber durch unzählige andere Ursachen. Denn was auch bei euch erzählt wird, daß einst Phaëthon, der Sohn des Helios, den Wagen seines Vaters bestieg und, weil er es nicht verstand auf dem Wege seines Vaters zu fahren, Alles auf der Erde verbrannte und selber vom Blitze erschlagen ward, das klingt zwar wie
d eine Fabel, doch ist das Wahre daran die veränderte Bewegung der die Erde umkreisenden Himmelskörper und die

Vernichtung von Allem, was auf der Erde befindlich ist,
durch vieles Feuer, welche nach dem Verlauf gewisser großer
Zeiträume eintritt. Von derselben werden dann die, welche
auf Gebirgen und in hochgelegenen und wasserlosen Gegen-
den wohnen, stärker betroffen als die Anwohner der Flüsse
und des Meeres, und so rettet auch uns der Nil, wie aus allen
anderen Nöten, so auch alsdann, indem er uns auch aus die-
ser befreit. Wenn aber wiederum die Götter die Erde, um sie
zu reinigen, mit Wasser überschwemmen, dann bleiben die,
so auf den Bergen wohnen, Rinder- und Schafhirten, erhal-
ten, die aber, welche bei euch in den Städten leben, werden
von den Flüssen ins Meer geschwemmt, dagegen in unserem e
Lande strömt weder dann noch sonst das Wasser vom Him-
mel herab auf die Fluren, sondern es ist so eingerichtet, daß
alles von unten her über sie aufsteigt. Daher und aus diesen
Gründen bleibt Alles bei uns erhalten und gilt deshalb für
das Älteste. In Wahrheit jedoch gibt es in allen Gegenden, wo
nicht übermäßige Kälte oder Hitze es wehrt, stets ein bald 23 a
mehr, bald minder zahlreiches Menschengeschlecht. Nun
aber liegt bei uns Alles, was bei euch oder in der Heimat oder
in anderen Gegenden vorgeht, von denen wir durch Hören-
sagen wissen, so fern es irgendwie etwas Treffliches oder
Großes ist oder irgend eine andere Bedeutsamkeit hat, insge-
samt von Alters her in den Tempeln aufgezeichnet und bleibt
also erhalten. Ihr dagegen und die übrigen Staaten seid hin-
sichtlich der Schrift und alles Anderen, was zum staatlichen
Leben gehört, immer eben erst eingerichtet, wenn schon
wiederum nach dem Ablauf der gewöhnlichen Frist wie eine
Krankheit die Regenflut des Himmels über euch herein-
bricht und nur die der Schrift Unkundigen und Ungebilde- b
ten bei euch übrig läßt, so daß ihr immer von Neuem
gleichsam wieder jung werdet und der Vorgänge bei uns und
bei euch unkundig bleibt, so viel ihrer in alten Zeiten sich

ereigneten. Wenigstens eure jetzigen Geschlechtsverzeich-
nisse, wie du sie eben durchgingst, unterscheiden sich nur
wenig von Kindermärchen. Denn erstens erinnert ihr euch
nur Einer Überschwemmung der Erde, während doch so
viele schon vorhergegangen sind, sodann aber wißt ihr nicht,
daß das trefflichste und edelste Geschlecht unter den Men-
c schen in eurem Lande gelebt hat, von denen du und alle
Bürger eures jetzigen Staates herstammt, indem einst ein ge-
ringer Stamm von ihnen übrig blieb; sondern alles dies blieb
euch verborgen, weil die Übriggebliebenen viele Geschlech-
ter hindurch ohne die Sprache der Schrift ihr ganzes Leben
hinbrachten. Denn es war einst, mein Solon, vor der größ-
ten Zerstörung durch Wasser *der* Staat, welcher jetzt der
athenische heißt, der beste im Kriege und mit der in allen
Stücken ausgezeichnetsten Verfassung ausgerüstet, wie denn
die herrlichsten Taten und öffentlichen Einrichtungen von
d allen unter der Sonne, deren Ruf wir vernommen haben, ihm
zugeschrieben werden.

Als nun Solon dies hörte, da habe er, wie er erzählte, sein
Erstaunen bezeugt und angelegentlichst die Priester gebeten,
ihm die ganze Geschichte der alten Bürger seines Staates in
genauer Reihenfolge wiederzugeben.

Der Priester aber habe erwidert: ich will dir Nichts vor-
enthalten, mein Solon, sondern dir Alles mitteilen, sowohl
dir als eurem Staate, vor Allem aber der Göttin zu Liebe,
welche euren so wie unseren Staat gleichmäßig zum Eigen-
tume erhielt und beide erzog und bildete, und zwar den
e euren tausend Jahre früher aus dem Samen, den sie dazu von
der Erdgöttin Ge und dem Hephaistos empfangen hatte, und
später eben so den unsrigen. Die Zahl der Jahre aber, seitdem
die Einrichtung des letzteren besteht, ist in unseren heiligen
Büchern auf achttausend angegeben. Von euren Mitbürgern,
die vor neuntausend Jahren entstanden, will ich dir also jetzt

im Kurzen berichten, welches ihre Staatsverfassung und
welches die herrlichste Tat war, die sie vollbrachten; das Ge-
nauere über dies Alles aber wollen wir ein ander Mal mit 24a
Muße nach der Reihe durchgehen, indem wir die Bücher sel-
ber zur Hand nehmen. Von ihrer Verfassung nun mache dir
eine Vorstellung nach der hiesigen. Denn du wirst viele Pro-
ben von dem, was damals bei euch galt, in dem, was bei uns
noch jetzt gilt, wiederfinden, zuerst eine Kaste der Priester,
welche von allen andern gesondert ist, sodann die der Ge-
werbetreibenden, von denen wieder jede Klasse für sich
arbeitet, und nicht mit den anderen zusammen, samt den
Hirten, Jägern und Ackerleuten; endlich wirst du auch wohl b
bemerkt haben, daß die Kriegerkaste hier zu Lande von allen
Anderen gesondert und daß ihr nichts Anderes, außer der
Sorge für das Kriegswesen, vom Gesetze auferlegt ist. Ihre
Bewaffnung ferner besteht aus Spieß und Schild, mit denen
wir zuerst unter den Völkern Asiens uns ausrüsteten, indem
die Göttin es uns, ebenso wie in euren Gegenden euch zu-
erst, gelehrt hatte. Was sodann die Geistesbildung anlangt, so
siehst du doch wohl, eine wie große Sorge das Gesetz bei uns
gleich in seinen Grundlagen auf sie verwandt hat, indem es c
uns allen auf die Naturordnung bezüglichen Wissenschaften
bis zu der Wahrsagekunst und der Heilkunst zur Sicherung
der Gesundheit hin, welche alle göttlicher Natur sind, dasje-
nige, was zum Gebrauche der Menschen sich eignet, heraus-
suchte und sich dergestalt alle diese Wissenschaften und alle
andern, welche mit ihnen zusammenhängen, aneignete.
Nach dieser ganzen Anordnung und Einrichtung gründete
nun die Göttin zuerst euren Staat, indem sie den Ort eurer
Geburt mit Rücksicht darauf erwählte, daß die dort herr-
schende glückliche Mischung der Jahreszeiten am Besten
dazu geeignet sei, verständige Männer zu erzeugen. Weil also
die Göttin zugleich den Krieg und die Weisheit liebt, so d

wählte sie den Ort aus, welcher am Meisten sich dazu eignete, Männer, wie sie ihr am Ähnlichsten sind, hervorzubringen, und gab diesem zuerst seine Bewohner. So wohntet ihr denn also dort im Besitze einer solchen Verfassung und
e noch viel anderer trefflicher Einrichtungen und übertraft alle anderen Menschen in jeglicher Tugend und Tüchtigkeit, wie es auch von Sprößlingen und Zöglingen der Götter nicht anders zu erwarten stand. Viele andere große Taten eures Staates nun lesen wir in unseren Schriften mit Bewunderung, vor allen jedoch ragt *eine* durch ihre Größe und Kühnheit hervor. Unsere Bücher erzählen nämlich, eine wie gewaltige Kriegsmacht einst euer Staat gebrochen hat, als sie übermütig gegen ganz Europa und Asien zugleich vom atlantischen Meere heranzog. Damals nämlich war das Meer dort fahrbar, denn vor der Mündung, welche ihr in eurer Sprache die Säulen des Herakles heißt, hatte es eine Insel, welche größer war als Asien und Libyen zusammen, und von ihr konnte man
25a damals nach den übrigen Inseln hinübersetzen und von den Inseln auf das ganze gegenüberliegende Festland, welches jenes recht eigentlich so zu nennende Meer umschließt. Denn alles Das, was sich innerhalb der eben genannten Mündung befindet, erscheint wie eine bloße Bucht mit einem engen Eingange, jenes Meer aber kann in Wahrheit also und das es umgebende Land mit vollem Fug und Recht Festland heißen. Auf dieser Insel Atlantis nun bestand eine große und bewundernswürdige Königsherrschaft, welche nicht bloß die ganze Insel, sondern auch viele andere Inseln und Teile des Festlands unter ihrer Gewalt hatte. Außerdem be-
b herrschte sie noch von den hier innerhalb liegenden Ländern Libyen bis nach Ägypten und Europa bis nach Tyrrenien hin. Indem sich nun diese ganze Macht zu einer Heeresmasse vereinigte, unternahm sie es, unser und euer Land und überhaupt das ganze innerhalb der Mündung liegende Gebiet mit

Einem Zuge zu unterjochen. Da wurde nun, mein Solon, die
Macht eures Staates in ihrer vollen Trefflichkeit und Stärke
vor allen Menschen offenbar. Denn vor allen Andern an Mut c
und Kriegskünsten hervorragend, führte derselbe zuerst die
Hellenen, dann aber ward er durch den Abfall der Anderen
gezwungen, sich auf sich allein zu verlassen, und als er so in
die äußerste Gefahr gekommen, da überwand er die Andrin-
genden und stellte Siegeszeichen auf und verhinderte so die
Unterjochung der noch nicht Unterjochten und gab den An-
dern von uns, die wir innerhalb der herakleischen Grenzen
wohnen, mit edlem Sinne die Freiheit zurück. Späterhin aber
entstanden gewaltige Erdbeben und Überschwemmungen,
und da versank während eines schlimmen Tages und einer d
schlimmen Nacht das ganze streitbare Geschlecht bei euch
scharenweise unter die Erde, und ebenso verschwand die In-
sel Atlantis, indem sie im Meer unterging. Deshalb ist auch
die dortige See jetzt unfahrbar und undurchforschbar, weil
der sehr hoch aufgehäufte Schlamm im Wege ist, welchen die
Inseln durch ihr Untersinken hervorbrachte.

Da hast du nun, lieber Sokrates, was mir vom alten Kritias e
auf Solons Bericht hin erzählt wurde, so im Kurzen vernom-
men. Und so fiel mir denn auch, als du gestern über den Staat
und seine Bürger, wie du sie schildertest, sprachst, sogleich
eben Das, was ich jetzt mitgeteilt habe, dabei ein, und mit
Erstaunen bemerkte ich, wie wunderbar du durch ein Spiel
des Zufalls so überaus nahe in den meisten Stücken mit dem
zusammentrafst, was Solon erzählt hatte. Doch wollte ich es 26a
nicht sogleich sagen, denn nach so langer Zeit hatte ich es
nicht mehr gehörig im Gedächtnisse, und ich merkte daher,
daß es nötig wäre, bei mir selber zuvor gehörig Alles wieder
zu überdenken und dann erst darüber zu sprechen. Darum
war ich auch so rasch mit den Aufgaben, welche du gestern
stelltest, einverstanden, indem ich glauben durfte, ich werde

um das, was in allen solchen Fällen die meisten Schwierigkeiten macht, nämlich einen den Erwartungen der Zuhörer entsprechenden Stoff zu Grunde zu legen, eben nicht in Verlegenheit sein. Deshalb nun rief ich es mir denn auch ins Gedächtnis zurück, indem ich es gestern gleich, wie auch
b Hermokrates schon bemerkt hat, als ich von hier fortging, unseren beiden Fremden mitteilte, und eben so sann ich, nachdem ich sie verlassen hatte, während der Nacht darüber nach und habe mir dadurch so ziemlich Alles wieder zur vollen Erinnerung gebracht. Und in der Tat, es ist wahr, was das Sprichwort sagt: was man als Knabe lernt, das merkt sich wunderbar. Ich meinerseits wenigstens weiß es nicht, ob ich, was ich gestern hörte, mir so Alles im Gedächtnis wieder vergegenwärtigen könnte, von dem eben Erzählten aber, was ich vor so langer Zeit gehört habe, sollte es gar sehr mich Wunder nehmen, wenn mir irgend Etwas davon entschwun-
c den wäre. Ich hatte aber auch schon damals, als ich es hörte, nach Kinderart viele Freude daran, weshalb ich denn den Alten, der auch stets bereit war mir Rede zu stehen, wiederholt immer von Neuem darnach fragte, so daß es wie mit unauslöschlichen Zügen sich mir eingebrannt hat. Daher teilte ich denn auch den Gastfreunden gleich heute Morgen früh eben dies mit, damit es auch ihnen gleich mir nicht an Stoffe zu Reden gebräche. Jetzt also, um auf das zurückzukommen, weswegen dies Alles bemerkt worden ist, bin ich bereit, lieber Sokrates, nicht bloß im Ganzen und Großen, sondern auch in den einzelnen Zügen Alles, wie ich es gehört habe, vorzutragen, und die Bürger und den Staat, welche du gestern uns gleichsam nur wie in einer Dichtung geschildert
d hast, werde ich jetzt in die Wirklichkeit, und zwar hieher nach Athen, versetzen, indem ich annehme, daß jener Staat der unsrige gewesen ist, und werde behaupten, daß die Bürger, wie du sie dir dachtest, jene unsere leibhaftigen Voreltern

gewesen sind, von welchen der Priester sprach. Sie werden
ganz dazu stimmen, und wir werden durchaus das Richtige
treffen, wenn wir sagen, daß sie die seien, welche in der da-
maligen Zeit lebten. Wir werden uns jedoch in die Aufgabe,
welche du uns gestellt hast, teilen und so alle mit vereinten
Kräften dieselbe nach Vermögen gebührend zu lösen versu-
chen, und es ist eben deshalb vorher zuzusehen, lieber So-
krates, ob dieser Stoff nach unserem Sinne ist, oder ob wir e
noch erst einen anderen an seiner Stelle zu suchen haben.

Kritias: Wie schon im Obigen erzählt wurde, daß die Götter
die ganze Erde unter sich teils in größere, teils in kleinere
Teile verteilt und sich selber ihre Heiligtümer und Opferstät- 113 c
ten gegründet hätten, so fiel auch dem Poseidon die Insel
Atlantis zu, und er verpflanzte seine Sprößlinge, die er mit
einem sterblichen Weibe erzeugt hatte, auf einen Ort der In-
sel von ungefähr folgender Beschaffenheit. Ziemlich in der
Mitte der ganzen Insel, jedoch so, daß sie an das Meer stieß,
lag eine Ebene, welche von allen Ebenen die schönste und
von ganz vorzüglicher Güte des Bodens gewesen sein soll.
Am Rande dieser Ebene aber lag wiederum, und zwar etwa
sechzig Stadien vom Meer entfernt, ein nach allen Seiten
niedriger Berg. Auf demselben nun wohnte einer von den
daselbst im Anfange aus der Erde entsprossenen Männern, d
Namens Euenor, zusamt seiner Gattin Leukippe, und sie
hatten eine einzige Tochter, Kleito, erzeugt. Als nun dies
Mädchen in das Alter der Mannbarkeit gekommen war, star-
ben ihr Mutter und Vater, Poseidon aber ward von Liebe zu
ihr ergriffen und verband sich mit ihr. Er trennte deshalb
auch den Hügel, auf welchem sie wohnte, rings herum durch
eine starke Umhegung ab, indem er mehrere kleinere und
größere Ringe abwechselnd von Wasser und von Erde um

einander fügte, und zwar ihrer zwei von Erde und drei von
Wasser, und mitten aus der Insel gleichsam herauszirkelte, so
daß ein jeder in allen seinen Teilen gleichmäßig von den an-
e deren entfernt war; wodurch denn der Hügel für Menschen
unzugänglich ward, denn Schiffe und Schiffahrt gab es da-
mals noch nicht. Für seine Zwecke aber stattete er die in der
Mitte liegende Insel, wie es ihm als einem Gotte nicht schwer
ward, mit allem Nötigen aus, indem er zwei Wassersprudel,
den einen warm und den andern kalt, dergestalt, daß sie aus
einer gemeinsamen Quelle flossen, aus der Erde emporstei-
gen und mannigfache und reichliche Frucht aus ihr hervor-
gehen ließ. An männlicher Nachkommenschaft aber er-
zeugte er fünf Zwillingspaare und zog sie auf, zerlegte
sodann die ganze Insel Atlantis in zehn Landgebiete und
114a teilte von ihnen dem Erstgebornen des ältesten Paares den
Wohnsitz seiner Mutter und das umliegende Gebiet, als das
größte und beste, zu und bestellte ihn auch zum König über
die anderen Söhne; aber auch diese machte er zu Herrschern,
indem er einem jeden die Herrschaft über viele Menschen
und vieles Land verlieh. Auch legte er allen Namen bei, und
zwar dem ältesten und Könige den, von welchem auch die
ganze Insel und das Meer, welches ja das atlantische heißt,
ihre Benennungen empfingen; nämlich Atlas ward dieser er-
b ste damals herrschende König geheißen. Dem nach ihm
geborenen Zwillingsbruder ferner, welcher den äußersten
Teil der Insel, von den Säulen des Herakles bis zu der Gegend
welche jetzt die gadeirische heißt und von der damals so ge-
nannten diese Bezeichnung empfangen hat, als seinen Anteil
erhielt, gab er in der Landessprache den Namen Gadeiros,
welcher auf griechisch Eumelos lauten würde und auch jene
Benennung des Landes hervorrufen sollte. Von dem zweiten
Paare sodann nannte er den Einen Ampheres und den An-
dern Euämon, von dem dritten den Erstgebornen Mnaseas

und den folgenden Autochthon, von dem vierten den Ersten c
Elasippos und den Zweiten Mestor, von dem fünften endlich
empfing der Frühgeborne den Namen Azaës und der Letzt-
geborne den Namen Diaprepes. Diese Alle nun samt ihren
Abkömmlingen wohnten hier viele Geschlechter hindurch
und beherrschten auch noch viele andere Inseln des Meeres,
überdies aber, wie schon vorhin bemerkt wurde, auch noch
die hier innerhalb Wohnenden bis nach Ägypten und Tyrre-
nien hin. Vom Atlas nun stammte ein zahlreiches Geschlecht, d
welches auch in seinen übrigen Gliedern hochgeehrt war, na-
mentlich aber dadurch, daß der jedesmalige König die könig-
liche Gewalt immer dem ältesten seiner Söhne überlieferte,
viele Geschlechter hindurch sich den Besitz dieser Gewalt
und damit eines Reichtums von solcher Fülle bewahrte, wie
er wohl weder zuvor in irgend einem Königreiche bestanden
hat, noch so leicht künftig wieder bestehen wird, und war
mit Allem versehen, was in der Stadt und im übrigen Lande
herbeizuschaffen nötig war. Denn Vieles ward diesen
Königen von auswärtigen Ländern her in Folge ihrer Herr-
schaft über dieselben zugeführt, das Meiste aber bot die Insel
selbst für die Bedürfnisse des Lebens dar, zunächst Alles, e
was durch den Bergbau gediegen oder in schmelzbaren Er-
zen hervorgegraben wird, darunter auch die Gattung, welche
jetzt nur noch ein Name ist, damals aber mehr als dies war,
nämlich die des Goldkupfererzes, welches an vielen Stellen
der Insel aus der Erde gefördert und unter den damals leben-
den Menschen nächst dem Golde am höchsten geschätzt
ward. Ferner brachte sie Alles, was der Wald zu den Arbeiten
der Handwerker darbietet, in reichem Maße hervor und
nährte reichlich wilde und zahme Tiere. Sogar die Gattung
der Elephanten war auf ihr sehr zahlreich, denn nicht bloß
für die übrigen Tiere insgesamt, welche in Sümpfen, Teichen
und Flüssen, so wie die, welche auf den Bergen und welche in 115 a

den Ebenen leben, war reichliches Futter vorhanden, son-
dern in gleichem Maße auch selbst für diese Tiergattung,
welche die größte und gefräßigste von allen ist. Was überdem
die Erde jetzt nur irgend an Wohlgerüchen nährt, sei es von
Wurzeln oder Gras oder Hölzern oder hervorquellenden
Säften oder Blumen oder Früchten, das Alles trug und hegte
die Insel vielfältig; nicht minder die »milde Frucht« und die
trockene, deren wir zur Nahrung bedürfen, und alle, deren
wir uns sonst zur Speise bedienen und deren Arten wir mit
b dem gemeinsamen Namen der Gemüse bezeichnen; ferner
die, welche baumartig wächst und Trank und Speise und
Salböl zugleich liefert; ferner die schwer aufzubewahrende
Frucht der Obstbäume, welche uns zur Freude und zur Er-
heiterung geschaffen ist, und was wir zum Nachtisch aufzu-
tragen pflegen als erwünschte neue Reizmittel des angefüll-
ten Magens für die Übersättigten – dies Alles brachte die
Insel, die damals durchweg den Einwirkungen der Sonne
zugänglich war, in vortrefflicher und bewundernswerter
Gestalt und in der reichsten Fülle hervor. Indem nun Atlas
und seine Nachkommen dies Alles aus der Erde empfingen,
c gründeten sie Tempel, Königshäuser, Häfen und Schiffs-
werfte, und richteten auch das ganze übrige Land ein, wobei
sie nach folgender Anordnung verfuhren. Zuerst schlugen
sie Brücken über die Ringe von Wasser, welche ihre alte Mut-
terstadt umgaben, um sich so einen Weg von und zu der
Königsburg zu schaffen. Dieselbe errichteten sie nämlich
gleich im Anfange eben auf jenem Wohnsitze des Gottes und
ihrer Vorfahren, und so empfing sie der Eine von dem Ande-
d ren, indem ein Jeder ihre Ausstattung erweiterte und nach
Kräften seinen Vorgänger darin überbot, bis sie denn endlich
diesen ihren Wohnsitz durch die Größe und Schönheit ihrer
Werke zu einem staunenswerten Anblicke gemacht hatten:
Zuerst nämlich gruben sie einen Kanal von drei Plethren

Breite, hundert Fuß Tiefe und fünfzig Stadien Länge vom
Meere aus bis zu dem äußersten Ringe hin, und machten so
eine Einfahrt vor der See in denselben wie in einen Hafen
möglich, indem sie die Einmündung in ihn weit genug zum
Einlaufen für die größten Schiffe brachen. Sodann durch-
brachen sie aber auch die Kreiswälle von Erde, welche die e
Wasserringe von einander trennten, unterhalb der Brücken in
einer solchen Breite, daß für einen einzelnen Dreiruderer die
Durchfahrt von dem einen durch den anderen möglich
ward, und überbrückten dann wieder den Durchstich, so
daß die Schiffahrt hier eine unterirdische war; die Ränder der
Erdwälle hatten nämlich eine Höhe, welche hinlänglich über
das Meer emporragte. Es war aber der weiteste von den Rin-
gen, welche einst aus dem Meer gebildet waren, drei Stadien
breit, und eben so der zunächst auf ihn folgende Wallring,
von den beiden nächsten Ringen aber der aus Wasser beste-
hende zwei, und eben so war ihm wiederum der aus Erde
aufgehäufte an Breite gleich, endlich der unmittelbar um die 116a
Insel herumlaufende ein Stadium, und die Insel selbst, auf
welcher die Königsburg stand, hatte fünf Stadien Durchmes-
ser. Diese selbst nun umgaben sie rings herum, und eben so
die Ringe und die Brücke, welche ein Plethron breit war, von
beiden Seiten mit je einer steinernen Mauer, und errichteten
bei den Brücken nach beiden Seiten hin Türme und Tore ge-
gen die Durchfahrten vom Meere zu. Die Steine dazu aber,
welche teils weiß, teils schwarz und teils rot waren, brachen
sie unten an den Abhängen der in der Mitte gelegenen Insel b
rings herum, und eben so unten an den Wallrändern nach
außen und nach innen zu, und dadurch, daß sie sie dort her-
ausschlugen, erlangten sie zugleich innerhalb derselben auf
beiden Seiten Höhlungen zu Schiffsarsenalen, welche den
Felsen selber zur Decke hatten. Auch andere Gebäude er-
richteten sie aus jenen Steinen, und zwar teils einfarbige, teils

auch bunte, indem sie sie aus verschiedenfarbigen Steinen
zum Genuß für das Auge zusammensetzten und denselben
dadurch ihren vollen natürlichen Reiz gaben. Die Mauer
endlich, welche um den äußeren Wall herumlief, faßten sie
ihrem ganzen Umfange nach mit Erz ein, indem sie dasselbe
c gleichsam wie ein Salböl anwandten, die um den innern aber
umschmolzen sie mit Zinn, endlich die Burg selbst mit
Goldkupfererz, welches einen feuerähnlichen Glanz hatte.
Die königliche Wohnung innerhalb der Burg selbst aber war
folgendermaßen eingerichtet. Inmitten der letztern befand
sich ein der Kleito und dem Poseidon geweihter Tempel,
welcher nur von den Priestern betreten werden durfte und
mit einer goldenen Mauer umgeben war, derselbe, in wel-
chem sie einst das Geschlecht der zehn Fürsten erzeugt und
hervorgebracht hatten. Dahin schickte man auch jedes Jahr
aus allen zehn Landgebieten die Erstlinge als Opfer für einen
d jeden von diesen. Ferner stand dort ein besonderer Tempel
des Poseidon, von einem Stadium Länge, drei Plethren an
Breite und von einer Höhe, wie sie einen dem entsprechen-
den Anblick gewährte, hatte aber ein etwas barbarisches
Ansehen. Den ganzen Tempel nun überzogen sie von außen
mit Silber, mit Ausnahme der Zinnen, die Zinnen aber mit
Gold. Was aber das Innere anbetrifft, so konnte man die el-
fenbeinerne Decke ganz mit Gold [und Silber] und Gold-
kupfererz verziert sehen, alles Andere aber an Mauern,
Säulen und Estrichen überkleideten sie mit Goldkupfererz.
Auch stellten sie goldene Bildsäulen darin auf, nämlich den
Gott selber, wie er, auf seinem Wagen stehend, sechs geflü-
e gelte Rosse lenkt, und der seinerseits so groß gebildet war,
daß er mit dem Haupte die Decke berührte, rings um ihn
herum aber die hundert Nereiden auf Delphinen; denn so
viel, glaubte man damals, daß ihrer seien; außerdem befan-
den sich aber auch noch viele andere Bildwerke als Weihge-

schenke von Privatleuten im Tempel. Außerhalb aber stan-
den rings um denselben die Bildsäulen von Allen insgesamt,
nämlich von den zehn Königen selbst und ihren Weibern
und Allen, welche von ihnen entsprossen waren, und viele
andere große Weihgeschenke von den Königen wie von Pri-
vatleuten teils aus der Stadt selbst, teils aus allen von ihnen 117a
beherrschten Gebieten außerhalb derselben. Auch der Altar
entsprach an Größe so wie an Arbeit dieser Ausstattung, und
eben so war auch die königliche Wohnung eben so sehr der
Größe der Herrschaft, wie andererseits dem auf die Heiligtü-
mer verwandten Schmucke angemessen. Von den beiden
Quellen aber, sowohl der von kaltem als der von warmem
Wasser, welche dessen eine reiche Fülle enthielten und beide
dasselbe an Wohlgeschmack und Güte zum Gebrauche in
ganz bewundernswerter Vortrefflichkeit darboten, zogen sie
Nutzen, indem sie Gebäude und Baumpflanzungen, wie sie
zu den Wassern sich schickten, rings umher anlegten und b
ferner Wasserbehälter teils unter freiem Himmel, teils zu
warmen Bädern für den Winter in bedeckten Räumen in der
Umgebung einrichteten, und zwar deren besondere für die
Könige und besondere für die Untertanen, ferner noch an-
dere für die Weiber und wieder für die Pferde und die
übrigen Zugtiere, und einem jeden von diesen allen die ihm
angemessene Ausstattung gaben. Das abfließende Wasser
aber leiteten sie in den Hain des Poseidon, welcher Bäume
von mannigfacher Art und von ganz vorzüglicher Höhe und
Schönheit in Folge der Güte des Bodens umfaßte, teils aber
auch durch Kanäle über die Brücken weg in die äußeren c
Ringe hinein. In der Nähe dieser Wasserleitungen wurden
denn auch Heiligtümer vieler Götter, ferner viele Gärten und
Übungsplätze angelegt, und zwar besondere für die auf den
menschlichen Körper beschränkten Übungen und beson-
dere für die mit dem Wagengespann auf jeder von beiden aus

den Wällen bestehenden Inseln, und überdies besaßen sie auch in der Mitte der größeren Insel eine ausgesuchte Rennbahn, welche ein Stadium breit und deren Länge im ganzen Umkreise zum Wettkampfe für die Rosse eingerichtet war.
d Um dieselbe herum lagen auf beiden Seiten die Wohnungen für die Mehrzahl der Trabanten. Die zuverlässigeren unter ihnen aber hatten ihre Wache auf dem kleineren und näher an der Burg gelegenen Wallring, den vor allen anderen an Zuverlässigkeit ausgezeichneten endlich waren ihre Wohnungen auf der Burg selber um den Königspalast herum gegeben. Die Schiffsarsenale aber waren voll von Dreiruderern und von Allem, was zu der Ausrüstung von Dreiruderern gehört, wovon Alles in reichem Maße in Bereitschaft gehalten wurde.

Solches war nun also die Ausrüstung der königlichen Wohnung. Wenn man aber die drei außerhalb derselben befindlichen Häfen hinter sich hatte, so traf man auf eine
e Mauer, welche vom Meere begann und im Kreise herumlief, von dem größten Ringe und zugleich Hafen aber überall fünfzig Stadien entfernt war und an derselben Stelle bei der Mündung des Kanals in das Meer wieder abschloß. Dieses Ganze aber war mit vielen und dichtgedrängten Wohnungen umgeben, und die Ausfahrt so wie der größte Hafen wimmelte von Schiffen und Kaufleuten, welche aus allen Gegenden hieher kamen und bei Tage wie bei Nacht Geschrei, Getümmel und Getöse mannigfacher Art wegen ihrer Menge verursachten. Über die Stadt und jenen einstigen Wohnsitz der Könige habe ich nun so ziemlich das, was mir damals erzählt wurde, mitgeteilt; nun muß ich aber auch
118a noch versuchen, über die natürliche Beschaffenheit des übrigen Landes und die Art seiner Verwaltung zu berichten. Zunächst nun wurde mir das Land im Ganzen als sehr hochgelegen und steil aus dem Meer aufsteigend geschildert, die

Gegend um die Stadt her dagegen durchweg als eine Ebene,
welche dieselbe umschloß, ihrerseits aber wieder rings
herum von Bergen eingeschlossen wurde, die sich bis zum
Meere hinabzogen, und zwar als eine ganz glatte und gleich-
mäßige Fläche, die in ihrer Gesamtausdehnung eine läng-
liche Gestalt hatte, indem dieselbe nach der Seite zu dreitau-
send Stadien, in der Mitte aber vom Meere aufwärts nur b
zweitausend betrug. Von der ganzen Insel nämlich lag dieser
Teil nach der Südseite zu, indem er sich von Norden nach
Süden erstreckte. Die Berge aber, welche ihn umgaben, wur-
den damals als solche gepriesen, welche an Menge, Größe
und Schönheit alle jetzt vorhandenen übertrafen, indem sie
viele Flecken mit einer reichen Zahl von Bewohnern, ferner
Flüsse, Seen und Auen, welche allen möglichen zahmen und
wilden Tieren hinreichendes Futter darboten, so wie endlich
Waldungen in sich faßten, welche in bunter Menge und in der
größten Mannigfaltigkeit aller Gattungen einen reichhalti-
gen Stoff zu den Arbeiten jeder Art, im Großen wie im
Kleinen, lieferten. Auf diese Weise war die Ebene von der c
Natur ausgestattet, und viele Könige hatten nicht minder an
ihrer weiteren Ausstattung gearbeitet. Zum größten Teile
bildete sie nämlich wirklich bereits ein vollständiges Recht-
eck; wo es aber noch an der vollen Regelmäßigkeit dieser
Gestalt fehlte, war ihr dieselbe dadurch gegeben worden, daß
sie auf allen Seiten einen Graben herumgezogen hatten. Was
mir nun von dessen Tiefe, Breite und Länge erzählt ward, das
könnte unglaublich erscheinen für ein von Menschenhänden
gearbeitetes Werk; es könnte unglaublich erscheinen, daß sie
zu ihren vielen anderen Arbeiten auch noch diese von so ge-
waltiger Ausdehnung unternommen hätten; dennoch muß
ich darüber berichten, wie ich es gehört habe. Nämlich ein
Plethron tief ward er gegraben und überall ein Stadion breit, d
und als er nun die ganze Ebene herumgezogen war, da ergab

sich für ihn eine Länge von zehntausend Stadien. Er nahm auch die von den Bergen herabfließenden Wasser auf, und da er rings um die Ebene herumgeführt war und die Stadt auf beiden Seiten berührte, so ließ er dieselben auf folgende Weise ins Meer abfließen. Von seinem oberen Teile her wurden nämlich von ihm ungefähr hundert Fuß breite Kanäle in gerader Linie in die Ebene geleitet, welche wieder in den großen vom Meere aus gezogenen Kanal einmündeten und von
e einander hundert Stadien entfernt waren. Auf ihnen brachten sie denn auch das Holz von den Bergen in die Stadt, aber auch alle anderen Landeserzeugnisse holten sie zu Wasser heran, indem sie wieder Überfahrten aus den Kanälen in einander nach der Quere zu und eben so nach der Stadt hin gruben. Auch ernteten sie in Folge dessen zweimal des Jahres ein, indem ihnen im Winter der Regen des Zeus dazu verhalf, im Sommer aber die Bewässerung, welche das Land selber in sich trug, dadurch, daß sie sie aus den Kanälen herzuleiteten. Was aber die Zahl der Bewohner anbetrifft, so bestand die Anordnung, daß in der Ebene selbst an kriegstüchtigen Män-
119a nern jedes Grundstück einen Anführer zu stellen hatte; die Größe eines jeden Grundstückes aber betrug gegen hundert Quadrat-Stadien, und die Zahl von ihnen allen sechzigtausend; auf den Gebirgen dagegen und im übrigen Lande zählte man eine unsägliche Menschenmasse, alle jedoch waren nach ihren Ortschaften und Flecken je einem dieser Grundstücke und Führer zugeteilt. Die Führer nun aber hatten die Verpflichtung zum Kriege ihrer sechs zusammen einen Kriegswagen zu stellen, so daß deren insgesamt zehntausend wurden, ferner ein jeder zwei Rosse und Reiter,
b dazu noch ein Zwiegespann ohne Sessel, welches mit einem Krieger bemannt war, der einen kleinen Schild trug und auch herabsteigend zu Fuße kämpfte; außer diesem Wagenkämpfer aber mit einem Lenker für die beiden Rosse, ferner zwei

Schwerbewaffnete und an Bogen- und Schleuderschützen je
zwei, und eben so an Stein- und Speerwerfern ohne Rüstung
je drei; endlich vier Seeleute zur Bemannung von zwölfhun-
dert Schiffen. So war das Kriegswesen in dem königlichen
Staate angeordnet, in den andern neun Staaten aber auf ver-
schiedene Weise, deren Erörterung zu lange Zeit in An-
spruch nehmen würde. Die Verhältnisse der obrigkeitlichen c
Gewalt und der Staatswürden aber waren vom Anbeginn her
folgendermaßen geordnet. Von den zehn Königen herrschte
ein jeder in dem ihm überkommenen Gebiete von seiner
Stadt aus über die Bewohner und stand über den meisten
Gesetzen dergestalt, daß er strafte und hinrichten ließ wen
immer es ihm gut dünkte. Die Herrschaft über sie selbst aber
ward gegenseitig und gemeinschaftlich geführt nach den An-
ordnungen des Poseidon, wie sie ein Gesetz ihnen überlie-
ferte, welches von ihren Vorfahren auf eine Säule von
Goldkupfererz eingegraben war, die in der Mitte der Insel, d
nämlich im Heiligtum des Poseidon, stand. Hieher kamen
sie denn auch abwechselnd bald jedes fünfte und bald jedes
sechste Jahr zusammen, um der geraden und der ungeraden
Zahl ein gleiches Recht angedeihen zu lassen, und berieten
sich auf diesen Zusammenkünften teils über die gemeinsa-
men Angelegenheiten, teils hielten sie Nachforschung dar-
nach, ob Einer von ihnen irgend eine Übertretung begangen,
und saßen darüber zu Gericht. Wenn sie aber zum Gerichte
schritten, so gaben sie einander zuvor folgendes Unterpfand
der Treue. Sie stellten unter den Stieren, die da frei im Heilig-
tume des Poseidon weideten, ganz allein ihrer zehn, nach-
dem sie zu dem Gotte gebetet, daß es ihnen gelingen möge,
das Opfertier, welches ihm genehm sei, zu fangen, eine Jagd e
ohne Eisen bloß mit Knitteln und Stricken an, und denjeni-
gen von den Stieren, welchen sie fingen, brachten sie oben
auf die Säule hinauf und schlachteten ihn dort unmittelbar

über jener Inschrift. Auf der Säule befand sich aber außer dem Gesetze noch eine Schwurformel, welche gewaltige Verwünschungen über Diejenigen aussprach, welche ihm nicht
120a gehorchten. Wenn sie nun so nach ihren Bräuchen beim Opfer dem Gotte alle Glieder des Stieres geweiht hatten, so richteten sie einen Mischkessel zu und warfen in denselben für jeden einen Tropfen geronnenen Blutes, alles Übrige aber warfen sie ins Feuer, nachdem sie die Säule rings herum gereinigt hatten. Hierauf schöpften sie mit goldenen Trinkschalen aus dem Mischbecher, und während sie dann aus denselben die Spenden ins Feuer gossen, schwuren sie dabei, nach den Gesetzen auf der Säule zu richten und es zu strafen, wenn Einer von ihnen zuvor einen Frevel begangen, und eben so wiederum in Zukunft keine von jenen Vorschriften absichtlich zu verletzen und weder anders zu herrschen,
b noch einem andern Herrscher zu gehorchen, als dem, welcher nach den Gesetzen des Vaters regierte. Nachdem ein Jeder von ihnen dies für sich selbst und für sein Geschlecht gelobt hatte, trank er und weihte sodann die Becher als Geschenk für das Heiligtum des Gottes, und sodann wandten sie sich zum Mahle, um auch den Anforderungen ihres Körpers Genüge zu tun. Sobald es aber dunkel ward, und das Opferfeuer verglomm, dann kleideten sich alle sofort in ein blaues Gewand von der allerhöchsten Schönheit und so, bei
c der Glut der Eidesopfer auf der Erde sitzend, indem sie gänzlich das Feuer im Heiligtume auslöschten, empfingen und sprachen sie Recht bei der Nacht, wenn etwa der eine von ihnen den andern irgend einer Übertretung anklagte. Nach vollzogenem Urteil aber schrieben sie die Richtersprüche, sobald es Tag ward, auf einer goldenen Tafel auf und weihten dieselbe samt jenen Gewändern zum Denkzeichen. Es gab aber noch viele andere Gesetze, welche die Rechte der Könige für einen jeden im Besonderen bestimmten, über al-

len jedoch stand dies, daß sie niemals gegen einander die Waffen führen, vielmehr einander insgesamt Hülfe leisten, wenn etwa Einer von ihnen in irgend einer Stadt das königliche Geschlecht auszurotten versuchte, und nach gemeinsa- d
mer Beratung, gleich wie ihre Vorfahren, ihre Beschlüsse über den Krieg und alle anderen Angelegenheiten fassen und ausführen, den Vorsitz und Oberbefehl dabei aber dem Geschlechte des Atlas überlassen sollten. Die Vollmacht, einen seiner Verwandten hinrichten zu lassen, sollte ferner einem Könige nicht zu Gebote stehen, es sei denn, daß über die Hälfte von den Zehn es genehmigt hätte. Diese Macht von solcher Art und Ausdehnung, wie sie damals in jenen Gegenden bestand, führte der Gott, indem er sie zusammentreten ließ, nun auch gegen unser Land, wozu, wie es heißt, ungefähr folgende Verhältnisse Anlaß gaben. Viele Geschlechter e
hindurch, so lange noch irgend die Natur des Gottes in ihnen wirksam war, waren sie den Gesetzen gehorsam und zeigten ein befreundetes Verhalten gegen das ihnen verwandte Göttliche. Denn sie besaßen wahrhafte und durchgehends große Gesinnungen, indem sie eine mit Klugheit gepaarte Sanftmut allen etwaigen Wechselfällen des Schicksals gegenüber, so wie gegen einander an den Tag legten, und da sie eben deshalb alles Andere außer der Tugend für wertlos ansahen, so achteten sie alle vorhandenen Glücksgüter gering und betrachte- 121 a
ten mit Gleichmut und mehr wie eine Last die Masse ihres Goldes und ihrer übrigen Besitztümer und nicht kamen sie, berauscht von dem Schwelgen in ihrem Reichtum, so daß sie durch ihn die Herrschaft über sich selbst verloren hätten, zu Falle, sondern erkannten mit nüchternem Scharfblick, daß dies Alles nur durch die gemeinsame Freundschaft im Verein mit der Tugend sein Gedenken empfängt, durch den Eifer und das Streben nach ihm dagegen nicht bloß selber entschwindet, sondern auch jene mit sich zu Grunde richtet. In

Folge dieser Grundsätze und der fortdauernden Wirksamkeit der göttlichen Natur in ihnen gedieh ihnen denn das Alles, was ich euch vorhin mitgeteilt habe. Als aber ihr Anteil am Wesen des Gottes durch die vielfache und häufige Beimischung des Sterblichen in ihnen zu schwinden begann, und
b die menschliche Art überwog, da erst waren sie dem vorhandenen Reichtum nicht mehr gewachsen und entarteten und erschienen dem, welcher es zu erkennen vermochte, niedrig, indem sie von Allem, was in Ehren zu stehen verdient, gerade das Schönste zu Grunde richteten; denen aber, die ein wahrhaft zur Glückseligkeit führendes Leben nicht zu erkennen im Stande waren, schienen sie damals erst recht in aller Herrlichkeit und Seligkeit dazustehen, als sie ungerechten Gewinn und ungerecht erworbene Macht im Überflusse besaßen. Der Gott der Götter aber, Zeus, welcher nach den Gesetzen herrscht und solches wohl zu erkennen vermag, beschloß, als er ein treffliches Geschlecht so schmählich her-
c unterkommen sah, ihnen Strafe dafür aufzuerlegen, damit sie, durch dieselbe zur Besinnung gebracht, zu einer edleren Lebensweise zurückkehrten. Er berief daher alle Götter in ihren ehrwürdigsten Wohnsitz zusammen, welcher in der Mitte des Weltalls liegt und eine Überschau aller Dinge gewährt, welche je des Werdens teilhaftig wurden, und nachdem er sie zusammenberufen hatte, sprach er – – – – – – – – –
– – – – –

Der Demiurg

Timaios 27 C-29 D und 40 D-42 E

Unmittelbar im Anschluß an die Atlantis-Sage (s. o. S. 141 ff.) wendet sich der Dialog ›Timaios‹ dem Gedanken der Weltdarstellung im Mythos der Weltschöpfung zu. In einem aitiologischen Mythos führt der Pythagoreer Timaios den *Demiourgos*, den großen göttlichen »Handwerker« und Schöpfer, in seinen Aktionen vor Augen. Ihm wird die Erschaffung der Welt-Seele verdankt, deren stufenweise Gestaltung, ein speziell mathematisch-musikalischer Schaffensprozeß, hier aufgrund seiner detaillierten Sondersprache ausgelassen ist. Dem Demiurgen wird aber auch, wie anschließend in wissenschaftlich formulierter Kosmologie ausgeführt ist, insgesamt die Welt-Wirklichkeit mit all ihren Erscheinungen verdankt, mit ihren Ordnungen, Stufungen, Spannungen. Die Erschaffung des Universums, der Wende-Weg vom *Chaos* zum *Kosmos*, ist hier die teleologische Präsentation des Denkens über die Ursprünge von Raum und Zeit, über die Urgründe von Sein und Werden.

Ein Gebet leitet das gewaltige Gedankengebäude ein. Nach der grundsätzlichen Fragestellung »Was ist Sein – was ist Werden?« wird die Gestalt des Demiurgen, des Schöpfers dieser Welt, eingeführt, wie er sein wunderbares Werk vollzieht und die Grundlagen legt für den gigantischen Bau. Immer wieder aber wird die Größe des Gegenstandes betont und die geringe Kraft der menschlichen Einsicht; es gilt, die bestmögliche Erkenntnis zu erreichen, denn die wirklich beste liegt wohl weit jenseits menschlichen Vermögens.

Nach der Erschaffung der Welt und der Welt-Seele wird auch die Erscheinung der Zeit hervorgerufen, sich abzeichnend in den Bewegungen der himmlischen Körper. Der Mythos referiert dann auch den Ursprung der anderen Gottheiten, wobei er der Tradition folgt und als Kinder von Ge und Uranos (Erde und Himmel) den Okeanos und die Tethys benennt, als deren Kinder aber Phorkys, Kronos, Rhea sowie als Abkömmlinge der beiden letztgenannten Gottheiten schließlich Zeus und Hera. Zu all diesen Götterwesen spricht dann der Demiurg, versichert ihnen ihre Unvergänglichkeit wie auch die seiner gesamten Schöpfung und verweist auf die noch ausstehenden Arten der Lebewesen in der Luft, im Wasser und auf der Erde. Diese Schöpfungs-Aufgabe wird vom Allvater den jüngeren Gottheiten übertragen; er selbst behält sich vor, den unsterblichen Anteil dieser Lebewesen zu erschaffen, und er erklärt auch den Vorgang der Wiedergeburt: Je nach Lebensführung wird ein Mann, hat er seine Zeitspanne moralisch gut absolviert, zu seinem Gestirn zurückkehren, hat er es nicht, als Frau wieder zur Welt kommen und gegebenenfalls später gar als Tier; doch steht jedem Lebewesen der Weg zur Besserung und damit zum Wiederaufstieg zu seiner besten Daseinsform offen.

Hat Platon in seinen Jenseitsmythen meist eine Verräumlichung seiner abstrakten Gedanken vorgetragen, so hat er hier bei seinem Weltmodell eine Verzeitlichung vorgenommen, um das statische Wesen der Welt im Schöpfungsmythos vom dynamischen Werden der Welt faßbar zu machen. Wie sich Mythos, Mathematik und Musik mischen in der Schaffung der Welt-Seele, so mischen sich Mythos und Moral in der Existenz der jüngeren, geringeren Wesen. Und wie im ›Gastmahl‹ (s. o. S. 101 ff.) das ganze Gespräch der Ergründung eines Mythos, des Mythos vom Eros, gewidmet ist, so ist nun im ›Timaios‹ das umfassende Thema, hier die Ergründung des Wesens der Welt, auf einen Mythos gegründet: den

Mythos vom Demiurgen, dem Allvater, der alles Sein selbst hervorbringt oder erschaffen werden läßt. Wie er aber alle Wesen jeder Art ins Dasein treten läßt, so wird er doch selbst von aller Schuld an irgendeiner Schlechtigkeit freigehalten: Auf sein Geheiß sind es die jüngeren Götter, die seiner Vollkommenheit am nächsten kommen, welche die Entstehung der unvollkommeneren Arten bewirken, jener, die in Gefahr sind, der Schlechtigkeit anheimzufallen. So distanziert Platon den Demiurgen von jeder Verantwortung für das Böse; wie weit dieser Distanzierungsansatz überzeugt, muß jeder Leser selbst entscheiden.

Timaios: Traun, lieber Sokrates, tun doch das wohl alle, die 27c
auch nur ein wenig Überlegung besitzen: rufen doch sie Alle wohl beim Beginne eines jeden Unternehmens, mag es nun geringfügig oder bedeutend sein, stets einen Gott an. Und wir, die wir gar über das All zu sprechen im Begriffe sind, nämlich in wie fern es entstanden ist oder aber unentstanden von Ewigkeit war, müßten ja ganz und gar den Verstand verloren haben, wenn wir nicht die Götter und Göttinnen anrufen und von ihnen erflehen wollten, daß es uns gelingen
möge, das Ganze vor Allem nach ihrem Sinne, sodann aber d
auch in Übereinstimmung mit uns selber darzulegen. Und so mögen denn die Götter eben hierum angerufen sein, an uns selbst aber haben wir den Anruf und die Anfrage zu stellen, auf welche Weise ihr eurerseits am leichtesten ein Verständnis der Sache gewinnen, ich für mein Teil aber den vorliegenden Gegenstand am deutlichsten so, wie ich über ihn denke, zum Ausdrucke bringen möge. Man muß nun nach meiner Meinung zuerst Folgendes unterscheiden und feststellen: wie haben wir uns das immer Seiende, welches kein Werden
zuläßt, und wie das immer Werdende zu denken, welches 28a

niemals zum Sein gelangt? Nun, das eine als dem Denken
vermöge des vernünftigen Bewußtseins erfaßbar, eben weil
als ein Solches, welches immer dasselbe bleibt, das Andere
dagegen als der bloßen Vorstellung vermöge der bewußtlo-
sen Sinneswahrnehmung zugänglich, eben weil als ein Sol-
ches, welches dem Entstehen und Vergehen ausgesetzt und
nie wahrhaft seiend ist. Alles Werdende muß ferner durch
irgend eine Ursache werden, denn es ist unmöglich, daß Et-
was ohne irgend eine Ursache entstehe. So weit nun der
Urheber dabei stets auf Dasjenige hinblickt, welches immer
dasselbe bleibt, und sich einer Wesenheit aus diesem Gebiete
als seines Urbildes bedient, um darnach die Gestalt eines
b Dinges und den Inbegriff seiner Kräfte hervorzubringen,
wird es notwendigerweise sodann in allen Stücken vortreff-
lich geraten; soweit er aber auf das Gewordene hinblickt und
sich eines Urbildes bedient, welches selber dem Entstande-
nen angehört, in so weit nicht vortrefflich. Von dem ganzen
Weltgebäude nun oder Weltall – oder, wenn ihm irgend ein
anderer Name am meisten genehm ist, so sei ihm dieser von
uns beigelegt – ist eben hiernach zunächst zu untersuchen,
was überhaupt bei jedem Gegenstand der Untersuchung als
Ausgangspunkt zu Grunde gelegt werden muß, ob es immer
war und nicht erst, in das Werden eintretend, einen Anfang
genommen hat, oder ob es entstanden und von einem An-
fange ausgegangen ist. Es ist entstanden, denn es ist sichtbar
und fühlbar und hat einen Körper; alles so Beschaffene aber
c ist sinnlich wahrnehmbar, und das sinnlich Wahrnehmbare,
welches der Vorstellung mit Hülfe der Sinne zugänglich ist,
erschien uns als das Werdende und Entstandene. Das Wer-
dende, sagten wir dann ferner, müsse notwendig durch ir-
gend eine Ursache werden. Den Schöpfer und Vater dieses
Alles nun freilich ist es schwierig zu finden, und wenn man
ihn gefunden hat, unmöglich, sich für Alle verständlich über

ihn auszusprechen; doch muß man in Betreff seiner wie-
derum dies untersuchen, nach welchem von beiderlei Urbil-
dern er als Baumeister die Welt gebildet hat, ob nach 29a
Demjenigen, welches stets dasselbe und unverändert bleibt,
oder aber nach dem Entstandenen.

Wenn nun aber doch diese Welt schön und vortrefflich
und der Meister gut und vollkommen ist, so ist es offenbar,
daß er nach dem Ewigen schaute, wenn dagegen der Fall ein-
tritt, welchen auch nicht einmal auszusprechen erlaubt ist,
dann nach dem Entstandenen. Eben hiernach ist es nun
schon Jedermann klar, daß er nach dem Ewigen blickte, denn
die Welt ist das Schönste von allem Entstandenen und der
Meister ist der beste und vollkommenste von allen Urhe-
bern. So ist denn jene als eine solche ins Leben gerufen
worden, die nach dem Urbilde dessen entstanden, was der
Vernunft und Erkenntnis erfaßbar ist und beständig dasselbe
bleibt.

Schreiten wir nun auf diesen Grundlagen zur Betrachtung b
dieser unserer Welt, so ist sie eben hiernach ganz notwendi-
gerweise ein bloßes Abbild von etwas Ewigem. Nun ist es
aber bei einer jeden Frage von der höchsten Wichtigkeit, ge-
rade ihren Ausgangspunkt sachgemäß zu behandeln, und so
muß man denn auch zwischen der Art, wie man von dem
Abbilde und der, wie man von seinem Urbilde zu handeln
hat, sofort feste Grenzen ziehen, indem man erwägt, daß die
Darstellungsweise mit den Gegenständen, welche sie zum
Verständnisse bringen soll, auch selber verwandt ist, und daß
daher die Darlegung des Bleibenden und Beständigen und
im Lichte der Vernunft Erkennbaren selber das Gepräge des
Bleibenden und Unumstößlichen an sich trägt, – und so weit
es überhaupt wissenschaftlichen Erörterungen zukommt,
unwiderleglich und unerschütterlich zu sein, darf man es
hieran in Nichts fehlen lassen, – die des nach Jenem Gebilde- c

ten dagegen, so wie dieses selber nur ein Abbild ist, diesem ihrem Gegenstande entsprechend das des bloß Wahrscheinlichen, denn wie zum Werden das Sein, so verhält sich zum Glauben die Wahrheit. Wenn ich daher, mein Sokrates, trotzdem daß schon Viele Vieles über die Götter und die Entstehung des All erörtert haben, nicht vermögen sollte, eine nach allen Seiten und in allen Stücken mit sich selber übereinstimmende und eben so der Sache genau entsprechende Darstellung zu geben, so wundere dich nicht, sondern wenn ich nur eine solche liefere, die um Nichts minder als die irgend eines Anderen wahrscheinlich ist, so müßt ihr schon zufrieden sein und bedenken, daß wir Alle, ich, der Darsteller, und ihr,
d die Beurteiler, von nur menschlicher Natur sind, so daß es sich bei diesen Gegenständen für uns ziemt, uns damit zu begnügen, wenn die Dichtung nur die Wahrscheinlichkeit für sich hat, und wir Nichts darüber hinaus verlangen dürfen.

Sokrates: Sehr richtig bemerkt, lieber Timaios, und durchaus annehmbar gefordert. Und dein Vorspiel haben wir nun mit Bewunderung entgegengenommen; so führe uns denn auch das Lied selber nach seiner Ordnung zu Ende. (...)

40d Über die sonstigen götterartigen Wesen aber zu sprechen und ihre Entstehung zu erkennen, übersteigt unsere Kräfte, und wir werden Denjenigen glauben müssen, welche ehedem darüber gesprochen haben, da sie ja, wie sie sagten, Abkömmlinge der Götter waren und doch wohl genau ihre Vorfahren gekannt haben werden. Unmöglich also ist es, den
e Sprößlingen der Götter den Glauben zu versagen, wenn sie auch ohne wahrscheinliche oder gar zwingende Beweisgründe sprechen, sondern als Solchen, welche Familienverhältnisse mitzuteilen behaupten, müssen wir ihnen, dem Herkommen folgend, Vertrauen schenken. Folgendermaßen möge daher nach ihrem Bericht hinsichtlich dieser Götter

ihre Entstehung für uns sich verhalten und von uns angege-
ben werden. Der Ge und dem Uranos wurden Okeanos und
Tethys geboren, diesen aber wiederum Phorkys, Kronos und
Rhea und so Viele mit ihnen entstanden, vom Kronos und 41 a
der Rhea aber entsprossen Zeus und Hera und Alle, so viel
wir ihrer wissen, welche als ihre Geschwister und von diesen
(allen) selbst noch wieder als Abkömmlinge bezeichnet wer-
den.

Als nun aber die Götter alle, sowohl die, welche sichtbar
herumkreisen, als auch die, welche nur erscheinen, je nach-
dem sie es selber wollen, ihre Entstehung hatten, da spricht
zu ihnen der Erzeuger des Alls folgendermaßen: göttliche
Göttersöhne, deren Bildner ich bin und Vater von Werken,
welche, durch mich entstanden, unauflösbar sind, weil ich es
so will. Denn alles, was zusammengebunden ist, läßt sich b
zwar auch wieder auflösen, aber das, was schön zusammen-
gefügt ist und sich wohl verhält, würde nur ein Frevler
wieder auflösen wollen. Deshalb seid ihr denn auch, weil ihr
entstanden seid, zwar nicht schlechterdings unsterblich und
unauflösbar, aber nichts desto weniger sollt ihr nimmer auf-
gelöst noch des Todesgeschickes teilhaftig werden, weil ihr
an meinem Willen ein noch stärkeres und mächtigeres Band
als jene Bänder erlangt habt, mit denen ihr zusammengebun-
den wurdet, als ihr entstandet. So merkt denn nun, was euch
meine Rede verkündet. Es sind noch sterbliche Geschlech-
ter, und zwar ihrer drei übrig, die noch unerzeugt sind;
träten nun sie nicht ins Leben, so würde das Weltgebäude
unvollständig sein, denn es würde dann nicht alle Geschlech-
ter lebendiger Wesen in sich tragen, und das muß es, wenn es c
schlechthin vollständig sein soll. Wenn sie aber durch mich
entständen und mit Leben begabt würden, so würden sie den
Göttern gleich werden. Damit sie also zu Sterblichen werden
und dieses All ein wirkliches All sei, so kommt es euch na-

turgemäß zu, euch an die Hervorbringung der lebendigen
Geschöpfe zu machen, indem ihr meine Tätigkeit, wie sie bei
eurer Entstehung stattfand, nachahmt. Und so viel an ihnen
dem Unsterblichen gleichnamig zu sein verdient, nämlich
das göttlich zu Nennende und Leitende in ihnen, soweit sie
stets dem Rechte und euch zu folgen geneigt sind, von Dem
d will ich die Samen und Keime selber bilden und euch dann
übergeben; in ihren übrigen Teilen aber sollt ihr, indem ihr
mit diesem Unsterblichen Sterbliches verwebt, die lebendi-
gen Geschöpfe vollenden und erzeugen und, indem ihr ih-
nen Nahrung gebt, sie wachsen lassen und, wenn sie dahin-
geschwunden sind, wieder in euch aufnehmen.

So sprach er und goß wiederum in dasselbe Mischgefäß, in
welchem er zuvor die Seele des All zusammengemischt hatte,
die Überreste derselben Bestandteile hinein und vermischte
sie zwar ungefähr auf die gleiche Weise, nahm sie aber nicht
von derselben gleichmäßigen Reinheit, sondern vom zwei-
ten und dritten Range. Und nachdem er aus ihnen ein Gan-
zes gebildet hatte, verteilte er dasselbe in Seelen von gleicher
e Zahl mit den Sternen und teilte je eine einem jeden zu, und
nachdem er sie so auf dieselben wie auf ein Fahrzeug gesetzt
hatte, zeigte er ihnen die Natur des All und verkündete ihnen
die vom Schicksal verhängten Gesetze, daß nämlich die erste
Geburt auf die gleiche Weise für sie alle bestimmt sein werde,
auf daß keine von ihnen in Nachteil durch ihn gesetzt würde,
und daß sie auf die einzelnen, einer jeden entsprechenden
Werkzeuge der Zeit, verpflanzt, zu demjenigen aller lebendi-
42 a gen Geschöpfe werden sollten, welches am meisten die Göt-
ter verehre; und da die menschliche Natur eine zweispältige
sei, so solle das edlere von beiden Geschlechtern mit einer
solchen Beschaffenheit vorgebildet werden, wie sie, hernach
mit den Namen Mann verbunden sein sollte. Sobald sie nun
aber der Notwendigkeit gemäß in Leiber eingepflanzt wä-

ren, und von ihrem Leibe ein Teil hinzu käme und ein
anderer Teil abginge, so müsse notwendig zuerst die Wahr-
nehmung und Empfindung auf gleiche Weise in ihnen allen
entstehen, als notwendig mit starken Erregungen und Ein-
drücken verwachsen; sodann als das Zweite die Liebe, wel-
che aus Lust und Schmerz gemischt ist; hierauf Furcht, b
sowie Zorn und Eifer und Alles, was hiemit zusammen-
hängt, und wiederum Alles, was aus der Gegenwirkung
hervorgeht. Wenn sie nun über diese Erregungen herrschten,
so würden sie gerecht leben, wenn sie aber sich von ihnen
beherrschen ließen, ungerecht. Und wer die ihm zugemes-
sene Zeit hindurch wohl gelebt habe, der solle in die Behau-
sung des ihm verwandten Gestirnes zurückkehren und ein
selbiges und seiner Gewohnheit entsprechendes Leben füh-
ren; wer aber hierin gefehlt, der werde in eines Weibes Natur
bei seiner zweiten Geburt verwandelt werden; wenn er aber c
auch in diesem Zustande noch nicht seiner Schlechtigkeit
Einhält täte, so solle er der Art derselben entsprechend jedes-
mal in eine Tiergattung von ähnlicher Art, wie er sie sich
angebildet, übergehen und in steter Verwandlung nicht eher
ans Ziel seiner Leiden gelangen als bis er, dem Umschwunge
des Selbigen und Gleichartigen in sich folgend, jener wirren
und vernunftlosen Masse, welche sich später aus Feuer, Was- d
ser, Luft und Erde ihm angesetzt, durch die Vernunft Herr
geworden und so in die Gestalt seiner früheren und edelsten
Beschaffenheit zurückgekehrt wäre.

Nachdem er ihnen nun alle diese Gesetze verkündet hatte, um an der späteren Schlechtigkeit eines Jeden unschuldig zu sein, verpflanzte er sie teils auf die Erde, teils auf den Mond, teils auf die übrigen Werkzeuge der Zeit. Was aber nach dieser Verpflanzung noch zu tun war, das überließ er den jungen Göttern, nämlich ihnen sterbliche Leiber anzubilden und das noch Rückständige, was zur Entstehung einer mensche lichen Seele noch hinzukommen mußte, dies und alles damit Zusammenhängende zu vollenden und dann die Herrschaft zu führen und nach Möglichkeit aufs Schönste und Beste das sterbliche lebendige Wesen zu lenken, so weit es nicht selber sich Übel zuziehen würde.

Das Zeitalter des Kronos

Gesetze, Buch 4 (713 A-714 B)

In seinen letzten Lebensjahren hat Platon ein weiteres Mal den Gedanken der Sozialisierung des Menschen ausführlich erörtert. Waren in den zehn Büchern des ›Staates‹ (s. o. S. 55 ff.) strikte Vorschriften zur Gewährleistung von Entstehung und Bestehen eines idealen Staates erörtert worden, so werden jetzt in zwölf Büchern realistischere Gesetze diskutiert, die eine Verwirklichung eher ermöglichen als jene rigoristischen Forderungen von einst. Bezeichnenderweise sind es drei Alte, die das Gespräch führen und die Alterssichten des Autors aussagen. Zwei von ihnen, Kleinias und Megillos, stammen aus Kreta – wo auch das Gespräch stattfindet – bzw. aus Sparta, während der namenlos bleibende »Fremde«, der die Diskussion dominiert, aus Athen kommt: Die Verfassungen dieser drei Staaten sind es, die im wesentlichen den verschiedenen Vorschlägen für das Gesetzeswerk der Idealstadt zugrunde liegen.

Im vierten Buch diskutiert die Gruppe verschiedene Faktoren für die Gründung einer Kolonie: die Gefahren einer Lage an der See, die Vorzüge einer gemischten Bevölkerung. Verfassungen werden erörtert, vor allem die Monarchie. Auf die Frage, welche Verfassungsform wirklich für die neue Kolonie zu wählen ist, welche Gottheit ihr Gelingen garantieren soll, bricht der Fremde ab und antwortet mit einem kurzen Mythos. Es geht um die Goldene Zeit, die einst in ferner Vergangenheit König Kronos kreiert hat – eine Zeit der Fülle ohne Arbeit, des glücklichen Lebens in Ordnung und Gerechtigkeit. Freilich ist das, fährt der Mythos fort, mehr, als was den Menschen möglich ist. Um seine geordnete Welt zu gewährleisten, bedient sich Kronos einer Gruppe geringer Götter – Platon nennt sie *daimones*, Dämonen – als Könige und Lenker der Städte, sind sie doch »göttlicher und besser« als wir, dem Guten enger verbunden und unbeirrbar in ihrer ethischen Orientierung. Auch die Nutzanwendung des Mythos wird alsbald angeschlossen: Auch in der Gegenwart (des Gesprächs, wohl auch darüber hinaus) sind »menschlich« regierte Städte vielerlei Unbill unterworfen, jene aber glücklich, in denen das uns innewohnende göttliche Element zur Geltung gelangt, jenes eben, das wir dann »Gesetz« nennen. Im Urtext gipfelt diese Pointe in einem doppelten Wortanklang: *nous* und *nomos*, »Einsicht« und »Gesetz« werden kontrapunktiert wie ebenso *dianomas* und *daimones*: die »Verteiler« der Einsichten, die Gesetze, ersetzen uns die »Dämonen« als Herrscher, der göttliche Funke in uns, die denkende Einsicht, herrscht als überirdisch beglaubigtes Gesetz.

So gründet der Mythos die gegenwärtigen Gesetze in grauer göttererfüllter Vorzeit, verleiht ihnen die Beglaubigung durch das Präzedens der Goldenen Zeit des Kronos. Sie sind so mehr als Menschenwerk, sind verankert im geistigen Prinzip, das den Kosmos durchwaltet und den Menschen erfüllt. Sie bedürfen freilich der genauen und vollen Orientierung am Guten, soll Übel vermieden werden. In wenigen Strichen, mehr angedeutet als genauer gezeichnet, gibt das Bild der Goldenen Zeit den gegenwärtigen Gesetzen eine Bekräftigung, die sie allein rational nicht zu erlangen vermöchten.

713a Der Athener: Sollen wir noch ein wenig den Mythos und die Sage zu Hülfe nehmen, um auf diese Frage die richtige Antwort zu finden?

Kleinias: Muß es denn auf diese Weise geschehen?

Der Athener: Ja freilich. Denn bedeutend früher noch als
die Staaten deren Bildung wir zuvor durchgingen entstan- b
den, sollen unter Kronos Regierung wie Bürgerschaft in
einem überaus glücklichen Zustande gelebt haben, von wel-
chem auch der bestverwaltete unter den heutigen Staaten nur
ein schwaches Abbild darbietet.

Kleinias: Gar sehr dürfte es also allem Anschein nach nötig sein hierüber zu hören.

Der Athener: Mir wenigstens scheint es so, deshalb habe ich es auch eben zur Sprache gebracht.

Kleinias: Und du hast ganz recht daran getan, und wirst es
auch daran tun wenn du uns den weitern Verlauf der Sage, so
weit er unsern Zwecken dient, vollständig erzählen willst. c

Der Athener: Es soll geschehen wie ihr wünscht. Die Sage
erzählt uns von dem seligen Leben der damaligen Menschen
und berichtet uns daß ihnen Alles in reicher Fülle und ganz
von selber gedieh, und daß Folgendes der Grund davon ge-
wesen sei. Kronos nämlich wußte wohl, was auch wir bereits
ausgeführt haben, daß auch nicht Eine sterbliche Art stark
genug dazu sei alle menschlichen Angelegenheiten aus eige-
ner Machtvollkommenheit zu verwalten, ohne sich dabei
mit Frevel und Ungerechtigkeit zu beflecken. Indem er da-
her dies in Erwägung zog, setzte er damals zu Königen und d
Herrschern über die Staaten nicht Menschen, sondern Wesen
von besserer und göttlicherer Abkunft, nämlich Dämonen,
gerade wie wir jetzt es bei den Schafen und allen anderen
Herden zahmer Tiere machen, indem wir bei ihnen nicht et-
liche Rinder über die Rinder und etwelche Ziegen über die
Ziegen zu Hütern bestellen, sondern wir selbst ihre Leitung
übernehmen, als Wesen von besserem Geschlechte denn sie.
Eben so machte es also auch der Gott und setzte in seiner
Menschenfreundlichkeit damals ein edleres Geschlecht über
uns, das der Dämonen, welches uns die Mühe dafür abnahm

e und doch selbst sich keiner großen Mühe damit unterzog,
und so durch seine Fürsorge für uns Frieden, sittliche Scheu,
Gesetzlichkeit und die Fülle der Gerechtigkeit bei uns hei-
misch und die Geschlechter der Menschen von innerem
Zwiste frei und glücklich machte. Und so verkündet uns
denn diese Sage noch heutzutage die Wahrheit daß es für alle
Staaten deren Herrscher nicht ein Gott, sondern ein Sterb-
licher ist, keine Möglichkeit gibt Leiden und Mühen zu
entfliehen; und sie lehrt uns daß wir auf jede Weise vielmehr
das Leben welches unter Kronos geherrscht haben soll nach-
ahmen und dem Unsterblichen, so viel dessen in uns ist, in
714a der Verwaltung von Privat- und öffentlichen Angelegenhei-
ten, Häusern und Staaten Folge leisten und die Satzungen der
Vernunft zu Gesetzen erheben müssen. Wo hingegen ein ein-
zelner Mensch oder eine Oligarchie oder auch Demokratie,
von allen möglichen Lüsten und Begierden getrieben und
nach steter Erfüllung derselben begierig und doch immer
leer und mit einem unheilbaren und unersättlichen Übel be-
haftet, über einen Staat oder (auch nur) einen Einzelnen die
Herrschaft ausübt, da treten sie dann alle Gesetze mit Füßen,
und es bleibt, wie gesagt, kein Mittel zur Rettung. Es ziemt
b sich also für uns, Kleinias, in Betracht zu ziehen ob wir dieser
Sage glauben und folgen oder anders handeln wollen.

Kleinias: Gewiß muß man ihr glauben und folgen.

Gleichnisse

Das Höhlengleichnis

Der Staat, Buch 7 (514 A-517 A)

In die Mitte seiner Ausarbeitung zur Staatstheorie hat Platon ein großartiges Gleichnis plaziert. Anders als die Mythen wird dies eigens als Vergleich vorgeführt: »Vergleiche... Schau an als...« sind die einleitenden Aufforderungen, die die bildhafte Natur des folgenden Textes ebenso betonen wie sein Wesen als kalkuliertes Konstrukt; nicht Vision, nicht Offenbarung, sondern rationale Visualisierung metaphysischer Inhalte ist vorgesehen. Paul Friedländer hat es eine »verdeutlichende Parabel« genannt (Platon III, 124) und betont, wie die anschließende Auslegung »Zug um Zug« die Einzelheiten des Bildes deutet.

Gezeigt wird im Bilde die Kondition des Menschen: sein Befangensein in dunkler Distanz zum wahren Wesen der Welt, seine mühevolle Erkenntnisarbeit – aber auch die Möglichkeit der Befreiung durch die Philosophie. Sie allein vermag die Gebundenheit der Sinne zu lösen und in allmählichem Aufstieg zur Schau des wahren Seins zu führen.

So lohnend es ist, den verschiedenen Details des Gleichnisses nachzugehen und ihre jeweiligen Bezüge aufzuspüren, so überwältigend ist die Wirkung des Gesamtbildes: Eine Vision von schaurig-dunkler Schönheit zeigt sich, mit der später die blendende Tageshelle kontrastiert wird. Ein existentieller Zustand verdeutlicht sich; er erscheint in einem existentiellen Bilde, das den nach-denkenden Geist unabweisbar fesselt und zu weiterem Forschen führt, ja zwingt. Zu Recht ist das Höhlengleichnis das berühmteste, am meisten diskutierte und zitierte Gleichnis Platons.

514a Nächstdem, sprach ich, vergleiche dir unsere Natur in Be-
zug auf Bildung und Unbildung folgendem Zustande. Sieh
nämlich Menschen wie in einer unterirdischen höhlenartigen
Wohnung, die einen gegen das Licht geöffneten Zugang längs
der ganzen Höhle hat. In dieser seien sie von Kindheit an
gefesselt an Hals und Schenkeln, so daß sie auf demselben
b Fleck bleiben und auch nur nach vorne hin sehen, den Kopf
aber herumzudrehen der Fesseln wegen nicht vermögend
sind. Licht aber haben sie von einem Feuer, welches von oben
und von ferne her hinter ihnen brennt. Zwischen dem Feuer
und den Gefangenen geht oben her ein Weg, längs diesem
sieh eine Mauer aufgeführt, wie die Schranken welche die
Gaukler vor den Zuschauern sich erbauen, über welche her-
über sie ihre Kunststücke zeigen. – Ich sehe, sagte er. – Sieh
c nun längs dieser Mauer Menschen allerlei Gefäße tragen, die
515a über die Mauer herüber ragen, und Bildsäulen und andere
steinerne und hölzerne Bilder und von allerlei Arbeit; Ei-
nige, wie natürlich, reden dabei, andere schweigen. – Ein gar
wunderliches Bild, sprach er, stellst du dar und wunderliche
Gefangene. – Uns ganz ähnliche, entgegnete ich. Denn zu-
erst, meinest du wohl, daß dergleichen Menschen von sich
selbst und von einander etwas anderes zu sehen bekommen
als die Schatten, welche das Feuer auf die ihnen gegenüber-
stehende Wand der Höhle wirft? – Wie sollten sie, sprach er,
b wenn sie gezwungen sind, zeitlebens den Kopf unbeweglich
zu halten! – Und von dem vorübergetragenen nicht eben die-
ses? – Was sonst? – Wenn sie nun mit einander reden könn-
ten, glaubst du nicht, daß sie auch pflegen würden dieses
vorhandene zu benennen was sie sähen? – Notwendig. –
Und wie, wenn ihr Kerker auch einen Widerhall hätte von
drüben her, meinst du, wenn einer von den Vorübergehen-
den spräche, sie würden denken etwas anderes rede als der
c eben vorübergehende Schatten? – Nein beim Zeus, sagte er. –

Auf keine Weise also können diese irgend etwas anderes für
das wahre halten als die Schatten jener Kunstwerke? – Ganz
unmöglich. – Nun betrachte auch, sprach ich, die Lösung
und Heilung von ihren Banden und ihrem Unverstande, wie
es damit natürlich stehn würde, wenn ihnen folgendes be-
gegnete. Wenn einer entfesselt wäre, und gezwungen würde
sogleich aufzustehn den Hals herumzudrehn, zu gehn und
gegen das Licht zu sehn, und indem er das täte immer
Schmerzen hätte, und wegen des flimmernden Glanzes nicht
recht vermöchte jene Dinge zu erkennen, wovon er vorher d
die Schatten sah: was meinst du wohl, würde er sagen, wenn
ihn einer versicherte, damals habe er lauter nichtiges gesehen,
jetzt aber dem seienden näher und zu dem mehr seienden
gewendet sähe er richtiger, und ihm jedes vorübergehende
zeigend ihn fragte und zu antworten zwänge was es sei?
meinst du nicht er werde ganz verwirrt sein und glauben,
was er damals gesehn sei doch wirklicher als was ihm jetzt
gezeigt werde? – Bei weitem, antwortete er. – Und wenn man e
ihn gar in das Licht selbst zu sehen nötigte, würden ihm
wohl die Augen schmerzen und er würde fliehen und zu je-
nem zurückkehren was er anzusehen im Stande ist, fest
überzeugt, dies sei weit gewisser als das letzt gezeigte? – Al-
lerdings. – Und, sprach ich, wenn ihn einer mit Gewalt von
dort durch den unwegsamen und steilen Aufgang schleppte,
und nicht losließe bis er ihn an das Licht der Sonne gebracht
hätte, wird er nicht viel Schmerzen haben und sich gar un-
gern schleppen lassen? Und wenn er nun an das Licht
kommt und die Augen voll Strahlen hat, wird er nichts sehen 516a
können von dem was ihm nun für das wahre gegeben wird. –
Freilich nicht, sagte er, wenigstens sogleich nicht. – Gewöh-
nung also, meine ich, wird er nötig haben um das obere zu
sehen. Und zuerst würde er Schatten am leichtesten erken-
nen, hernach die Bilder der Menschen und der andern Dinge

im Wasser, und dann erst sie selbst. Und eben so was am Himmel ist und den Himmel selbst würde er am liebsten in
b der Nacht betrachten und in das Mond- und Sternenlicht sehn als bei Tage in die Sonne und in ihr Licht. – Wie sollte er nicht! – Zuletzt aber, denke ich, wird er auch die Sonne selbst, nicht Bilder von ihr im Wasser oder anderwärts, sondern sie selbst an ihrer eigenen Stelle anzusehn und zu betrachten im Stande sein. – Notwendig, sagte er. – Und dann wird er schon herausbringen von ihr, daß sie es ist die alle Zeiten und Jahre schafft und alles ordnet in dem sichtba-
c ren Raume, und auch von dem was sie dort sahen gewissermaßen die Ursache ist. – Offenbar, sagte er, würde er nach jenem auch hiezu kommen. – Und wie, wenn er nun seiner ersten Wohnung gedenkt und der dortigen Weisheit und der damaligen Mitgefangenen, meinst du nicht er werde sich selbst glücklich preisen über die Veränderung, jene aber beklagen? – Ganz gewiß. – Und wenn sie dort unter sich Ehre, Lob und Belohnung für den bestimmten hatten, der das vorüberziehende am schärfsten sah und sich am besten behielt
d was zuerst zu kommen pflegte und was zuletzt und was zugleich, und daher also am besten vorhersagen konnte was nun erscheinen werde: glaubst du es werde ihn danach noch groß verlangen, und er werde die bei jenen geehrten und Machthabenden beneiden? oder wird ihm das Homerische begegnen und er viel lieber wollen das Feld als Tagelöhner bestellen einem dürftigen Mann und lieber alles über sich ergehen lassen als wieder solche Vorstellungen zu haben wie
e dort, und so zu leben? – So, sagte er, denke ich wird er sich alles eher gefallen lassen als so zu leben. – Auch das bedenke noch, sprach ich. Wenn ein solcher nun wieder hinunterstiege und sich auf denselben Schemel setzte: würden ihm die Augen nicht ganz voll Dunkelheit sein, da er so plötzlich von der Sonne herkommt? – Ganz gewiß. – Und wenn er wieder

in der Begutachtung jener Schatten wetteifern sollte mit denen, die immer dort gefangen gewesen, während es ihm noch vor den Augen flimmert ehe er sie wieder dazu einrichtet, 517a
und das möchte keine kleine Zeit seines Aufenthalts dauern, würde man ihn nicht auslachen und von ihm sagen, er sei mit verdorbenen Augen von oben zurückgekommen, und es lohne nicht, daß man versuche hinaufzukommen; sondern man müsse jeden, der sie lösen und hinaufbringen wollte, wenn man seiner nur habhaft werden und ihn umbringen könnte, auch wirklich umbringen? – So sprächen sie ganz gewiß, sagte er.

Das Schiffergleichnis

Der Staat, Buch 6 (487 E-489 A)

Nachdem in Platons »Politeia« der berühmte Satz gefallen ist, daß die Könige Philosophen, die Philosophen Könige sein müssen, erhebt sich alsbald Widerspruch seitens des Dialogpartners Adeimantos, der die Praxis gegen die Theorie ins Feld führt: das Versagen vieler Philosophen in der Realität. Hier bedient sich der platonische Sokrates einer Allegorie. »Stelle dir vor«, fordert er den Gesprächspartner auf; es ist ein Geschehen, das man sich auf einem oder auf vielen Schiffen denken kann, und es setzt sich, wie bei einem Phantasiegemälde mit Bockshirschen oder anderen Mischwesen, aus vielerlei verschiedenen Zügen zusammen. Die Allegorie beschreibt die meuternden Matrosen, die, den Begehrlichkeiten im Staatswesen analog, das Ruder an sich reißen und das Schiff zu ihrem eigenen Nutzen lenken wollen und den klugen Kapitän beiseite schieben. Dieser ist freilich auch seinerseits behindert: von den Meuterern, die ihn umdrängen, wie von den eigenen Unzulänglichkeiten im Praktischen. Das Verhältnis von Philosoph und leicht verführtem Volk, von aufrührerischer Begier und behinderter Mäßigung zeichnet sich ab.

Der Text bezieht sein Interesse aus der genauen Ausrichtung auf das zu verdeutlichende Problem. Er ist dramatisch bewegt und spricht, vieldeutig und vielsagend genug, zum Hörer weniger durch bildliche Fülle und poetischen Glanz als durch gedankliche Genauigkeit und visualisierende Deutlichkeit.

Wie kann es denn also, sagte er, richtig sein zu sagen, daß die 487e
Staaten nicht eher des Unheils würden erlediget werden bis
sie von den Philosophen regiert werden, welche wir doch
einstimmig als unbrauchbar für sie ansehn? – Du wirfst,
sprach ich, eine Frage auf, welche einer Antwort durch ein
Bild bedarf. – Du aber, sagte er, denke ich, pflegst ja nicht
durch Bilder zu reden. – Sei's drum! antwortete ich. Du
spottest also noch, nachdem du mich in einen so schwer aus-
zuführenden Gegenstand hineingeworfen? Höre denn mein 488a
Bild, damit du besser sehest wie mühsam ich bildre. Denn so
schwierig ist das was grade den vortrefflichsten mit dem
Staate begegnet, daß es auch nirgends etwas ganz ähnliches
gibt, sondern von vielerlei her muß man zusammenbringen
womit man sie vergleichen und was man zur Verteidigung
für sie sagen will, wie die Maler Bockhirsche und andere der-
gleichen Mischlinge zeichnen. Denke dir also, sei es nun über
viele Schiffe oder über eines einen solchen Schiffsherrn ge-
setzt, der zwar an Größe und Stärke alle Andern im Schiffe b
übertrifft, übrigens aber ist er harthörig, sieht auch wenig
und versteht von der Schiffahrt ohngefähr eben so viel, und
die Schiffsleute in Fehde unter sich wegen des Befehls, indem
jeder glaubt er müsse steuern, der jedoch nie die Kunst er-
lernt hat, und weder seinen Lehrer aufzeigen kann noch die
Zeit in der er sie gelernt hätte, ja daß sie überdies noch alle
behaupten man könne sie auch nicht lernen, und jeden, der
behauptet sie sei lehrbar, gleich herunter hauen wollen; c
denke dir nun, daß diese immer den Schiffsherrn umlagern,
bitten und alles versuchend damit er ihnen das Steuerruder
übergebe, zuweilen aber, wenn einige ihn nicht überreden
können, sondern es scheint Andere eher, dann jene diese an-
dern töten oder aus dem Schiff herauswerfen, den edlen
Schiffsherrn aber durch Zauberbeeren oder Rausch oder an-
ders wie fesseln, und so das Fahrzeug regieren mit Hülfe

dessen was sich eben darin findet, und so zechend und
schmausend schiffen wie es von solchen zu erwarten ist;
überdies aber daß sie jeden loben, und als Meister in der
d Schiffahrt und wohlkundig alles dessen was zum Fahrzeuge
gehört auspreisen, der ihnen dazu behülflich zu sein ver-
steht, daß sie ans Ruder kommen, werde es nun durch
Überredung oder durch Gewalt von dem Schiffsherrn er-
langt, und jeden, der das nicht tun will, tadeln als unbrauch-
bar, von dem wahren Steuermann hingegen nicht einmal
soviel wissen, daß er notwendig auf die Jahreszeit und die
Tageszeit und den Himmel und die Sterne und die Winde
und was sonst zur Kunst gehört Acht haben muß, wenn er in
e Wahrheit ein Schiffslenker werden will, sondern nur meinen
daß man die Kunst und Geschicklichkeit, die dazu gehört
ans Ruder zu kommen, mögen nun Einige es wollen oder
nicht, daß man diese unmöglich haben könne und dabei die
Steuermannskunst zugleich. Wenn nun dergleichen in den
Schiffen vorgeht, meinst du nicht, daß der wahre Schiff-
fahrtskundige gewiß nur werde ein Wetterprophet und
489a Buchstabenkrämer und unnützer Mensch genannt werden,
von denen die in so bewirtschafteten Schiffen segeln? – Ganz
gewiß, sagte Adeimantos.

Das Ungeheuer, der Löwe und der Mensch

Der Staat, Buch 9 (588 B-590 A)

Im vorletzten Buche der Staatsschrift greift Platon zu einem phantastischen Vergleich, um zu verdeutlichen, wie vielfältig, ja verworren die menschliche Existenz sein kann: wie ein Amalgam aus Mensch und Löwe und vielkörprigem Tier erscheint sie, eingefügt in den Umriß einer menschlichen Gestalt. Der Autor selbst erinnert seine Hörer an die vergleichbaren Mischwesen und Ungeheuer der Mythologie: an Chimaira, Skylla, Kerberos. Die Tierköpfe kehren sich grimmig gegeneinander, ringen um die Vorherrschaft, zerren den Menschen hierhin und dahin – der Aufruhr der Begierden in den Seelen der Individuen tritt plastisch vor Augen.

Das hier gezeichnete Seelenbild korrespondiert mit der gegensätzlichen im Schlußmythos (s. S. 55 ff.) gestalteten Erscheinung der geordneten ganzheitlichen Seele. Den Anschluß vermittelt der dort aufgerufene Meerdämon Glaukos. Seine ursprüngliche Erscheinungsform ist durch Verkrustungen und Verletzungen verzerrt und unkenntlich geworden – so wie unser Bild von der Seele des Menschen es auch ist. Der relativ kurze Vergleich, der im Anschluß ausführlich ausgedeutet ist, stellt sich zu den mannigfachen Seelenbildern im Werke Platons – eine Verbildlichung, die weniger erzählt als vielmehr beschreibt, eine Zustandsschilderung, keine Handlung. Sie steht dennoch nicht zurück: aufgrund ihrer bizarren Bildhaftigkeit, der phantastisch-pittoresken Ausmalung eines wichtigen und weitgreifenden Widerspruches im Wesen des Menschen.

588b Wohlan, sprach ich, weil wir nun hieher gelangt sind mit
unserer Rede: so laß uns das zuerst gesagte wieder aufneh-
men, weshalb wir hieher gekommen sind. Es wurde doch
gesagt, Unrecht tun nütze dem, der vollkommen ungerecht
zwar sei, gerecht aber erscheine. Oder ist nicht so gesagt wor-
den? – Allerdings so. – Nun also, sprach ich, laß uns mit
diesem reden, nachdem wir einig geworden sind, was es mit
beidem, dem Unrechttun und dem Gerechthandeln, auf sich
habe. – Wie aber? fragte er. – Laß uns zuerst ein Bildnis der
Seele in Worten anfertigen, an welchem, wer jenes behaup-
c tete, sehen könne, was er gesagt hat. – Was für eines? fragte
er. – Von der Art eines, sprach ich, wie die Fabel lehrt, daß es
vor Zeiten Naturen gegeben habe, die der Chimaira und
der Skylla und des Kerberos und noch verschiedene andere
werden ja beschrieben, daß sie viele Gestalten in eines zu-
sammengewachsen gewesen seien. – Das wird freilich er-
zählt. – So bilde dir denn Eine Gestalt eines gar bunten und
vielköpfigen Tieres rundherum Köpfe von zahmen und wil-
den Tieren habend und im Stande dies alles abzuwerfen und
d aus sich hervorzubringen. – Dazu gehört ein tüchtiger Bild-
ner, sagte er; indessen da doch Worte leichter zu handhaben
sind als Wachs und dergleichen, so sei es gebildet. – Nun
auch noch Eine andere Gestalt des Löwen und eine des Men-
schen: bei weitem das größte aber sei die erste und das
nächste die zweite. – Dieses, sagte er, ist schon leichter, und es
ist gebildet. – Weiter verknüpfe nun diese drei in eines, so daß
sie miteinander zusammenwachsen. – Sie sind verknüpft,
sagte er. – Und nun bilde außen um sie herum das Bildnis des
Einen, nämlich des Menschen, so daß es dem der das Innere
e nicht sehen kann, sondern nur die äußere Hülle sieht, als Ein
lebendes Wesen erscheint, nämlich ein Mensch. – Das sei her-
umgebildet, sagte er. – Und nun gehen wir zu dem, welcher
behauptet, diesem Menschen nütze Unrechttun, Gerecht-

handeln aber sei ihm nichts nütze, und sagen ihm er behaupte
nichts anders, als es nütze ihm jenes vielgestaltige Tier nebst
dem Löwen und was ihm angehört durch Wohlleben stark
zu machen, den Menschen aber Hungers sterben zu lassen 589a
und abzuschwächen, so daß er sich muß schleppen lassen
wohin eben eines von jenen beiden ihn zieht, und nicht etwa
sie aneinander zu gewöhnen und eines mit dem andern zu
befreunden, sondern sie sich unter einander beißen und im
Streite verzehren zu lassen. – Auf alle Weise, sprach er, be-
hauptet das der, welcher das Unrechttun lobt. – Also auch
wohl wer das gerechte für nützlich erklärt, der würde be-
haupten, man müsse solches tun und reden, wodurch des
Menschen innerer Mensch recht zu Kräften kommt, und b
sich auch des vielköpfigen Geschöpfes annehmen kann wie
ein Landmann das zahme nährend und aufziehend, dem wil-
den aber, nachdem er sich die Natur des Löwen zu Hülfe
genommen, wehrend, daß es nicht wachse, auf daß er so, für
alle gemeinsam sorgend, nachdem er sie unter einander und
mit ihm selbst befreundet, sie so erhalte. – Offenbar behaup-
tet wiederum dieses, wer das gerechte lobt. – Auf alle Weise
also sagt ja der das wahre, der das Gerechte erhebt, der aber c
das Unrecht, täuscht sich. Denn mag man nun auf die Lust
sehen oder auf den guten Ruf oder auf die Förderung: so hat
der Lobredner des Rechts die Wahrheit für sich, der Tadler
aber sagt nicht gesundes und tadelt ohne zu wissen was. –
Gewiß, sagte er, weiß er es ganz und gar nicht. – So laß ihn
uns denn in der Güte überreden, da er ja auch nicht mit Wil-
len fehlt, und ihn fragen, Würden wir nicht doch sagen, o
Lieber, daß auch das edle und schlechte sich aus solchen Ur-
sachen geltend gemacht habe, das edle nämlich als dasjenige, d
wodurch das tierische in der Natur unter den Menschen oder
vielmehr unter das Göttliche gebracht wird, das schändliche
aber, weil es das zahme unter die Gewalt des wilden bringt?

wird er beistimmen, oder wie? – Wenn er anders mir folgen will, sagte er. – Kann es nun wohl, sprach ich, dieser Erklärung zufolge irgend einem nützlich sein, ungerechterweise Geld zu nehmen, wenn doch dergleichen etwas geschieht, daß, indem er das Geld nimmt, zugleich das beste von ihm selbst dem schlechtesten verknechtet wird? Oder soll man
e sagen, daß zwar, wenn er für Geld einen Sohn oder eine Tochter in die Knechtschaft gäbe, zumal noch unter wilde und böse Menschen, es ihm nicht nützen könnte auch noch so viel unter solcher Bedingung zu empfangen; wenn er aber das göttlichste Sein selbst in des ungöttlichsten und gräu-
590a lichsten Gewalt gibt ohne Erbarmen, dann wäre er nicht elend und hätte nicht für einen weit unseligeren Verlust Geld genommen, als Eriphyle, die jenen Schmuck annahm für ihres Mannes Leben? – Bei weitem wohl! sprach Glaukon, denn ich will dir für ihn antworten.

Der Vogelkäfig

Theaitetos 197 B-197 E

Platons Dialog ›Theaitet‹ berichtet ein Gespräch des Sokrates mit zwei Mathematikern, dem Theodoros und dem jüngeren Theaitet. Es geht um das Wesen des Wissens, um die wahre und die falsche Auffassung. Mancherlei Bilder untermalen den Text: Sokrates, selbst Sohn einer Hebamme, vergleicht seine philosophisch-erzieherische Tätigkeit mit der Hebammenkunst (149 ff.); das Wesen der Erinnerung wird im Bilde einer Wachstafel beschrieben, die von den Sinnen Eindrücke empfängt und dann aufbewahrt (191).

Auf diesen Vergleich weist auch der Text zurück, der im Bilde eines Aviariums das Wesen des Wissens zu erläutern unternimmt. Ausgangspunkt ist der Gegensatz zwischen Besitzen und Benutzen. Ein Mann etwa, der einen Mantel kaufte, aber nicht trug, hatte ihn wohl als Eigentum, nicht als Nutzgegenstand. Wie ist es mit dem Wissen? Hier schließt das Bild der Vogelkäfige an, in dem die gefangenen Vögel der Einsichten aufbewahrt, aber nur ab und an hervorgeholt werden: Der Besitzer hat sie allesamt zur Verfügung, nutzt sie freilich nur unterschiedlich.

Interessant zu beobachten, wie späterhin der Gesprächspartner Theaitet das Bild selbst aufnimmt und erweitert (199 E), indem er vorschlägt, nicht nur Vögel des Wissens zu imaginieren, sondern auch solche des Unwissens, des Nichtverstehens. Wie Sokrates mit diesem Gebrauch seines Bildes durch den jüngeren Freund umgeht, mag nachzulesen lohnen.

Sokrates: Mir also scheint Besitzen und Haben nicht einerlei zu sein. Wie wenn Jemand ein Kleid, das er gekauft und nun allerdings in seiner Gewalt hat, nicht trüge; so werden wir nicht sagen, daß er es an sich habe, sondern daß er es besitze.

Theaitetos: Und mit Recht.

197c Sokrates: Sieh also zu, ob es möglich ist, auch die Erkenntnis auf diese Art zu besitzen zwar, aber nicht zu haben, sondern wie wenn Jemand wilde Vögel, Tauben oder von anderer Art, gejagt und zu Hause einen Taubenschlag bereitet hat, worin er sie hält. Denn auf gewisse Weise würden wir dann sagen können, daß er sie immer hat, da er sie ja besitzt. Nicht wahr?

Theaitetos: Ja.

Sokrates: In einem andern Sinne aber auch, daß er gar
keine hat, sondern daß ihm nur eine Gewalt über sie zu-
kommt, indem er sie in einem ihm eigentümlichen Behältnis
sich unterwürfig gemacht, sie zu nehmen und zu haben,
d wann er Lust hat, indem er fangen und wieder loslassen kann
welche er jedesmal will, und dieses ihm frei steht zu tun so
oft es ihm nur gefällt.

Theaitetos: So ist es.

Sokrates: Wie wir also in dem Vorigen ich weiß nicht mehr was für ein wächsernes Machwerk in der Seele bereiteten, so laß uns jetzt in jeder Seele einen Taubenschlag von mancherlei Vögeln anlegen, einige die sich in Herden zusammenhalten und von Andern absondern, andere die nur zu wenigen, noch andere welche einzeln unter allen wie es kommt umherfliegen.

e Theaitetos: Er sei angelegt. Was wird nun aber daraus?

Sokrates: In der Kindheit muß man sagen sei dieses Behältnis leer, und statt der Vögel muß man sich Erkenntnisse denken. Welche Erkenntnisse nun Einer in Besitz genommen und in seinen Schlag eingesperrt hat, von denen sagt man, er habe die Sache, deren Erkenntnis dies war, gelernt oder gefunden, und dies sei eben das Wissen.

Theaitetos: So soll es sein.

Die Marionette

Gesetze, Buch 1 (644 D - 646 A)

Bereits im ersten Buch der platonischen ›Gesetze‹ (zu diesen s. o. S. 177 ff.) bekennen die beiden Zuhörer Kleinias und Megillos ihre Schwierigkeiten, den Begriffsbestimmungen des Vortragenden, jenes Fremdlings aus Athen, zu folgen. Das führt diesen dazu, sich bildlicher Rede zu bedienen. Anstatt weiter über die beiden »Berater« des Menschen, »Lust« und »Schmerz«, zu dozieren und die ihnen geltenden Erwartungen des einzelnen je nachdem als »Furcht« oder »Zuversicht« zu definieren, die »Überlegungen« der Gesamtheit aber als »Gesetze«, anstatt all dieser Gedankengänge führt er ein Gleichnis ein, das sich mit dem logischen Vortrag eng verbindet. War dort »Überlegung«, im Griechischen *logismos*, die Richtschnur des Erkennens von Gut und Schlecht, so ist nun im Bild diese »Überlegung« der »Heilige Goldene Faden«, der den Menschen auf den rechten Weg führt und zum Guten leitet: Dieser Leitfaden aber ist für die staatliche Gemeinschaft das Gesetz.

Platon begnügt sich nicht allein damit, das Bild zu entwerfen; er unterwirft es auch einem Test, indem er einen Vorgang diskutiert, der den Bewußtseinszustand der Marionette, des Menschen, massiv manipuliert. Eine kräftige Dosis guten Weines verändert fast vollständig die Empfindungen und Erinnerungen, Erwägungen und Erlebnisse der Versuchsperson: Der einsichtsvolle Erwachsene wird wieder zum unvernünftigen, unverständigen Kinde. Die unheilvolle Gabe hat seinen Kontakt zur rechten Leitung unterbrochen, hat seine Orientierung am »Heiligen Goldenen Faden« gestört. Es zeigt sich, daß die Möglichkeit zum Guten sicher besteht, daß sie aber der Bewahrung bedarf und nicht gefährdet werden soll – beim einzelnen wie beim Staat, im persönlichen Bewußtsein wie im Gesetz der Gemeinschaft.

Drei Züge des kurzen Marionettenvergleichs verdienen Hervorhebung. Er wird eingeführt auf die Klage der beiden Zuhörer über die Unverständlichkeit der abstrakten Erörterungen, ist also deutlich ein Instrument didaktischer Technik. Er wird ausgeführt in knappster Form, ohne weitere Details oder Ornamente, ist also reiner Bildbegriff, nicht aber eigenständiges Gemälde. Er wird weitergeführt in einer angeschlossenen Operation, dem Trunkenheitsexperiment, und gewinnt dadurch über die kargen Konturen des Anfangs hinaus ein Stück weitere Entfaltung. Als Ganzes aber entwirft er ein eigentümliches Menschenbild, in dem Geborgenheit und Gefährdung sich die Waage halten. Die moralische Bewährung des einzelnen wie die der Gemeinschaft bleibt auch im Spätwerk Platons der zentrale Gedanke: Die Entscheidung ist auch der Marionette Mensch, dem Individuum wie der Institution, nicht genommen – und auch nicht abgenommen.

Kleinias: Nur mit Mühe zwar folge ich dir noch, indessen 644d
fahre fort, als ob ich dir folgte.

Megillos: Auch mir geht es gerade so.

Der Athener: So wollen wir uns denn die Sache folgendermaßen vorstellen. Wir wollen jedes von uns lebendigen Wesen als eine sogenannte Marionette ansehen, welche die Götter, sei es bloß zu ihrem Spielzeug, sei es zu einem ernsteren Zwecke, gebildet haben, denn das wissen wir so recht
eigentlich nicht. Das aber wissen wir, daß die eben genannten e
Regungen in uns gleichsam wie innere Drähte oder Schnüre uns leiten und, wie sie selbst einander entgegengesetzt sind,

auch einander entgegenwirkend uns zu entgegengesetzten
Handlungen hinziehen, und daß eben hierin der Unter-
schied von Tugend und Laster beschlossen liegt. Einem
dieser Züge nun, sagt die Vernunft, müsse ein Jeder folgen,
sich nie von ihm losmachen und dagegen dem aller anderen
645 a Drähte widerstreben, und dies sei die goldene und heilige
Leitung der vernünftigen Überlegung, welche auch den Na-
men des gemeinsamen Staatgesetzes führt; die andern Drähte
seien hart und eisern, dieser hingegen, weil er von Gold ist,
geschmeidig, und überdies seien die anderen auch unter sich
selbst wieder von der verschiedensten Art. Man müsse dem-
nach jener schönsten Leitung, welche eben das Gesetz aus-
übt, stets zu Hülfe kommen; denn da die vernünftige
Überlegung zwar eine schöne, aber auch eine milde und
nicht gewaltsame Führerin ist, so bedürfe sie auch der Unter-
b stützung, damit der goldene Draht in uns aller anderen
Drähte Herr werde. Und so wäre denn wohl diese bildliche
Darstellung der Tugend, welche uns mit Marionetten ver-
gleicht, gerechtfertigt, und wenigstens bis zu einem gewissen
Grade hin klarer gemacht was das Sichselbstüberwinden
und Sichselbsterliegen besagen will, und was den Staat und
den Privatmann anbetrifft, daß der Letztere, nachdem er die
richtige Ansicht über diese Züge aus sich selber gewonnen,
auch nach ihr sein Leben einrichten, der Staat aber, nachdem
er, sei es von den Göttern oder von eben Jenem der diese
richtige Ansicht gewonnen dieselbe überkommen hat, sie als
Gesetz hinstellen und nach ihr seinen inneren Verkehr sowie
c den mit anderen Staaten regeln müsse. Und so möchte auch
Tugend und Laster selbst durch dies Bild genauer von uns
zergliedert sein, und nachdem dies deutlicher geworden,
werden vielleicht auch die Erziehung und die sonstigen öf-
fentlichen Einrichtungen besser ans Licht treten und dem-
zufolge auch Alles was den geselligen Verkehr mittelst der

Trinkgelage anbetrifft und was man geneigt sein könnte für einen allzu geringfügigen Gegenstand zu halten als daß es nicht unnütz sein sollte viele Worte über ihn zu verlieren, aber von dem sich doch vielleicht bald ergeben wird daß er eine solchen Länge der Behandlung nicht unwürdig ist.

Kleinias: Wohl gesprochen, und so laß uns denn zu Ende führen was nur immer unserer gegenwärtigen Unterhaltung angemessen ist.

Der Athener: Sprich also, wenn wir diese Marionette be- d
rauscht werden ließen, in welchen Zustand würden wir sie dadurch versetzen?

Kleinias: In welcher Absicht fragst du das?

Der Athener: Noch in gar keiner weiteren Absicht, sondern ich will eben überhaupt nur wissen, in welchen Zustand die Berauschung sie versetzt. Doch will ich noch deutlicher auszusprechen suchen was ich meine. Folgendes ist der Gegenstand meiner Frage, ob nicht der Genuß des Weines Freude und Schmerz, Zorn und Liebe heftiger erregt?

Kleinias: Ja, und zwar um Vieles.

Der Athener: Wie aber ist es mit den Sinneswahrnehmun- e
gen, Erinnerungen, Vorstellungen und der Einsicht? Regt er diese eben so in höherem Grade an oder verläßt dies Alles nicht vielmehr *den* völlig der sich bis zur Trunkenheit (mit Wein) überfüllt?

Kleinias: Ja, es verläßt ihn völlig.

Der Athener: Und gerät er nicht so in denselben Seelenzustand in dem er sich befand als er noch ein unmündiges Kind war?

Kleinias: Allerdings.

Der Athener: Am Allerwenigsten wird er also dann seiner selbst mächtig sein?

Kleinias: Ja. 646a

Der Athener: Und bei wem dies der Fall ist, der befindet

sich nach unserer Behauptung in dem niedrigsten Zustande der Sittlichkeit.

Kleinias: Bei Weitem.

Der Athener: Es wird also, wie es scheint, nicht bloß der Greis zum zweiten Male zum Kinde, sondern auch der Betrunkene.

Kleinias: Du hast ganz Recht, Freund.

Der Magnetstein und die Muse

Ion 533 D-536 B

Wie der Tragiker Euripides, so hat auch der Philosoph Platon eines seiner Werke ›Ion‹ betitelt. Freilich handelt es sich um zwei ganz verschiedene Personen gleichen Namens: Der platonische Protagonist Ion von Ephesos ist seines Zeichens ein »Rhapsode«, d.h. einer, »der Lieder zusammenfügt«, noch genauer: ein Vortragender homerischer Dichtung im festlichen Kreise. Stand er mit dieser Tätigkeit neben dem Schauspieler, der Dramenverse vorträgt, und dem Sänger lyrischer Poesie, so hielt der Rhapsode außerdem auch noch Vorlesungen, in denen er seinen Hörern die epische Kunst erläuterte – eine Lehrtätigkeit, die ihn in die Nähe der Sophisten rückte. Der Dialog deutet auch die lukrative Seite dieser Art Existenz an: Ion tritt vor immerhin zwanzigtausend Hörern auf, geschmückt mit goldener Krone (535 D), und Platon ist boshaft genug, ihn in aller Unschuld ausplaudern zu lassen, wie bei den Tränen der Hörer sein Herz lacht: Sind diese recht ordentlich gerührt, steigt sein Honorar, bleiben sie unbewegt, fällt sein Preis beträchtlich (535 E).

Im Dialog – er ist in die Zeit gegen Ende des Peloponnesischen Krieges gesetzt – erlebt Ion das gefährliche Geschick, in ein Gespräch zu geraten mit Sokrates, dem Meister analytischen Fragens. Dieser treibt den selbstbewußten Künstler bald in die Enge: Zwar übt er sein Gewerbe höchst erfolgreich aus, aber wie es denn eigentlich mit diesem sich wirklich verhält, weiß er nicht zu sagen.

Hier fügt Platon/Sokrates eines seiner schönsten Gleichnisse ein: Die unerklärliche Macht der Kunst ist wie die unerklärliche Anziehung eines Magnetsteines. Wie dieser nicht nur selbst aus sich heraus wirkt, sondern auch einen eisernen Ring seinerseits magnetisch macht und durch diesen wiederum auch noch weitere, so läßt die Muse ihre geheimnisvolle Göttergabe durch mancherlei Medien hindurch wirken: Sie inspiriert den Dichter, der sein Werk schafft, und durch ihn den Rhapsoden, der dieses der Menge vorträgt, und wiederum durch diesen die Hörerschar, die die angesprochenen Gefühle nachvollzieht, die erregten Emotionen miterlebt. Selten nur ist ein physikalisches Phänomen einerseits und ein artistischer Ansatz andererseits so glücklich in Bezug gesetzt worden wie hier; die Kette der Wirkungen in der Kunst wie in der Natur, göttlich angeregt und menschlich weitergetragen, ist in nuce ein Grundgedanke von Platons Denken, der ihn sein Leben lang begleitet und bewegt hat.

Sokrates: Ich sehe ja zu, o Ion, und fange schon an dir zu
533d zeigen, was mich dies zu sein dünkt. Nämlich dies wohnt dir
nicht als Kunst bei, gut über den Homeros zu reden wie ich
eben sagte, sondern als eine göttliche Kraft, welche dich bewegt, wie in dem Steine der vom Euripides der Magnet
gewöhnlich aber der Herakleiische genannt wird. Denn auch
dieser Stein zieht nicht nur selbst die eisernen Ringe, sondern er teilt auch den Ringen die Kraft mit, daß sie eben
dieses tun können wie der Stein selbst, nämlich andere Ringe
e ziehn, so daß bisweilen eine ganze lange Reihe von Eisen
und Ringen an einander hängt; allen diesen aber ist ihre
Kraft von jenem Steine angehängt. Eben so auch macht zuerst die Muse selbst Begeisterte, und an diesen hängt eine
ganze Reihe Anderer durch sie sich begeisternder. Denn alle
rechten Dichter alter Sagen sprechen nicht durch Kunst sondern als Begeisterte und Besessene alle diese schönen Ge-

dichte, und eben so die rechten Liederdichter, so wenig die
welche vom tanzenden Wahnsinn befallen sind in vernünf- 534a
tigem Bewußtsein tanzen, so dichten auch die Liederdichter
nicht bei vernünftigem Bewußtsein diese schönen Lieder,
sondern wenn sie der Harmonie und des Rhythmos erfüllt
sind, dann werden sie den Bakchen ähnlich, und begeistert,
wie diese aus den Strömen Milch und Honig nur wenn sie
begeistert sind schöpfen, wenn aber ihres Bewußtseins
mächtig dann nicht, so bewirkt auch der Liederdichter Seele
dieses, wie sie auch selbst sagen. Es sagen uns nämlich die
Dichter, daß sie aus honigströmenden Quellen aus gewissen b
Gärten und Hainen der Musen pflückend diese Gesänge uns
bringen wie die Bienen, auch eben so umherfliegend. Und
wahr reden sie. Denn ein leichtes Wesen ist ein Dichter und
geflügelt und heilig, und nicht eher vermögend zu dichten,
bis er begeistert worden ist und bewußtlos und die Vernunft
nicht mehr in ihm wohnt. Denn so lange er diesen Besitz
noch festhält ist jeder Mensch unfähig zu dichten oder Ora-
kel zu sprechen. Wie sie nun nicht durch Kunst dichtend
vieles und schönes über die Dinge sagen, eben wie du über c
den Homeros, sondern durch göttliche Schickung: so ist
nun deshalb Jeder nur dasjenige schön zu dichten vermö-
gend, wozu die Muse ihn antreibt, der Dithyramben, der
Lobgesänge, der Tänze, der Sagen, der Jamben, und im üb-
rigen ist Jeder schlecht. Nämlich nicht durch Kunst bringen
sie dieses hervor, sondern durch göttliche Kraft. Denn wenn
sie durch Kunst über Eins schön zu reden wüßten, würden
sie es auch über alles Andere. Daher auch der Gott nur
nachdem er ihnen die Vernunft genommen sie und die Ora- d
kelsänger und die göttlichen Wahrsager zu Dienern ge-
braucht, damit wir Hörer gewiß wissen mögen, daß nicht
diese es sind, welche das sagen was soviel wert ist, denen ihre
Vernunft ja nicht einwohnt; sondern daß der Gott selbst es

ist, der es sagt, und daß er nur durch diese zu uns spricht. Ein großer Beweis für diese Rede ist Tynnichos der Chalkidier, der nie irgend ein anderes Gedicht gedichtet hat, dessen es nur lohnte zu erwähnen, doch aber diesen Päan, den Jedermann singt, fast unter allen Liedern das schönste, recht, wie
e er selbst sagt einen Fund der Musen. Denn an ihm scheint ganz vorzüglich der Gott uns dieses gezeigt zu haben, damit wir ja nicht zweifeln, daß diese schönen Gedichte nicht menschliches sind und von Menschen, sondern göttliches und von Göttern, die Dichter aber nichts sind als Sprecher der Götter, besessen jeder von dem, der ihn eben besitzt. Um
535a dies zu zeigen hat recht absichtlich der Gott durch den schlechtesten Dichter das schönste Lied gesungen. Oder dünkt dich nicht daß ich recht habe, Ion?

Ion: Ja, beim Zeus, mich dünkt es gewiß. Denn du ergreifst mir recht die Seele mit deinen Worten, Sokrates; und ich glaube wohl, daß durch göttliche Schickung die rechten Dichter uns dies von den Göttern überbringen.

Sokrates: Und nicht wahr ihr Rhapsoden überbringt wieder jenes von den Dichtern?

Ion: Auch daran hast du Recht.

Sokrates: Ihr seid also Sprecher der Sprecher?

Ion: Allerdings.

b Sokrates: Komm aber, und sage mir auch dies, Ion, und verheimliche es mir nicht was ich dich fragen will. Wenn du die Verse schön vorträgst und deine Zuschauer am meisten hinreißest, es sei nun, daß du den Odysseus singst wie er auf die Schwelle springt, sich den Freiern offenbart und sich die Pfeile ausgießt vor die Füße, oder den Achilleus wie er gegen den Hektor dringt, oder auch etwas klägliches von der Andromache oder der Hekabe oder dem Priamos: bist du dann
c bei völligem Bewußtsein, oder gerätst du außer dich und glaubt deine begeisterte Seele bei den Gegenständen zu sein,

von welchen du sprichst, sie mögen nun in Ithaka sein oder in Troja oder wo sonst das Gedicht sich aufhält?

Ion: Welchen deutlichen Beweis hast du mir da aufgestellt, Sokrates! Denn ich will dir nichts davon verheimlichen. Wenn ich nämlich etwas klägliches vortrage: so füllen sich mir die Augen mit Tränen, wenn aber etwas furchtbares und schreckliches, so sträuben sich die Haare aufwärts vor Furcht, und das Herz pocht.

Sokrates: Was wollen wir also sagen, Ion? daß derjenige d
bei vollem Bewußtsein ist, welcher mit bunten Kleidern und goldnen Kränzen geschmückt mitten unter Opfern und Festlichkeiten weint, ohne von jenen Herrlichkeiten etwas verloren zu haben, oder sich fürchtet mitten unter zwanzigtausend befreundeten Menschen, ohne daß ihn Jemand ausziehen oder sonst ihm Leides zufügen will?

Ion: Nein, beim Zeus, Sokrates, nicht eben, wenn ich doch die Wahrheit sagen soll.

Sokrates: Und weißt du wohl, daß ihr auch unter den Zuschauern gar viele eben dahin bringt?

Ion: Gar sehr weiß ich das. Denn ich betrachte sie jedesmal e
oben herab von der Bühne wie sie weinen und furchtbar umblicken und mitstaunen über das Gesagte. Auch muß ich ja wohl gar sehr auf sie Acht geben: Denn habe ich sie recht weinen gemacht, so lache ich hernach weil ich Geld einnehme: habe ich sie aber zu lachen gemacht; so muß ich selbst weinen, weil ich das Geld einbüße.

Sokrates: Merkst du nun, daß dieser Zuschauer der letzte ist von den Ringen, von welchen ich sagte, daß sie aus dem herakleotischen Stein einer durch den andern ihre Kraft
empfingen? der mittlere aber bist du, der Rhapsode und 536a
Darsteller, und der erste ist der Dichter selbst. Der Gott aber zieht durch alle diese die Seelen der Menschen wohin er will, indem er der einen Kraft die der andern anhängt. Und wie an

jenem Steine so hängt auch hier eine gar lange Reihe von Chorsängern und Lehrern des Chors und Unterlehrern, die wieder seitwärts angehängt sind, an den an der Muse hangenden Ringen. Und der eine Dichter hängt an dieser, der andere
b an jener Muse; wir nennen das zwar sie besitzt ihn, das ist aber ziemlich dasselbe, denn sie hält ihn doch immer.

Nachwort: Platon und die Bilder

1 · Leben

Als Platon 427 v. Chr. in Athen zur Welt kommt, hat des »attischen Reiches Herrlichkeit« (v. Wilamowitz-Moellendorff) seinen höchsten Stand erreicht. Der bedeutende Staatenbau glänzt weithin im Mittelmeer; Athen ist reich und einflußreich, die größten Männer von Hellas haben hier ihren Sitz genommen, ihre Werke entstehen als Krone griechischen Geistes. Doch der Bau beginnt bereits zu bröckeln: Drei Jahre zuvor hat eine verheerende Pest die Metropole heimgesucht; Perikles, der große Staatslenker, ist gestorben; zudem ist das Land in einen Krieg verwickelt, der sich nahezu drei Dezennien hinziehen und 404 Athens Sturz besiegeln wird.

Das Kind wächst in einer der führenden Familien heran. Es sieht als Zwölfjähriger die prächtigste Kriegsflotte gegen Sizilien in See stechen und erfährt als Vierzehnjähriger das Unglaubliche: daß das Unternehmen gescheitert, die Teilnehmer getötet oder gefangen sind. Der Heranwachsende erlebt die jährlichen Tragödien-Agone, erfährt die Wirkungen der jeweils neuen Dramen des Sophokles, des Euripides selbst in junger empfindlicher Seele. Er will Tragiker werden.

Dem Zwanzigjährigen begegnet Sokrates. Die Philosophie nimmt ihn von nun an in ihr Reich auf; der Lehrer fesselt den Schüler, so wie dieser es für Alkibiades am Rande des ›Gastmahls‹ beschrieben hat. »Fesseln« heißt hier lebenslange Bindung an einen »dämonischen« Meister, einen von der Suche nach Wahrheit und Weisheit Besessenen, dem der junge Geist nicht entrinnen kann. Platon vernichtet seine Tragödien und widmet sich der Philosophie.

Als Dreiundzwanzigjähriger erlebt er die endgültige Niederlage seines Heimatlandes, erlebt politische Wirren, schließlich, als Achtundzwanzigjähriger, die wohl tiefste Erschütterung: In einem beschämenden Justizmord wird der wenig bequeme Sokrates beseitigt. Es heißt, Platon sei, nachdem Sokrates den Schierlingsbecher trinken mußte, auf Reisen gegangen; Megara, Ägypten, Kyrene werden genannt.

Der nun schon mehr als Vierzigjährige vollzieht 385 oder bald danach jenen für ihn selbst wie für die geistige Zukunft Europas folgenschweren Akt: Er gründet im Hain des Heros Akademos seine Schule, die »Akademie«; sie wurde erst im zehnten Jahrhundert ihres Bestehens durch Kaiser Justinian 529 n. Chr. geschlossen – im selben Jahr, da in Italien in Monte Cassino das Mutterkloster des Abendlandes gegründet wurde.

In der Akademie entwickelte und vermittelte Platon seine Philosophie dem Publikum als Pädagoge und Publizist. Von hier aus unternahm er auch seine Reisen nach Sizilien, um am Hofe zu Syrakus seine idealpolitischen Ideen zu verwirklichen. Die Versuche bleiben erfolglos, die Reisen 368/67 und 361/60 und zuvor schon 386/81 waren Mißerfolge. Um so größer die Attraktion der Akademie: Die bedeutendsten Köpfe Griechenlands sammeln sich hier, einige, um hernach in ihrer Heimat führende Positionen auszufüllen, andere, um selbst der Philosophie ihr Leben zu weihen. Der Größte unter ihnen: Aristoteles, der zwei Jahrzehnte unter Platon arbeitete und erst nach dem Tode des Lehrers 347 die Akademie verließ; er gründet im Nordosten Athens auf dem Lykeion (»Lyzeum«) 334 seine eigene Schule, den Peripatos. Platons Nachfolger als Schulhaupt in der Akademie sind zunächst Speusipp, dann ab 339 Xenokrates.

Es blieb diesem Leben verwehrt, die philosophischen Vorstellungen vom gerechten Staat, von der vollkommenen Verfassung, vom idealen Herrscher zur mehrmals angestrebten Verwirklichung zu führen. Es war ihm aber vergönnt, die Gedanken zu entwickeln und zu vervollkommnen, die Resultate zu fixieren und sie der Nachwelt zu überliefern. Platon lebte weiter, zunächst im Wirken seiner direkten Schüler, dann im Einfluß seiner durch Jahrtausende hindurch überlieferten Werke.

II · Werk

Platons Publikationen, offenbar allesamt erhalten, umfassen 25 Dialoge, 13 Briefe und die als Rede konzipierte Verteidigung des Sokrates vor Gericht, die ›Apologie‹. Erhalten ist ferner Platons Testament (Diogenes Laertios 3,41 ff.), schließlich auch in der ›Anthologia Graeca‹ eine Anzahl von Epigrammen. Zumindest 17 von diesen werden als echt anerkannt, desgleichen einige der Briefe, unter denen der autobiographische 7. Brief eine Sonderstellung als philosophisches Dokument einnimmt.

Aus den Dialogen heben sich durch ihren Umfang ›Staat‹ und ›Gesetze‹ mit zehn resp. zwölf Büchern auch äußerlich heraus. Im übrigen hat die moderne Forschung durch subtile Untersuchungen des Sprachgebrauches, der Thematik und der Gedankenführung zwar nicht eine absolute Chronologie zu erstellen vermocht, doch immerhin drei größere Gruppen gesondert. Die erste Periode der platonischen Prosa, der auch die ›Apologie‹ zuzählt, umgreift eine Anzahl meist kürzerer, in der Aporie endender Dialoge über einzelne Tugenden wie Tapferkeit (›Laches‹), Frömmigkeit (›Euthyphro‹), Besonnenheit (›Charmides‹). Ein zunächst nicht abgeschlossener Dialog über die Gerechtigkeit wird dann später in der mittleren Schaffensphase zum großen grundsätzlichen Werk über den vollkommenen Staat und die beste Verfassung (›Politeia‹) ausgearbeitet. Dieser Zeit der hohen Meisterschaft gehören auch die beiden dem Eros gewidmeten Schriften zu, das ›Gastmahl‹ (›Symposion‹) und der ›Phaidros‹. Die sprachwissenschaftliche Studie ›Kratylos‹ und der ›Phaidon‹ über die Tugend gehören gleichfalls hierher.

Im Spätwerk finden sich die ›Gesetze‹ (›Nomoi‹), aber auch die Geschichte von Atlantis (›Kritias‹), die schon im ›Timaios‹, dem Werk vom Werden und Wesen der Welt, angeklungen war. Es finden sich aber auch generische Titel wie ›Der Sophist‹ (›Sophistes‹) oder ›Der Staatsmann‹ (›Politikos‹) neben weiteren Individualnamen wie ›Philebos‹, ›Theaitet‹ (›Theaitetos‹) und ›Parmenides‹. War im Frühwerk die Person des Sokrates dominierend gewesen, so tritt sie in der Spätphase fast vollkommen zurück. Auch wird das dramatisch dichte Dialogwerk mit seinem Hin und Wider, seinem Pro und Kontra mehr und mehr kondensiert zum kontinuierlichen Lehrvortrag.

Das Lehrgebäude der Akademie detailliert darzustellen ist hier nicht der Ort. Platons subtile Deduktionen, seine grundlegenden Gedankengänge gehören der Geistesgeschichte an, die Philosophie-Historiker haben da das Wort. Der hier vorliegende Versuch wendet sich einem Teilbereich zu, der auf den ersten Blick besonders leicht zugänglich erscheinen mag, vielleicht sogar wirklich zunächst einfacher erfahrbar ist als abstrakte Aussagen, rationale Argumente, logische Operationen. Dieser Teilbereich steht freilich nicht etwa für sich allein, er gehört in einen größeren geistigen Rahmen, den es anzudeuten gilt.

Das vierte vorchristliche Jahrhundert ist in der griechischen Literaturgeschichte arm an Poesie. Die attische Tragödie ist verstummt, die große »Alte« Komödie kommt zum Schweigen, 406 sterben Sophokles und Euripides, Gestalten wie Pindar (gest. 444) oder Aischylos (gest. 456?) gehören bereits ferner Vergangenheit zu. In den Vordergrund treten nun die Redner und die Philosophen. Man mag es für bedeutsam ansehen oder auch nur für spielerischen Zufall halten: Die beiden Protagonisten der Rhetorik und der Philosophie, Demosthenes und Aristoteles, haben beide ihr Leben im selben Jahr begonnen (384) und beschlossen (322). Sie sind es, die als die geistigen Repräsentanten ihrer Epoche zu gelten haben, und die Vielzahl von Namen anderer gleichzeitiger Großer aus ihren Disziplinen bekräftigt diesen Befund. Doch ist die Poesie in Hellas nicht erstorben; sie lebt fort, neben mancherlei weniger auffälligen Formen, in den Mythen der Bilderwelt Platons.

III · Mythen

Allenthalben ist Platons Rede bildgesättigt. Immer wieder zieht seine Sokrates-Figur Vergleiche aus dem Alltag heran, um Voraussetzungen zu verdeutlichen, Abstraktionen anschaulich zu machen, Ableitungen auszugestalten. Aber bildgetränkt wie seine gesamte Darstellung ist, greift sie doch auch noch an besonderen Stellen zu Höherem: Ein Neueinsatz wird anvisiert. Das kann als genauer gestaltetes Gleichnis geschehen, und davon wird in der Folge zu reden sein. Das kann aber auch ein *mythos* sein, und von diesem ist hier zu handeln.

Oft genug läßt Platon seine Figuren darüber nachdenken, ob sie, um einen schwierigen Gedankengang, einen komplizierten Sachverhalt zu erörtern, einen *logos* verwenden sollten oder einen *mythos*. Schon im ›Protagoras‹ wird an nicht weniger als drei Stellen (320 C; 324 D; 328 C) dieses Gegensatzpaar eingeführt; ähnlich ist es im ›Gorgias‹ (523 A; 527 A), im ›Timaios‹ (26 E) und zuletzt in den ›Gesetzen‹ (664 A; 872 D). Noch weit öfter tritt *mythos* entweder allein auf oder erscheint in Ableitungen (*Mythen* erzählen, dichten etc.). Dem Wort haftet dabei allenthalben ein doppelter Beiklang an: Im Gegensatz zum *logos* erzählt der *mythos* nicht Tatsächliches, sondern eher Phantastisches – damit steht er der Welt des Scheines nahe, der Unwahrheit. Aber im Gegensatz zur eigentlichen Lüge beschreibt der *mythos* zwar auch etwas nicht Tatsächliches, aber doch etwas im innersten Kern Wahres. Eine hinter der äußerlichen Bildhaftigkeit liegende innere Richtigkeit stimmt mit der faktischen Wahrheit des *logos* überein. So ist eben der *mythos* nicht Verleugnung, sondern nur Verkleidung der Wahrheit. Er ist nicht Lüge, sondern indirekte, umweghafte wahre Aussage – er spricht nicht im abstrakten Begriff, sondern im konkreten Bild. Nicht logische Deduktion, sondern lebendige Erzählung redet zum Hörer, und dieser Bericht leitet ihn auf dem Pfade der sinnlichen Vorstellung zur selben Wahrheit wie der Weg der rationalen Argumentation.

Gewinn und Gefahr sind gleich groß, mag es scheinen. Einerseits gewinnt die Aussage an Anschaulichkeit; eine größere Ansprechbarkeit des Rezipienten ist die Folge, eine gesteigerte Anteilnahme. Andererseits bedarf das Bild der Deutung; das kann zu Mißverständnissen, Akzentverschiebungen, Abweichungen in der Aussage Anlaß geben. Soweit mögen in der Tat Gewinn und Gefahr einander die Waage halten. Aber ein weiteres wichtiges Moment tritt hinzu.

In der Welt der Mythen erwachen Phantasie und Kreativität. Der Autor erweitert den Gesprächsraum, der Hörer wirkt mit daran, ihn auszufüllen. Das Bild entwickelt seine Eigendynamik, es integriert Züge, die weniger der *argumen-*

tatio als der *narratio* zu eigen sind. Ein Reichtum der Schattierungen eröffnet sich, ein Thesaurus an zusätzlichen Zügen, ergänzenden Einzelheiten, erweiternden Erwägungen und Entwicklungen. Was die Ratio verdichtet hat, das entfaltet das Mythische zu vollem Glanz. Zum Philosophen tritt der Poet hinzu, zum Erzieher der Erzähler, zum Logiker der Visionär.

Gegensätzliche Gegenstände sind es, denen diese Mythen sich zuwenden. Einige erscheinen eigentlich vorab untypisch. Die kulturkritische Diskussion über den Wert der Schriftlichkeit (S. 97ff.), die Erzählung von Gyges und seinem Zauberring (S. 72ff.) oder die vom Wesen und Wirken der Zikaden (S. 94ff.) knüpfen an traditionelles griechisches Gut an und wenden sich spezielleren Fragen zu. Im Zentrum aber stehen wieder und wieder die grundlegenden Visionen, die das Leben im Jenseits, die Wiedergeburt und Vergeltung ausmalen, die das Sein der Seele darstellen und die Kräfte visualisieren, die in ihr wirken. Dem Rätsel des Eros sind mehrere Mythen gewidmet (S. 76ff.; 101ff.; 119ff.); die Frage nach der Gerechtigkeit liegt den Jenseitsmythen regelmäßig zugrunde und durchzieht auch noch die Atlantis-Sage (S. 141ff.) und den Weltschöpfungsbericht im ›Timaios‹ (S. 167ff.).

In all diesen Visionen erwachsen der rationalen Erörterung ungeahnte zusätzliche Kräfte. Die Beschwörungen, ein moralisch gutes Leben zu führen, gewinnen Grund im Gedanken an Gericht und neue Geburt; die Vorschläge zur Gestaltung der gerechten Gesellschaft werden eindringlich überhöht durch die Bildvorstellungen der jenseitigen Gerechtigkeit; die Sichten des Seins haben in den Schöpfungsmythen neue Faßlichkeit und Einprägsamkeit. Und der Dreischritt Mensch–Staat–Kosmos, die Beziehungen zwischen dem Wesen des einzelnen, der Gemeinschaft, schließlich des Weltganzen werden in den einander ergänzenden Bildern und Bildfolgen erhärtet und erhellt.

Dichterische Deutung der Dinge und des Daseins, das ist das Potential, das der *mythos* in die Diskurse der Dialoge Platons einbringt. Der Autor aus dem alten Athen hat sich seiner maßvoll bedient; doch hat er machtvoll *logos* und *mythos* miteinander zusammengeführt, ähnlich wie der Lenker des Seelenwagens im ›Phaidros‹-Mythos die beiden verschieden orientierten Pferde seines Gespanns. Verräumlichung (der Vorstellungen) und Verzeitlichung (der Vorgänge) sind die beiden Achsen, auf denen sich die mythischen Mitteilungen entwickeln. Entschlüsseln wird sie der Hörer, der Leser selbst. Dabei wird er selbst zum Teilnehmer am Gesprächskreis der Akademie, bringt seine eigenen Sichten und Vorstellungen mit ein in die Diskussion, die nun schon im vierundzwanzigsten Jahrhundert die Schöpfungen Platons bespricht, bedenkt – und bewundert.

IV · Gleichnisse

Im Gegensatz zu den Mythen sind Platons Gleichnisse geringer an Zahl, wenn auch nicht geringer an Eindruckskraft. Ein halbes dutzendmal in diesem Lebenswerk geschieht es, daß der Autor aus dem antiken Athen anerkennt, daß seine Ausführungen auf logischem Gebiet blaß bleiben, daß sie einer besonderen bildlichen Bekräftigung bedürfen. Doch erfindet sein Ingenium in diesen Fällen nicht eine selbständige mythische Erzählung von eigenem Gewicht. Er erfindet vielmehr ein genaues Gegenbild zum gegebenen Gegenstand, einen Parallelvorgang, der einen bestimmten Einzelzug oder einen voranschreitenden Prozeß durch Anschauung verdeutlicht.

Da sind einerseits Alltagsgegenstände, die dem Leser als vertraute Phänomene vor Augen stehen und so auf ein Vorverständnis stoßen, das nicht der Erläuterung bedarf, sondern sich der Erinnerung bedienen kann. Ein Vogelkäfig (S. 195 ff.), eine Marionette (S. 198 ff.) – hier greift das Gleichnis zu vertrauten Vorstellungen, die etwas wachrufen, was der Hörer kennt und alsbald zum Weiterdenken verwenden kann. Man mag da auch den Magnetstein (S. 203) hinzuzählen, wenngleich hier nicht nur das äußere Bild in Erinnerung gerufen wird, sondern auch die zunächst nicht sichtbare innere Kraft, die erst in der Einwirkung in Erscheinung tritt. Alle drei Gleichnisse knüpfen an Vorgegebenes an, an Phänomene und Fakten, deren Kenntnis vorausgesetzt werden kann.

Anders die drei Gleichnisse im ›Staat‹. Hier wird jedesmal ein eigenes Phantasiebild entworfen, das der Leser erst erfahren, in sich aufnehmen und in Einzelheiten kennenlernen muß, um es verarbeiten zu können. Eine komplexe Situation wird konstruiert, und diese selbst wie auch die Details des Konstruktes sind zu durchdenken und zu deuten. Das Schiffergleichnis (S. 188 ff.) zeichnet, mit deutlichem Blick auf die zu erhellende Spannung in der Gesellschaft, den Kontrast zwischen der so ungebildeten wie ungebärdigen Matrosenmannschaft einerseits und dem erfahreneren, aber verschiedentlich eingeschränkten Schiffsführer andererseits: Gesellschaftliche Gegensätze geraten im Gleichnis unter eine Art Mikroskop, das Bild vergrößert und verschärft die Konturen – wie die Frakturen auch. Ein anderes Gleichnis (S. 191 ff.) gibt den Gegensätzen Gestalt, die im Inneren der Menschenseele aufbrechen. Ähnlich wie im Mythos vom Seelenwagen (S. 76 ff.) wird auch im Gleichnis, das Ungeheuer, Löwe und Mensch vor Augen stellt, das Gegeneinander der psychischen Kräfte verbildlicht.

Die Krone der platonischen Gleichnisse freilich ist das berühmte Höhlengleichnis (S. 183 ff.). Hier treten die beiden Grundelemente der bildlichen Rede zusammen: In der Verräumlichung wird die *conditio humana* in einem weit ausgreifenden Situationsbild verdeutlicht; in der Verzeitlichung wird die zunächst statische Situation einem Entwicklungsprozeß unterworfen und in diesem Funktionieren der beschriebenen Teilnehmer der dynamische Anteil des Bildes zur Geltung gebracht. Der mehrschichtigen Anlage des Gleichnisses entspricht seine komplexe Aussage: Die Probleme der Erkenntnisgewinnung stellen sich dar, ihre objektiven Schwierigkeiten und daneben die psychologischen Widerstände. In Frage steht ja nicht nur die im Kontext angerührte Frage der Einsichts-Möglichkeiten und -Begrenzungen der Menschen, sondern damit auch die Verortung des platonischen Lebenswerkes insgesamt. Auf dem Spiel steht der Wert oder Unwert aller seiner Aussagen; die Bedingungen, Begrenzungen und Begeisterungen platonischen Philosophierens treten nirgends sonst so eindrucksstark vor Augen wie in diesem großen Gleichnis von der Gefangenschaft der Geister und den Chancen ihrer Befreiung.

Das Höhlengleichnis steht in seiner weiteren phantasiereichen Ausgestaltung den Mythen am nächsten. Es wirkt wie ein solcher, wird jedoch deutlich nicht als Mythos eingeführt, sondern als Gleichnis. Wie alle diese, vermittelt es durch visuelle Annahme Anschaulichkeit und durch diese Aussage. Komplexer als die anderen, hat es auch weitaus mehr Beachtung gefunden als diese. Allesamt aber suchen auch die Gleichnisse, nicht anders als die Mythen, den Raum des Diskurses zu vergrößern und zu vertiefen. Ihr Bezug zum Bezeichneten mag enger sein, ihre eigene Ausführung beschränkter, ihre Abhängigkeit vom Abstrakten stärker, ihre Bedingtheit ausdrücklicher, ein Eigenleben entfaltet sich weniger. Aber auch innerhalb solcher beachtlicher Begrenzung ist die Bildkraft bedeutend. Einprägsame Konstellationen verdeutlichen sonst schwer greifbare Sachverhalte, sie geben Hypothesen Gestalt, filtern den Gehalt der Gedankengänge heraus und verdichten ihn in der Anschaulichkeit der Bildvorstellungen. Sie haben, obschon philosophischen Theoremen verpflichtet, ihre eigene Poesie. Und damit ihr eigenes Leben – ein Dasein, dem konstruktiven Denken ebenso tief verbunden wie der freien Phantasie.

V · Bild – Bedeutung – Botschaft

Von Anfang an steht neben der direkten, unverformten Ausdrucksweise die bildliche Rede. Sie erlaubt es, der Aussage einen weiteren Horizont zu gewähren, ihr eine zusätzliche Dimension zu verleihen. Sie bereichert den Bericht um ihm bislang verschlossene Bereiche. Schon Homers Helden sprechen »geflügelte« Worte, sie sehen das Heraufsteigen der »rosenfingrigen« Eos, Göttin der Morgenröte, sie verehren die »eulenäugige« Athena und die »kuhäugige« Hera. Zunächst haftet die figurative Wendung am Einzelwort, doch wächst sie bald über dieses hinaus zum Vorgang. Zwei Handlungsabläufe werden nun miteinander in Beziehung gesetzt. Ein Held kämpft wie ein Löwe, er steht im Widerstand gegen die andrängenden Angreifer fest wie ein Fels im Meer oder wie die tief im Erdreich verwurzelte Eiche. Die Kunst des epischen Gleichnisses ist über viele Jahrhunderte hinweg in der griechischen und in der sich auf sie beziehenden lateinischen Poesie entwickelt und vertieft worden. Sie hat einen bedeutenden Beitrag geleistet: »Insbesondere vermag das epische Gleichnis Empfindungen und Gesinnungen auszudrücken, Unanschauliches in sinnliche Bilder zu kleiden... Wir müssen daher... hinter den Worten das Bild mit seinem Gefühlsinhalt sehen lernen, auf den es einzig ankommt, während jene nur wenig gelten« (Hermann Fränkel, Die homerischen Gleichnisse, Göttingen 1921, S. 99 und 105).

Bildliche Rede ist natürlich nicht auf die epische Dichtung beschränkt. Sie manifestiert sich auch in der Lyrik und im Drama, in den Preziosen der kleinen poetischen Formen und in den Kaskaden der großen Rhetorik. Die Politik bedient sich ihrer (das »Staatsschiff« mit dem »Steuermann« am Ruder) und auch die Religion: In immer neuen Gleichnisreden hat Jesus von Nazareth seine Botschaft vermittelt, hat menschliche Mängel und göttliche Gnade verdeutlicht. Er hat anschaulich gemacht, wie der verlorene Sohn zum Vater heimkehrt und der Arbeiter im Weinberg seinen Lohn findet. Ja selbst das Paternoster bittet nicht allgemein um Nahrung oder um Speis und Trank, auch nicht um Vorrat in Fülle, sondern im konkreten Bild nur um »unser täglich Brot heute«.

Zur Verdeutlichung des Gedankens, zur Anschaulichkeit der Aussage tritt noch ein anderes Element, das der bildlichen Rede Reiz und Reichtum verleiht: Es ist das intellektuelle Vergnügen an der Ähnlichkeit zweier grundsätzlich getrennter Bereiche, deren Gemeinsamkeiten – und Gegensätze – zu beobachten den Geist anregt, befriedigt, erfreut. Ein Sprachmeister vom Range des römischen Redners Cicero hat das klassisch formuliert: »Der vollkommene Redner wird Metaphern jeder Art reichlichst benutzen, weil diese aufgrund der Ähnlichkeit den Geist hin und her führen und ihn hierin und dorthin leiten – eine gedankliche Bewegung, die infolge ihrer Schnelligkeit schon an und für sich aus sich selbst heraus erfreut« (Orator 134). Und Aristoteles hat derlei Denken auf die bündige Formel gebracht, daß das grundlegend Größte für den Dichter eben diese seine Fähigkeit ist, in bildlicher Rede zu formulieren, das heißt »metaphorisch zu sein«, wie er es ausdrückt (Poetik 22, 16f.): »Dieses allein ist nicht erlernbar, es ist Zeichen der genialen Anlage, der außerordentlichen Natur.«

Die verschiedenen Kategorien der bildlichen Rede sind zahlreich, zum Teil überlappend, zum Teil in ihrer Definition umstritten. Sie müssen hier nicht im einzelnen spezifiziert werden: das Gleichnis, die Metaphern, Märchen, Mythen, Legenden, Allegorien, Beispiele, die Parabeln und Fabeln, Sagen und Symbole. Allen gemeinsam ist, daß hinter der erzählten Wirklichkeit sich eine weitere Welt der Bedeutung eröffnet. So verkehrt es wäre, jede Einzelheit, jeden Detailvorgang Zug für Zug in die »gemeinte« Wirklichkeit »übersetzen« zu wollen, so falsch wäre es, die Augen nicht zu öffnen für die weiten Felder der Sinne, für die reichen Ergänzungen und Vertiefungen, die dem Text durch die Verbildlichung zuwachsen. Hier ist auch die Rolle des aktiven Lesers angesprochen: Er assoziiert, bestimmt durch seine persönlichen biographischen Koordinaten, jeweils Unterschiedliches im Zusammenhang der Erörterung; er ergänzt das Bild mit eigenen Zügen und Farben, Schattierungen und Grundierungen; er vollendet so – für sich – den Prozeß, den der Autor mit der Beschwörung eines bestimmten Bildes in Gang gesetzt, mit einem optischen Ansatz angeregt hat; er vollendet so das Produkt, das der poetische Sinn des Schöpfers ausgelegt und vorgeformt hat.

Belebung, Bereicherung, Anregung zeigen sich so als die Hauptresultate bildlicher Rede. Daß diese auch verdeutlichen will, bleibt unbestritten; daß sie darüber hinaus aber auch vertieft und verstärkt, mobilisiert und motiviert, ist nicht weniger wichtig. Um auf Platon zu schauen: Er ist durch die Schule der attischen Tragödie gegangen, wollte als junger Mensch selbst tragischer Dichter werden. Die antiken Dramen wenden sich nicht nur im Bühnenbild, nicht nur in der Bewegung der Akteure und des Chortanzes an den Zuschauer, sie reden auch in zweifacher Weise in Worten zu ihm: im logischen Diskurs der Sprechverse, die die Handlung vorwärts führen, und andererseits in den lyrischen Partien der Chorlieder, wo mythische Hintergründe eröffnet, existentielle Tiefen ausgelotet werden. Diesem Gedankenmuster sind auch viele der Dialoge Platons verhaftet: Der Disput schreitet auf logischen Bahnen voran; der Mythos tritt hinzu und eröffnet Hintergründe, an die die Ratio allein nicht heranreicht.

Es sind die dem platonischen Denken wichtigen, die zentralen Fragen, die solche Verbildlichung erfahren: Wesen und Grenzen menschlichen Erkennens und Erinnerns; zentrale Leitlinien der menschlichen Existenz; die Unsterblichkeit der Seele; die Bereiche jenseits des irdischen Lebens, die dort geübte Prüfung und Vergeltung; die Wiedergeburt. Hinzu gehört auch die Frage nach Wesen und Wirken der stärksten den Menschen bewegenden Kraft: des Eros. Schließlich auch das Thema der Gerechtigkeit, der richtigen staatlichen Ordnung, und, alles überwölbend und umfangend: die Weltwerdung, das Dasein in seinem Entstehen, Bestehen und Vergehen; der Kosmos, der das Chaos ablöst, als *kosmos*, als »Ordnung«, funktioniert, Bestand hat und Leben. Räumliches und zeitliches Sehen wird in Anspruch genommen, für all diese fundamentalen Fragen Antworten zu finden. Platon, Griechenlands größter Geist, hat seine gewaltigsten Gedanken geformt als Visionen, die einprägsam seine Schau vermitteln, als Geschichten, die im Reichtum der Bilder die Bedeutsamkeit aufschimmern, die Botschaft aufklingen lassen.

Es ist die Botschaft von der Kraft des menschlichen Geistes. Er vermag zu erfassen, was die Wirklichkeit ist, der er gegenübersteht. Er vermag den Entwurf für das richtige Einzelleben, für die ideale Gemeinschaft zu schaffen, vermag Gerechtigkeit anzustreben und wirksam werden zu lassen. Diese Botschaft ist nicht aus den Tiefen der Erde hervorgegraben, nicht im Grübeln gegründet, nicht leerem Spekulieren verhaftet. Sie ist eine Vision, die ein prophetischer Philosoph weiterzugeben wünscht, weil die Welt ihrer bedarf. Niemand hat das besser ausgesprochen als Johann Wolfgang von Goethe, der in der ›Farbenlehre‹ beim Vergleich mit Aristoteles sagt: »Platon verhält sich zu der Welt, wie ein seliger Geist, dem es beliebt, einige Zeit auf ihr zu herbergen. Es ist ihm nicht sowohl darum zu thun, sie kennen zu lernen, weil er sie schon voraussetzt, als ihr dasjenige, was er mitbringt und was ihr noth thut, freundlich mitzutheilen. Er dringt in die Tiefen, mehr um sie mit seinem Wesen auszufüllen, als um sie zu erforschen. Er bewegt sich nach der Höhe, mit Sehnsucht, seines Ursprungs wieder teilhaft zu werden. Alles, was er äußert, bezieht sich auf ein ewig Ganzes, Gutes, Wahres, Schönes, dessen Forderung er in jedem Busen aufzuregen strebt. Was er sich im Einzelnen von irdischem Wissen zueignet, schmilzt, ja man kann sagen, verdampft in seiner Methode, in seinem Vortrag.«

Bernhard Kytzler

insel taschenbuch 1978, Platons Mythen. Ausgewählt und eingeleitet von Bernhard Kytzler. Die Originaltexte Platons folgen der Ausgabe: Platon. Sämtliche Werke in zehn Bänden. Griechisch und Deutsch. Nach der Übersetzung Friedrich Schleiermachers, ergänzt durch Übersetzungen von Franz Susemihl und anderen. Herausgegeben von Karlheinz Hülser. Insel Verlag Frankfurt am Main und Leipzig 1991.

Der deutsche Text erfordert etwas ausführlichere Erklärungen. Die Platon-Übersetzung von Friedrich Ernst Daniel Schleiermacher (1768-1834) läßt sich deutlich stärker als die anderen deutschen Übersetzungen vom griechischen Text führen und lehnt sich daran zuweilen sogar um den Preis großer sprachlicher Härten und entsprechend erschwerter Verständlichkeit an. Durch diese Nähe zum Originaltext hat sie die Platon-Forschung ursprünglich sehr gefördert und aus demselben Grund genießt sie in der Fachwelt auch heute noch die größte Anerkennung, wobei man aber zugleich um ihre Schwächen weiß und andere Übersetzungen keineswegs achtlos beiseite schiebt, die ohne Verletzung des deutschen Sprachempfindens den Anspruch erheben, auf der Sinnebene mindestens ebenso genau zu sein wie Schleiermacher. Mit diesem leicht kritischen Zusatz ist dessen Übersetzung die am meisten anerkannte deutsche Platon-Übersetzung. Auf sie zurückzugreifen lag daher nahe.

Das Umschlagmotiv wurde eigens für diesen Band von Christopher Marchand gemalt.

Alte Welt und Mittelalter im insel taschenbuch

Apuleius: Der goldene Esel. Mit Illustrationen von Max Klinger zu ›Amor und Psyche‹. Aus dem Lateinischen von August Rode. Mit einem Nachwort von Wilhelm Haupt. it 146

Augustinus: Bekenntnisse. Lateinisch und deutsch. Eingeleitet, übersetzt und erläutert von Joseph Bernhart. Mit einem Vorwort von Ernst Ludwig Grasmück. it 1002

Joseph Bédier: Der Roman von Tristan und Isolde. Mit Holzschnitten von 1484. Deutsch von Rudolf G. Binding. it 387

Boethius: Trost der Philosophie. Zweisprachige Ausgabe. Lateinisch und deutsch. Mit einem Nachwort von Ernst Ludwig Grasmück. it 1215

Otto Borst: Alltagsleben im Mittelalter. Mit zeitgenössischen Abbildungen. it 513

Roberto Calasso: Die Hochzeit von Kadmos und Harmonia. Aus dem Italienischen von Moshe Kahn. it 1476

Catull: Sämtliche Gedichte. Lateinisch und deutsch. Aus dem Lateinischen von Carl Fischer. Mit einem Nachwort von Bernhard Kytzler. it 1736

Dante: Die Göttliche Komödie. Mit fünfzig Holzschnitten von Botticelli. Deutsch von Friedrich Freiherr von Falkenhausen. 2 Bde. it 94

Epiktet: Wege zum glücklichen Handeln. Aus dem Lateinischen von Wilhelm Capelle. it 1458

Epikur: Philosophie der Freude. Briefe, Hauptlehrsätze, Spruchsammlung, Fragmente. Übertragen und mit einem Nachwort versehen von Paul M. Laskowsky. it 1057

Das Evangeliar Heinrichs des Löwen. Erläutert von Elisabeth Klemm. Mit farbigen Bildtafeln. it 1121

Geschichten aus dem Mittelalter. Herausgegeben von Hermann Hesse. Aus dem Lateinischen übersetzt von Hermann Hesse und J. G. T. Graesse und mit Nacherzählungen von Leo Greiner. Neu zusammengestellt von Volker Michels. it 161

Götter, Spötter und Verrückte. Antike Anekdoten. Herausgegeben von Gerhard Fink. it 1720

Griechisches Theater. Aischylos: Die Perser. Die Sieben gegen Theben. Sophokles: Antigone. König Ödipus. Elektra. Aristophanes: Die Vögel. Lysistrata. Menander: Das Schiedsgericht. Deutsch von Wolfgang Schadewaldt. it 721

Herman Grimm: Das Leben Michelangelos. it 1758

Helmut Hiller: Heinrich der Löwe. Herzog und Rebell. Eine Chronik von Helmut Hiller. it 922

151/1/12.95

Alte Welt und Mittelalter
im insel taschenbuch

Homer: Ilias. Neue Übertragung von Wolfgang Schadewaldt. Mit antiken Vasenbildern. it 153

Ilias. Odyssee. In der Übertragung von Johann Heinrich Voß. it 1204

Horaz: Oden. Lateinisch und deutsch. Neu übertragen von Winfried Tilmann. it 1418

Ibn Hazm al Andalusi: Von der Liebe und den Liebenden. Aus dem arabischen Urtext übertragen von Max Weißweiler. it 1757

Klosterleben im deutschen Mittelalter. Nach zeitgenössischen Quellen von Johannes Bühler. Mit zahlreichen Abbildungen. Herausgegeben von Georg A. Narciß. it 1135

Christoph Kolumbus: Bordbuch. Mit einem Nachwort von Frauke Gewecke und zeitgenössischen Illustrationen. it 476

Longus: Daphnis und Chloë. Ein antiker Liebesroman. Aus dem Griechischen übersetzt und mit einem Nachwort von Arno Mauersberger. Mit Illustrationen der »Edition du Régent«. it 136

Thomas Malory: Die Geschichten von König Artus und den Rittern seiner Tafelrunde. 3 Bde. Übertragen von Helmut Findeisen auf der Grundlage der Lachmannschen Übersetzung. Mit einem Nachwort von Walter Martin. Mit Illustrationen von Aubrey Beardsley. it 239

Marc Aurel: Selbstbetrachtungen. Aus dem Lateinischen von Otto Kiefer. Mit einem Vorwort von Klaus Sallmann. it 1374

Meister Eckhart: Das Buch der göttlichen Tröstung. Ins Neuhochdeutsche übertragen von Josef Quint. it 1005

Minnesinger. In Bildern der Manessischen Liederhandschrift. Mit Erläuterungen herausgegeben von Walter Koschorreck. Vierundzwanzig Abbildungen. it 88

Die Nibelungen. In der Wiedergabe von Franz Keim. Mit Illustrationen von Carl Otto Czeschka. Mit einem Vor- und Nachwort von Helmut Brackert. Im Anhang die Nacherzählung ›Die Nibelungen‹ von Gretel und Wolfgang Hecht. it 14

Ovid: Liebeskunst. Nach der Übersetzung von W. Hertzberg. Bearbeitet von Franz Burger-München. Mit Abbildungen nach etruskischen Wandmalereien. it 164

– Metamorphosen. In der Übertragung von Johann Heinrich Voß. Mit den Radierungen von Pablo Picasso und einem Nachwort von Bernhard Kytzler. it 1237

Francesco Petrarca: Dichtungen. Briefe. Schriften. Auswahl und Einleitung von Hanns W. Eppelsheimer. it 486

151/2/12.95

Alte Welt und Mittelalter
im insel taschenbuch

Platon: Sämtliche Werke. Griechisch und deutsch. Nach der Übersetzung Friedrich Schleiermachers, ergänzt durch Übersetzungen von Franz Susemihl u.a. Griechischer Text nach der letztgültigen Gesamtausgabe der Association Guillaume Budé. Herausgegeben von Karlheinz Hülser. Zehn Bände in Kassette. it 1401-1410

Band I:	Ion. Protagoras. Apologie. Kriton. Laches. Lysis. Charmides. it 1401
Band II:	Euthyphron. Alkibiades I. Gorgias. Menexenos. it 1402
Band III:	Menon. Kratylos. Euthydemos. Hippias maior. it 1403
Band IV:	Hippias minor. Symposion. Phaidon. it 1404
Band V:	Politeia. it 1405
Band VI:	Phaidros. Theaitetos. it 1406
Band VII:	Parmenides. Sophistes. Politikos. it 1407
Band VIII:	Philebos. Timaios. Kritias. it 1408
Band IX:	Nomoi. it 1409
Band X:	Briefe. Unechtes. it 1410

– Das Trinkgelage oder Über den Eros. Übertragung, Nachwort und Erläuterungen von Ute Schmidt-Berger. Mit einer Wirkungsgeschichte von Jochen Schmidt und griechischen Vasenbildern. it 681

Der Sachsenspiegel in Bildern. Aus der Heidelberger Bilderhandschrift ausgewählt und erläutert von Walter Koschorreck. it 218

Sappho. Neu übertragen und kommentiert von Stefanie Preiswerk-zum Stein. Mit farbigen Abbildungen. it 1229

Sappho: Strophen und Verse. Übersetzt und herausgegeben von Joachim Schickel. it 309

Gustav Schwab: Sagen des klassischen Altertums. 3 Bde. Mit sechsundneunzig Zeichnungen von John Flaxman und einem Nachwort von Manfred Lemmer. it 127

Seneca für Manager. Sentenzen. Ausgewählt und übersetzt von Gerhard Schoeck. it 1656

Seneca: Vom glücklichen Leben. Philosophische Schriften und Briefe. Herausgegeben und aus dem Lateinischen übertragen von Heinz Berthold. it 1457

– Von der Seelenruhe. Philosophische Schriften und Briefe. Herausgegeben und aus dem Lateinischen übertragen von Heinz Berthold. it 743

Sophokles: Aias. Übertragen von Wolfgang Schadewaldt. Herausgegeben von Hellmut Flashar. Mit zahlreichen Abbildungen. it 1562

– Antigone. Übertragen und herausgegeben von Wolfgang Schadewaldt. Mit einem Nachwort, einem Aufsatz, Wirkungsgeschichte und Literaturhinweisen. it 70

151/3/12.95

Alte Welt und Mittelalter
im insel taschenbuch

Sophokles: Antigone. Übersetzt von Hölderlin. Bearbeitet von Martin Walser und Edgar Selge. it 1248

– Elektra. Übertragen von Wolfgang Schadewaldt. Herausgegeben von Hellmut Flashar. Mit zahlreichen Abbildungen. it 1616

– König Ödipus. Übertragen und herausgegeben von Wolfgang Schadewaldt. Mit einem Nachwort, drei Aufsätzen, Wirkungsgeschichte und Literaturnachweisen. it 15

– Ödipus auf Kolonos. Übertragen von Wolfgang Schadewaldt. Herausgegeben von Hellmut Fischer. Mit zahlreichen Abbildungen. it 1782

Tacitus: Germania. Zweisprachig. Übertragen und erläutert von Arno Mauersberger. it 471

Der tanzende Tod. Mittelalterliche Totentänze. Herausgegeben, eingeleitet und übersetzt von Gert Kaiser. it 647

François Villon: Sämtliche Dichtungen. Zweisprachige Ausgabe. Aus dem Französischen von Walther Küchler. it 1039

151/4/12.95

Philosophie
im insel taschenbuch

Alain: Im Haus des Menschen. Betrachtungen. Übersetzt und mit einem Nachwort herausgegeben von Franz Joseph Krebs. it 1922

– Sich beobachten heißt sich verändern. Betrachtungen. Auswahl, Übersetzung und Nachwort von Franz Josef Krebs. Neuübersetzung. it 1559

Augustinus: Bekenntnisse. Lateinisch und deutsch. Eingeleitet, übersetzt und erläutert von Joseph Bernhart. Mit einem Vorwort von Ernst Ludwig Grasmück. it 1002

Francis Bacon: Essays. Herausgegeben und mit einem Nachwort versehen von Helmut Winter. it 1514

Jakob Böhme: Aurora oder Morgenröte im Aufgang. Herausgegeben von Gerhard Wehr. it 1411

– Christosophia. Ein christlicher Einweihungsweg. Herausgegeben von Gerhard Wehr. it 1412

– Theosophische Sendbriefe. Herausgegeben von Gerhard Wehr. it 1786

– Von der Gnadenwahl. Herausgegeben von Gerhard Wehr. it 1738

– Von der Menschwerdung Christi. Herausgegeben von Gerhard Wehr. it 1737

Boethius: Trost der Philosophie. Zweisprachige Ausgabe. Lateinisch und deutsch. Mit einem Nachwort von Ernst Ludwig Grasmück. it 1215

Paul Davies: Der Plan Gottes. Die Rätsel unserer Existenz und die Wissenschaft. Aus dem Englischen von Anita Ehlers. it 1934

Denken mit Diderot und anderen Philosophen. Herausgegeben von Horst Günther. it 1746

Epiktet: Wege zum glücklichen Handeln. Aus dem Lateinischen von Wilhelm Capelle. it 1458

– Wege zum glücklichen Handeln. Aus dem Lateinischen von Wilhelm Capelle. Mit einem Nachwort von Manfred Fuhrmann. Großdruck. it 2359

Epikur: Philosophie der Freude. Briefe, Hauptlehrsätze, Spruchsammlung, Fragmente. Übertragen und mit einem Nachwort versehen von Paul M. Laskowsky. it 1057

Die Erfindung des Universums. Neue Überlegungen zur philosophischen Kosmologie. Herausgegeben von Walter Saltzer, Peter Eisenhardt, Dan Kurth und Rainer E. Zimmermann. Mit etwa 50 Abbildungen. it 1933

Hippokrates: Der Eid des Arztes. Vom Gelöbnis, Leben zu erhalten. Griechisch und deutsch. Neu übersetzt und herausgegeben von Kurt Steinmann. it 1882

167/1/12.96

Philosophie
im insel taschenbuch

Bernulf Kanitscheider: Auf der Suche nach dem Sinn. it 1748

Kant-Brevier. Ein philosophisches Lesebuch für freie Minuten. Herausgegeben von Wilhelm Weischedel. it 61

Sören Kierkegaard: Tagebuch des Verführers. Aus dem Dänischen von Helene Ritzerfeld. it 405

Gottfried Wilhelm Leibniz: Monadologie. Herausgegeben von Dietmar Till. it 1832

Machiavelli für Manager. Sentenzen. Ausgewählt von Luigi und Elena Spagnol. it 1733

Niccolò Machiavelli: Der Fürst. Aus dem Italienischen von Friedrich von Oppeln-Bronikowski. Mit einem Nachwort von Horst Günther. it 1207

Marc Aurel: Selbstbetrachtungen. Aus dem Lateinischen von Otto Kiefer. Mit einem Vorwort von Klaus Sallmann. it 1374

Meister Eckhart: Das Buch der göttlichen Tröstung. Ins Neuhochdeutsche übertragen von Josef Quint. it 1005

Michel de Montaigne: Essais. Herausgegeben und mit einem Nachwort versehen von Ralph-Rainer Wuthenow. Revidierte Fassung der Übertragung von Johann Joachim Bode. it 220

Thomas Morus: Utopia. Mit einem Nachwort von Norbert Elias. it 1206

Franz Moser: Bewußtsein in Raum und Zeit. Grundlagen der holistischen Weltsicht. it 1797

Friedrich Nietzsche: Also sprach Zarathustra. Ein Buch für alle und keinen. Thomas Mann: Die Philosophie Nietzsches im Lichte unserer Erfahrung. it 145

– Der Antichrist. Versuch einer Kritik des Christentums. it 947

– Briefe. Ausgewählt von Richard Oehler. Mit einem Essay von Ralph-Rainer Wuthenow. it 1546

– Ecce homo. Mit einem Vorwort von Raoul Richter und einem Nachwort von Ralph-Rainer Wuthenow. it 290

– Die fröhliche Wissenschaft. Mit einem Nachwort von Ralph-Rainer Wuthenow. it 635

– Die Geburt der Tragödie aus dem Geiste der Musik. Mit einem Nachwort von Peter Sloterdijk. it 1012

– Gedichte. Herausgegeben von Karl Riha. it 1622

– Zur Genealogie der Moral. Eine Streitschrift. it 1308

– Götzen-Dämmerung oder Wie man mit dem Hammer philosophiert. it 822

167/2/12.96

Philosophie
im insel taschenbuch

Friedrich Nietzsche: Jenseits von Gut und Böse. Mit der Streitschrift ›Zur Genealogie der Moral‹ und einem Nachwort von Ralph-Rainer Wuthenow. it 762
- Menschliches, Allzumenschliches. Ein Buch für freie Geister. Mit einem Nachwort von Ralph-Rainer Wuthenow. it 614
- Morgenröte. Gedanken über die moralischen Vorurteile. Mit einem Nachwort von Ralph-Rainer Wuthenow. it 678
- Über die Frauen. Herausgegeben und mit einem Nachwort versehen von Klaus Goch. it 1335
- Unzeitgemäße Betrachtungen. Mit einem Nachwort von Ralph-Rainer Wuthenow. it 509
- Vom Nutzen und Nachteil der Historie für das Leben. it 1236
- ›Wie man wird, was man ist.‹ Ermutigungen zum kritischen Denken. Herausgegeben von Ursula Michels-Wenz. it 1096

Jean Orieux: Das Leben des Voltaire. Aus dem Französischen von Julia Kirchner. Mit einer Zeittafel und einem kommentierten Personenregister. it 1651

Blaise Pascal: Größe und Elend des Menschen. Aus den »Pensées«. Auswahl, Übersetzung und Nachwort von Wilhelm Weischedel. it 441

Platon: Apologie. Protagoras. Sämtliche Werke I. Ion. Protagoras. Apologie. Kriton. Laches. Lysis. Charmides. Griechisch und deutsch. it 1401
- Euthyphron. Gorgias. Sämtliche Werke II. Euthyphron. Alkibiades I. Gorgias. Menexenos. Griechisch und deutsch. it 1402
- Menon. Kratylos. Sämtliche Werke III. Menon. Kratylos. Euthydemos. Hippias maior. Griechisch und deutsch. it 1403
- Symposion. Phaidon. Sämtliche Werke IV. Hippias minor. Symposion. Phaidon. Griechisch und deutsch. it 1404
- Politeia. Sämtliche Werke V. Politeia. Griechisch und deutsch. it 1405
- Theaitetos. Phaidros. Sämtliche Werke VI. Phaidros. Theaitetos. Griechisch und deutsch. it 1406
- Sophistes. Politikos. Sämtliche Werke VII. Parmenides. Sophistes. Politikos. Griechisch und deutsch. it 1407
- Timaios. Kritias. Sämtliche Werke VIII. Philebos. Timaios. Kritias. Griechisch und deutsch. it 1408
- Nomoi. Sämtliche Werke IX. Nomoi. Griechisch und deutsch. it 1409
- Briefe. Sämtliche Werke X. Briefe. Unechtes. Griechisch und deutsch. it 1410
- Das Trinkgelage oder Über den Eros. Übertragung, Nachwort und Erläuterungen von Ute Schmidt-Berger. Mit einer Wirkungsgeschichte von Jochen Schmidt und griechischen Vasenbildern. it 681

167/3/12.96

Philosophie
im insel taschenbuch

Jean-Jacques Rousseau: Bekenntnisse. Aus dem Französischen von Ernst Hardt. Mit einer Einführung von Werner Krauss. it 823

Arthur Schopenhauer: Aphorismen zur Lebensweisheit. Vollständige Ausgabe mit Erläuterungen und Übersetzung der fremdsprachigen Zitate. Mit einem Nachwort von Hermann von Braunbehrens. Mit 16 Daguerreotypien und Fotos und Bilderläuterungen von Arthur Hübscher. it 223

– Die Kunst, Recht zu behalten. Herausgegeben und mit einem Nachwort versehen von Franco Volpi. it 1658

– Die Welt als Wille und Vorstellung. Textkritisch bearbeitet und herausgegeben von Wolfgang Freiherr von Löhneysen. Zwei Bände. it 1873

Arthur Schopenhauer. Leben und Werk in Texten und Bildern. Herausgegeben von Angelika Hübscher. it 1059

Seneca für Manager. Sentenzen. Ausgewählt und übersetzt von Gerhard Schoeck. it 1656

Seneca: Vom glücklichen Leben. Philosophische Schriften und Briefe. Herausgegeben und aus dem Lateinischen übertragen von Heinz Berthold. it 1457

– Von der Seelenruhe. Philosophische Schriften und Briefe. Herausgegeben und aus dem Lateinischen übertragen von Heinz Berthold. it 743

Voltaire: Candide oder der Optimismus. Mit Zeichnungen von Paul Klee. it 11

167/4/12.96

Die Antike
im insel taschenbuch

Apuleius: Der goldene Esel. Mit Illustrationen von Max Klinger zu ›Amor und Psyche‹. Aus dem Lateinischen von August Rode. Mit einem Nachwort von Wilhelm Haupt. it 146

Augustinus: Bekenntnisse. Lateinisch und deutsch. Eingeleitet, übersetzt und erläutert von Joseph Bernhart. Mit einem Vorwort von Ernst Ludwig Grasmück. it 1002

Boethius: Trost der Philosophie. Zweisprachige Ausgabe. Lateinisch und deutsch. Mit einem Nachwort von Ernst Ludwig Grasmück. it 1215

Roberto Calasso: Die Hochzeit von Kadmos und Harmonia. Aus dem Italienischen von Moshe Kahn. it 1476

Catull: Sämtliche Gedichte. Lateinisch und deutsch. Aus dem Lateinischen von Carl Fischer. Mit einem Nachwort von Bernhard Kytzler. it 1736

Epiktet: Wege zum glücklichen Handeln. Aus dem Lateinischen von Wilhelm Capelle. Mit einem Nachwort von Manfred Fuhrmann. it 1458 und Großdruck. it 2359

Epikur: Philosophie der Freude. Briefe, Hauptlehrsätze, Spruchsammlung, Fragmente. Übertragen und mit einem Nachwort versehen von Paul M. Laskowsky. it 1057

Führer durch das klassische Griechenland. Die antiken Texte zur Kunst und zu den Landschaften Griechenlands. Herausgegeben von Hubert Ortkemper. Mit zahlreichen Abbildungen. it 1930

Götter, Spötter und Verrückte. Antike Anekdoten. Herausgegeben von Gerhard Fink. it 1720

Hippokrates: Der Eid des Arztes. Vom Gelöbnis, Leben zu erhalten. Griechisch und deutsch. Neu übersetzt und herausgegeben von Kurt Steinmann. it 1882

Homer: Ilias. Neue Übertragung von Wolfgang Schadewaldt. Mit antiken Vasenbildern. it 153

Ilias. Odyssee. In der Übertragung von Johann Heinrich Voß. it 1204

Horaz: Oden. Lateinisch und deutsch. Neu übertragen von Winfried Tilmann. it 1418

Frauen der Antike. Lexikon antiker Frauen von Aspasia bis Zenobia. it 1898

Bernhard Kytzler / Joachim Latacz / Klaus Sallmann: Lexikon der antiken Autoren. Literarische Porträts von Homer bis Boethius. it 1856

Longus: Daphnis und Chloë. Ein antiker Liebesroman. Aus dem Griechischen übersetzt und mit einem Nachwort von Arno Mauersberger. Mit Illustrationen der »Edition du Régent«. it 136

174/1/12.96

Die Antike
im insel taschenbuch

Marc Aurel: Selbstbetrachtungen. Aus dem Lateinischen von Otto Kiefer. Mit einem Vorwort von Klaus Sallmann. it 1374

Hubert Ortkemper: Olympische Legenden. Geschichten aus dem antiken Olympia. Farbig illustriert von Rolf Köhler. it 1828

Ovid: Liebeskunst. Nach der Übersetzung von W. Hertzberg. Bearbeitet von Franz Burger-München. Mit Abbildungen nach etruskischen Wandmalereien. it 164

– Metamorphosen. In der Übertragung von Johann Heinrich Voß. Mit den Radierungen von Pablo Picasso und einem Nachwort von Bernhard Kytzler. it 1237

Platon: Apologie. Protagoras. Sämtliche Werke I. Ion. Protagoras. Apologie. Kriton. Laches. Lysis. Charmides. Griechisch und deutsch. it 1401

– Euthyphron. Gorgias. Sämtliche Werke II. Euthyphron. Alkibiades I. Gorgias. Menexenos. Griechisch und deutsch. it 1402

– Menon. Kratylos. Sämtliche Werke III. Menon. Kratylos. Euthydemos. Hippias maior. Griechisch und deutsch. it 1403

– Symposion. Phaidon. Sämtliche Werke IV. Hippias minor. Symposion. Phaidon. Griechisch und deutsch. it 1404

– Politeia. Sämtliche Werke V. Politeia. Griechisch und deutsch. it 1405

– Theaitetos. Phaidros. Sämtliche Werke VI. Phaidros. Theaitetos. Griechisch und deutsch. it 1406

– Sophistes. Politikos. Sämtliche Werke VII. Parmenides. Sophistes. Politikos. Griechisch und deutsch. it 1407

– Timaios. Kritias. Sämtliche Werke VIII. Philebos. Timaios. Kritias. Griechisch und deutsch. it 1408

– Nomoi. Sämtliche Werke IX. Nomoi. Griechisch und deutsch. it 1409

– Briefe. Sämtliche Werke X. Briefe. Unechtes. Griechisch und deutsch. it 1410

– Das Trinkgelage oder Über den Eros. Übertragung, Nachwort und Erläuterungen von Ute Schmidt-Berger. Mit einer Wirkungsgeschichte von Jochen Schmidt und griechischen Vasenbildern. it 681

Sappho: Strophen und Verse. Übersetzt und herausgegeben von Joachim Schickel. it 309

Gustav Schwab: Sagen des klassischen Altertums. 3 Bde. Mit sechsundneunzig Zeichnungen von John Flaxman und einem Nachwort von Manfred Lemmer. it 127

Seneca für Manager. Sentenzen. Ausgewählt und übersetzt von Gerhard Schoeck. it 1656

174/2/12.96

Die Antike
im insel taschenbuch

Seneca: Vom glücklichen Leben. Philosophische Schriften und Briefe. Herausgegeben und aus dem Lateinischen übertragen von Heinz Berthold. it 1457

– Von der Seelenruhe. Philosophische Schriften und Briefe. Herausgegeben und aus dem Lateinischen übertragen von Heinz Berthold. it 743

Sophokles: Aias. Übertragen von Wolfgang Schadewaldt. Herausgegeben von Hellmut Flashar. Mit zahlreichen Abbildungen. it 1562

– Antigone. Übertragen und herausgegeben von Wolfgang Schadewaldt. Mit einem Nachwort, einem Aufsatz, Wirkungsgeschichte und Literaturhinweisen. it 70

– Antigone. Übersetzt von Hölderlin. Bearbeitet von Martin Walser und Edgar Selge. it 1248

– Elektra. Übertragen von Wolfgang Schadewaldt. Herausgegeben von Hellmut Flashar. Mit zahlreichen Abbildungen. it 1616

– König Ödipus. Übertragen und herausgegeben von Wolfgang Schadewaldt. Mit einem Nachwort, drei Aufsätzen, Wirkungsgeschichte und Literaturnachweisen. it 15

– Ödipus auf Kolonos. Übertragen von Wolfgang Schadewaldt. Herausgegeben von Hellmut Fischer. Mit zahlreichen Abbildungen. it 1782

Tacitus: Germania. Zweisprachig. Übertragen und erläutert von Arno Mauersberger. it 471

174/3/12.96

Anthologien
im insel taschenbuch

Alle Jahre wieder. Ein Weihnachtsbuch mit Geschichten, Liedern und Bildern. Ausgewählt von Gottfried Natalis. it 1362

Allerleirauh. Viele schöne Kinderreime versammelt von Hans Magnus Enzensberger. it 115

Alt-Prager Geschichten. Gesammelt von Peter Demetz. Mit Illustrationen von Hugo Steiner-Prag. it 613

Alt-Wiener Geschichten. Gesammelt von Joseph Peter Strelka. Mit sechs farbigen Abbildungen. it 784

Bäume. Das Insel-Buch der Bäume. Gedichte und Prosa. Ausgewählt und herausgegeben von Gottfried Honnefelder. Mit sechzehn Farbtafeln. it 1041 und it 1811

Briefe berühmter Frauen. Von Liselotte von der Pfalz bis Rosa Luxemburg. Herausgegeben von Claudia Schmölders. it 1505

Das Buch der Liebe. Gedichte und Lieder, ausgewählt von Elisabeth Borchers. it 82

Einsamkeiten. Ein Lesebuch. Herausgegeben von Ilma Rakusa. it 1691

Das Frühlingsbuch. Gedichte und Prosa. Herausgegeben von Hans Bender und Nikolaus Wolters. it 914

Gedichte berühmter Frauen. Von Hildegard von Bingen bis Ingeborg Bachmann. Herausgegeben von Elisabeth Borchers. it 1790

Geschichten aus dem alten Prag. Sippurim. Herausgegeben, mit Anmerkungen und mit einem Nachwort versehen von Peter Demetz. it 1519

Glück. Erkundigungen, eingeholt von Gottfried Honnefelder. it 1459

Bei Goethe zu Gast. Besuche in Weimar. Herausgegeben von Werner Völker. Mit zahlreichen Abbildungen. it 1725

Heidelberg im Gedicht. Die zwölf schönsten Heidelberg-Gedichte mit Interpretationen. Im Auftrag der Literarischen Gesellschaft Palais Boisserée herausgegeben von Helmuth Kiesel. it 1939

Das Herbstbuch. Gedichte und Prosa. Herausgegeben von Hans Bender. it 657

Das kalte Herz. Und andere Texte der Romantik. Mit einem Essay von Manfred Frank. it 330

Die Kunst der Verführung. Variationen von Ovid bis Marguerite Duras. Herausgegeben von Birgit Haustedt. Mit zahlreichen Abbildungen. it 1837

Kurz vor Mitternacht. Sechs Variationen über ein Thema von Machado de Assis. Herausgegeben von Ray-Güde Martin. it 1654

Liebe Mutter. Eine Sammlung von Elisabeth Borchers. it 230

163/1/12.96

Anthologien
im insel taschenbuch

»Matrosen sind der Liebe Schwingen«. Homosexuelle Poesie von der Antike bis zur Gegenwart. Herausgegeben von Joachim Campe. it 1599

Mit Pinsel und Palette. Geschichten und Gedichte von Malern. Herausgegeben von Joachim Rönneper. Mit einem Nachwort von Manfred Schneckenburger. it 1847

Mütter berühmter Männer. Zwölf biographische Porträts. Herausgegeben von Luise F. Pusch. it 1356

Friedrich Nietzsche: ›Wie man wird, was man ist.‹ Ermutigungen zum kritischen Denken. Herausgegeben von Ursula Michels-Wenz. it 1096

Pantoffelhelden und Stiefelknechte. Über poetisches Schuhwerk. Herausgegeben von Franz Josef Görtz. Mit zahlreichen Abbildungen. it 1699

Das Poesiealbum. Verse zum Auf- und Abschreiben. Mit Bildern und Vignetten. Ausgewählt und zusammengestellt von Elisabeth Borchers. it 414

Die schönsten Hundegeschichten. Ausgewählt von Gottfried Honnefelder. it 1787

Die schönsten Liebesgedichte. Herausgegeben von Sigrid Damm. it 1872

Die schönsten Pferdegeschichten. Ausgewählt von Katja Behrens. it 1734

Schwestern berühmter Männer. Zwölf biographische Porträts. Herausgegeben von Luise F. Pusch. Redaktionelle Mitarbeit: Jutta Wasels. it 796

Der sehr nützliche Geburtstagskalender. Mit ausgewählten Gedichten und farbigen Bildern. Zusammengestellt von Elisabeth Borchers. it 1618

Ein Sommer wie im Märchen. Geschichten für den Reisekoffer gepackt von Franz-Heinrich Hackel. it 1728

Das Sommerbuch. Gedichte und Prosa. Herausgegeben von Hans Bender. it 847

Über die Freundschaft. Herausgegeben von Hans-Ulrich Müller-Schwefe. it 1783

Über die Liebe. Gedichte und Interpretationen aus der ›Frankfurter Anthologie‹. Herausgegeben von Marcel Reich-Ranicki. it 794

Und was kommt danach? Orte der Seele. Eine Sammlung literarischer Zeugnisse. Herausgegeben von Hans-Joachim Simm. it 1877

163/2/12.96

Anthologien im insel taschenbuch

Der versiegelte Engel. Erzählungen zu Ikonen. Mit farbigen Abbildungen. Ausgewählt und mit einem Nachwort versehen von Angela Martini-Wonde. it 1132

Vom Abschied. Eine Gedichtsammlung. Herausgegeben von Margot Litten. Originalausgabe. it 694

Vom mönchischen Leben. Geschichte einer Sehnsucht. Herausgegeben von Johannes Werner. it 1473

Vom Tod. Ein Lesebuch für jedermann. Herausgegeben von Werner Koch. it 1037

Weihnachten. Erzählungen aus alter und neuer Zeit. Ausgewählt von Gottfried Natalis. Mit zahlreichen Abbildungen und Initialen. it 946

Das Weihnachtsbuch. Mit alten und neuen Geschichten, Gedichten und Liedern. Ausgewählt von Elisabeth Borchers. it 46

Das Weihnachtsbuch der Lieder. Mit alten und neuen Liedern zum Singen und Spielen. Ausgewählt von Gottfried Natalis. Mit einem Nachwort von Ernst Klusen. it 157

Wien im Gedicht. Herausgegeben von Gerhard C. Krischker. it 1488

Das Wiener Kaffeehaus. Herausgegeben von Kurt J. Heering. Mit zahlreichen Abbildungen. it 1318

Das Winterbuch. Gedichte und Prosa. Herausgegeben von Hans Bender und Hans Georg Schwark. it 728

Wolken - Gedanken des Himmels. Herausgegeben von Charitas Jenny-Ebeling. Mit farbigen Abbildungen. it 1871

Wundersame Geschichten von Engeln. Gesammelt von Felix Karlinger. it 1226

Zum Teufel. Diabolische Geschichten. Aufgespießt von Franz Rottensteiner. it 1708

163/3/12.96